기출로 합격까지

국승옥
기출문제

부동산학개론 1차

박문각 공인중개사

브랜드만족
1위
박문각

2025

근거자료
별면표기

이 책의 차례

CHAPTER
04

정책론

CHAPTER
05

투자론

CONTENTS

이 책의 **차례**

CHAPTER
08

토지 경제와
지리 경제

CHAPTER
09

감정평가론

Chapter 01 부동산학 총론

제1절 부동산학과 부동산 활동

01 부동산학에 관한 설명 중 틀린 것은? (기출 묶음)

① 부동산학은 복잡한 현대의 부동산 문제를 해결하기 위하여 학제적 접근을 취하는 전문적인 학문 영역으로 등장하였다.

② 부동산학은 부동산 활동의 능률화의 원리 및 그 응용 기술을 개척하기 위한 **종합응용과학**이다.

③ 부동산학은 부동산과 관련된 의사결정을 연구하기 위하여, 부동산의 법적 · 경제적 · 기술적 측면의 접근을 시도하는 **종합응용자연과학**이다.

④ **부동산학의 연구대상**은 크게 부동산 현상과 부동산 활동으로 분류된다.

⑤ 부동산학은 여러 분야의 학문과 연계되어 있다는 점에서 **종합 학문적 성격**을 지니고 있다.

정답해설

③ 종합응용자연과학 ⇨ 종합응용사회과학 : 부동산학은 자연과학이 아니라 사회과학이다.

> ▶ **부동산학의 학문적 성격**
> 1. 경험과학, 규범과학, 사회과학, 응용과학, 종합과학
> 2. (순수과학 ×, 자연과학 ×)

02 한국표준산업분류상 부동산 관리업의 분류체계 또는 세부 예시에 해당하지 않는 것은? (28회)

① 주거용 부동산 관리　　　　② 비주거용 부동산 관리
③ 사무용 건물관리　　　　　④ 사업시설 유지 · 관리
⑤ 아파트 관리

정답해설

④ 사업시설 유지 · 관리는 시설에 대한 관리로 부동산 관리로 분류되지 않는다. '사무용 건물관리'는 비주거용 부동산 관리의 예시이고, '아파트 관리'는 주거용 부동산 관리의 예시이다.

▶ 부동산업의 분류(한국표준산업분류)

대분류	중분류	소분류	세분류
부동산업	부동산 임대 및 공급업	부동산 임대업	• 주거용 건물임대업 • 비주거용 건물임대업 • 기타 부동산 임대업
		부동산 개발 및 공급업	• 주거용 건물 개발 및 공급업 • 비주거용 건물 개발 및 공급업 • 기타 부동산 개발 및 공급업
	부동산 관련 서비스업	부동산 관리업	• 주거용 부동산 관리업 • 비주거용 부동산 관리업
		부동산 중개, 자문 및 감정평가업	• 부동산 중개 및 대리업 • 부동산 투자자문업 • 부동산 감정평가업 • 부동산 분양 대행업

03 한국표준산업분류상 부동산 관련 서비스업에 해당하지 않는 것은? (31회)

① 부동산 투자 자문업
② 주거용 부동산 관리업
③ 부동산 중개 및 대리업
④ 부동산 개발 및 공급업
⑤ 비주거용 부동산 관리업

정답해설
④ 부동산 개발 및 공급업은 부동산 관련 서비스업에 해당하지 않는다.

04 한국표준산업분류(KSIC)에 따른 부동산업의 세분류 항목으로 틀린 것은? (평31회)

① 주거용 건물 건설업
② 부동산 임대업
③ 부동산 개발 및 공급업
④ 부동산 관리업
⑤ 부동산 중개, 자문 및 감정평가업

정답해설
① 건설업은 부동산업에 해당하지 않는다.

Answer
01 ③   02 ④   03 ④   04 ①

제2절 | **부동산의 개념**

01 부동산의 개념 중 법률적 개념으로만 연결된 것은? (기출 묶음)

㉠ 소유권	㉡ 자산
㉢ **위치**	㉣ 준부동산
㉤ 협의의 부동산	㉥ **공간**
㉦ 상품	㉧ **자연**

① ㉠, ㉢, ㉤　　　　　　② ㉠, ㉣, ㉤

③ ㉡, ㉦, ㉧　　　　　　④ ㉢, ㉣, ㉦

⑤ ㉢, ㉥, ㉧

정답해설

② ㉠ 소유권, ㉣ 준부동산, ㉤ 협의의 부동산 등이 법률적 개념이다.

> ▶ **부동산의 복합개념**
> 1. 물리적 개념 : 공간, 위치, 환경, 자연
> 2. 경제적 개념 : 자산, 자본, 상품, 소비재, 생산재(생산요소)
> 3. 법률적 개념
> 　　㉠ 협의 : 민법상의 부동산(토지 및 그 정착물)
> 　　㉡ 광의 : 협의 + 준부동산

02 부동산의 개념에 관한 설명으로 틀린 것은? (평32회)

① 자연·공간·위치·환경 속성은 물리적 개념에 해당한다.

② 부동산의 절대적 위치는 토지의 부동성에서 비롯된다.

③ 토지는 생산의 기본요소이면서 소비재가 된다.

④ 협의의 부동산과 준부동산을 합쳐 광의의 부동산이라고 한다.

⑤ 부동산의 법률적·경제적·물리적 측면을 결합한 개념을 복합부동산이라고 한다.

정답해설

⑤ 복합부동산이 아니라, 복합개념이다.

03 정착물에 관한 설명으로 틀린 것은? (기출 묶음)

① **정착물은** 토지에 단단히 고정되어 있으면서, 고정되어 이용되는 것이 사회적·경제적으로 합리적인 물건이다.

② 권원에 의하여 타인토지에 재배되고 있는 농작물은 **토지와 독립되어 거래될 수 있는** 정착물이다.

③ **가식 중에 있는 수목**은 정착물이 아니라 **동산**으로 분류된다.

④ 어떤 건축설비의 부착으로 부동산의 가치나 효용이 증가되었다면 그 건축설비는 **동산으로 구분**되어야 한다.

⑤ 일반적으로 임대인이 설치한 물건은 **정착물로 인정**된다.

정답해설

④ 어떤 건축설비의 부착으로 부동산(건물)의 가치나 효용이 증가되었다면 그 건축설비는 부동산(건물)의 일부가 되었음을 의미한다. 따라서 동산이 아니라 정착물(건물의 일부)로 구분된다.

> ▶ **정착물**
> 1. 정착물이란 토지에 단단히 고정되어 있고, 고정되어 이용되는 것이 합리적인 물건이다.
> 2. 정착물은 독립정착물과 종속정착물로 분류된다.
> 3. 독립정착물
>   ㉠ 건물, ㉡ 등기된 입목, ㉢ 명인방법을 갖춘 수목의 집단,
>   ㉣ 권원에 의해 타인 토지에 재배되는 농작물 등
> 4. 동산과 정착물의 구분
>   ㉠ 제거될 때 건물에 물리적·기능적 손상이 발생한다면 정착물이다.
>   ㉡ 임대인(임차인 ✕)이 설치한 물건은 일반적으로 정착물로 분류된다.

Answer
01 ② 02 ⑤ 03 ④

04 부동산의 개념에 관한 설명으로 틀린 것은? (평27회)

① 법률적 개념에서 **협의의 부동산**은 민법 제99조 제1항에서의 '토지 및 그 정착물'을 말한다.

② 부동산의 경우에는 등기로써 **공시의 효과**를 가지지만 동산은 점유로써 **공시의 효과**를 가진다.

③ 좁은 의미의 부동산과 준부동산을 합쳐 광의의 부동산이라 하며, 자본, 자산 등과 함께 **기술적 측면**에서의 부동산으로 구분된다.

④ **준부동산**은 물권변동을 등기나 등록수단으로 공시하는 동산을 포함한다.

⑤ 입목에 관한 법령에 의해 소유권 보존등기된 입목, 공장 및 광업재단 저당법령에 의하여 저당권의 목적물이 되고 있는 공장재단은 **부동산에 준하여 취급**한다.

정답해설

③ 좁은 의미(협의)의 부동산과 준부동산을 합쳐 광의의 부동산이라 하며, 이는 법률적 측면에서의 부동산으로 구분된다.

▶ **준부동산**

1. 준부동산이란 민법상의 부동산은 아니지만, 부동산처럼 취급되는 동산이나 권리를 말한다.
2. 준부동산은 등기·등록 등의 공시수단을 가지고 있다.
3. 입목, 선박(20톤 이상), 자동차, 항공기, 건설기계, 공장(광업)재단, 광업권, 어업권

---

05 토지의 정착물과 동산에 관한 설명으로 틀린 것은? (평28회)

① 부동산과 동산은 공시방법을 달리하며, 동산은 **공신의 원칙**이 인정되나 부동산은 **공신의 원칙**이 인정되지 않는다.

② 토지의 정착물 중 명인방법을 구비한 수목의 집단은 **토지와 독립적인 거래의 객체**가 될 수 **있다.**

③ 토지의 정착물 중 도로와 교량 등은 토지와 독립적인 것이 아니라 **토지의 일부로 간주**된다.

④ 제거하여도 건물의 기능 및 효용의 손실이 없는 부착된 물건은 일반적으로 **동산으로 취급**한다.

⑤ 임차인이 설치한 영업용 선반·카운터 등 사업이나 생활의 편의를 위해 설치한 정착물은 일반적으로 **부동산으로 취급**한다.

정답해설

⑤ 임차인이 설치한 영업용 선반·카운터 등은 동산으로 취급된다.

06 부동산의 개념에 관한 설명으로 틀린 것은? (기출 묶음)

① 경제적 개념의 부동산은 자본·자산으로서의 특성을 지닌다.
② 좁은 의미의 부동산은 토지 및 그 정착물을 말한다.
③ 준(準)부동산은 부동산과 유사한 공시방법을 갖춤으로써 넓은 의미의 부동산에 포함된다.
④ 부동산의 물리적 개념은 부동산 활동의 대상인 **유형(有形)적 측면**의 부동산을 이해하는 데 도움이 된다.
⑤ 토지는 생산재이지만 **소비재는 아니다.**

정답해설
⑤ 토지는 원칙적으로 생산 활동의 장소가 되는 생산요소(생산재)이다. 그러나 예외적이지만 공원, 놀이터, 관광휴양지와 같은 토지는 관광 상품으로서 소비재가 되기도 한다.

07 부동산의 개념에 관한 설명으로 틀린 것은? (27회)

① **복합개념**의 부동산이란 부동산을 법률적·경제적·기술적 측면 등이 복합된 개념으로 이해하는 것을 말한다.
② 민법상 부동산은 토지 및 그 정착물을 말한다.
③ 기술적 개념의 부동산은 생산요소, 자산, 공간, 자연 등을 의미한다.
④ 준부동산은 등기·등록의 공시방법을 갖춤으로써 부동산에 준하여 취급되는 특정의 동산 등을 말한다.
⑤ 토지와 건물이 각각 독립된 거래의 객체이면서도 마치 하나의 결합된 상태로 다루어져 부동산 활동의 대상으로 인식될 때 이를 **복합부동산**이라 한다.

정답해설
③ 기술적 개념의 부동산이란 물리적 개념을 의미한다. 생산요소와 자산은 부동산의 경제적 개념으로 분류된다.

08 우리나라에서 부동산과 소유권에 관한 설명으로 틀린 것은? (29회)

① 토지소유자는 법률의 범위 내에서 토지를 사용, 수익, 처분할 권리가 있다.
② 민법에서 부동산이란 토지와 그 정착물을 말한다.
③ 토지의 소유권은 정당한 이익 있는 범위 내에서 토지의 상하에 미친다.
④ 토지의 소유권 공시방법은 등기이다.
⑤ 토지의 정착물 중 **토지와 독립된 물건으로 취급되는 것은 없다.**

정답해설
⑤ 토지의 정착물 중 일부는 토지와 독립된 물건으로 취급된다.

Answer				
04 ③	05 ⑤	06 ⑤	07 ③	08 ⑤

제3절 │ 부동산의 분류

01 토지의 분류 및 용어 정의

01 토지에 관한 용어 중 옳은 것은? (기출 묶음)

① 지가상승을 목적으로 장기간 방치하는 토지를 '휴한지'라 한다.
② '포락지'란 고압선 아래에 위치하는 토지를 말한다.
③ 택지지역, 농지지역, 임지지역 등 **용도지역 상호간**에 용도가 전환되고 있는 지역 내의 토지는 '이행지'이다.
④ '공지'란 건물이 세워지지 않은 **미이용 토지의 구획**을 의미한다.
⑤ '부지'란 타인의 토지로 완전히 둘러싸여 도로와 전혀 접하지 못하는 토지이다.

정답해설
④ 옳은 지문이다.

오답해설
① 유휴지에 대한 설명이다.
② 선하지에 대한 설명이다.
③ 후보지에 대한 설명이다.
⑤ 맹지에 대한 설명이다.

> ▶ **토지의 용어**
> 1. **후보지** : 택지지역, 농지지역, 임지지역 등 용도지역 상호간에 용도가 전환되고 있는 지역 내의 토지
> 2. **이행지** : 택지지역 내, 농지지역 내, 임지지역 내 등 용도지역 내 상호간에 용도가 전환되고 있는 지역 내의 토지
> 3. **나지** : 건물 등 정착물이 없고, 지상권 등 사법상 제한이 없는 토지
> 4. **필지** : 지번을 가진 토지의 등기·등록의 단위
> 5. **획지** : 가격수준이 유사한 일단의 토지
> 6. **법지** : 경사지(소유권은 있으나 활용실익은 적은 토지이다.)
> 7. **빈지** : 해변가 토지(소유권은 인정되지 않으나 활용실익은 많은 토지이다.)
> 8. **휴한지** : 지력회복을 위해 이용되지 않는 토지
> 9. **유휴지** : 바람직스럽지 못하게 놀리고 있는 토지
> 10. **맹지** : 도로에 맞닿지 않은 토지
> 11. **포락지** : 지반이 절토되어 무너진 토지
> 12. **선하지** : 고압선 아래에 있는 토지
> 13. **일단지** : 용도상 불가분의 관계에 있는 2필지 이상의 토지

02 토지의 분류에 대한 설명으로 옳은 것은? (기출 묶음)

① 나지는 건물 기타 **정착물**이 없고, 토지의 사용·수익을 제한하는 **사법상 제한** 및 **공법상 제한**을 받지 않는 토지이다.

② 택지는 일정한 용도로 제공되고 있는 **바닥 토지**를 말하며 하천, 도로 등의 바닥 토지에 사용되는 포괄적 용어이다.

③ 필지는 인위적·자연적·행정적 조건에 따라 다른 토지와 구별되는 것으로 가격수준이 비슷한 **일단의 토지**를 말한다.

④ 소유권은 인정되나 활용 실익이 없거나 적은 토지를 **빈지**라고 한다.

⑤ 소지는 개발되기 이전의 자연 그대로의 토지를 말한다.

정답해설
⑤ 옳은 지문이다.

오답해설
① 나지는 정착물이 없고, 사법상 제한이 없는 토지이다.
② 부지에 대한 설명이다.
③ 획지에 대한 설명이다.
④ 경사지를 뜻하는 법지에 대한 설명이다.

03 토지에 관한 용어 중 옳은 것을 모두 고른 것은? (기출 묶음)

> ㉠ 도로의 가장자리 **경사지**나 대지 사이에 있는 **경사지**는 소유권이 인정되더라도 활용실익이 적거나 없는 토지이다.
> ㉡ 택지지역, 농지지역, 임지지역 등 **용도지역 상호간**에 용도가 전환되고 있는 지역 내의 토지는 후보지이다.
> ㉢ 대지는 공간정보의 구축 및 관리 등에 관한 법령과 부동산등기법령에서 정한 **하나의 등록단위**로 표시하는 토지를 말한다.
> ㉣ 도시 토지로 지가상승을 목적으로 장기간 방치하는 토지를 '휴한지'라 한다.
> ㉤ 포락지는 소유권이 인정되지 않는 바다와 육지 사이의 **해변토지**를 말한다.

① ㉠, ㉢   ② ㉠, ㉡   ③ ㉡, ㉣, ㉤
④ ㉣, ㉤   ⑤ ㉠, ㉡, ㉤

정답해설
② 옳은 지문은 ㉠, ㉡이다.

오답해설
㉢ '필지'에 대한 설명이다.
㉣ '유휴지' 또는 '공한지(도시지역에 유휴지로 과거 공한세의 대상이 되는 토지)'에 대한 설명이다.
㉤ '빈지'에 대한 설명이다.

| Answer |
| 01 ④   02 ⑤   03 ② |

04 부동산 활동과 관련된 다음의 내용을 설명하는 용어로 옳게 연결된 것은? (평29회)

> ㉠ 인근지역의 주위환경 등의 사정으로 보아 현재의 용도에서 장래 택지 등 다른 용도로의 전환이 객관적으로 예상되는 토지
> ㉡ 택지 등 다른 용도로 조성되기 이전 상태의 토지

① ㉠ : 후보지, ㉡ : 소지   ② ㉠ : 후보지, ㉡ : 공지

③ ㉠ : 이행지, ㉡ : 소지   ④ ㉠ : 이행지, ㉡ : 공지

⑤ ㉠ : 성숙지, ㉡ : 소지

정답해설

① ㉠은 '후보지'이고, ㉡은 '소지'이다.

> ▶ **후보지와 이행지**
>
> 1. 후보지
>   ㉠ '택지지역, 농지지역, 임지지역 상호간'에 용도가 전환되고 있는 지역 내의 토지
>   ㉡ '용도지역 상호간'에 용도가 전환되고 있는 지역 내의 토지
> 2. 이행지(어렵게 출제된 표현)
>   ㉠ '택지지역 내, 농지지역 내, 임지지역 내 상호간'에 용도가 전환되고 있는 지역 내의 토지
>   ㉡ '세분된 용도지역 내'에서 용도가 전환되고 있는 지역 내의 토지

05 다음은 토지에 관하여 설명한 내용들이다. 옳은 것을 모두 고른 것은? (평27회)

> ㉠ 택지는 토지에 건물 등의 **정착물**이 없고 **공법**이나 **사법**의 제한을 받는 토지를 말한다.
> ㉡ 획지는 법률상의 단위개념으로 소유권이 미치는 범위를 말한다.
> ㉢ 이행지는 용도적 지역의 분류 중 **세분된 지역 내**에서 용도에 따라 전환되는 토지를 말한다.
> ㉣ 후보지는 임지지역, 농지지역, 택지지역 **상호간**에 다른 지역으로 전환되고 있는 지역의 토지를 말한다.
> ㉤ 건부지는 관련법령이 정하는 바에 따라 재난시 피난 등 안전이나 일조 등 양호한 생활환경 확보를 위해, **건축하면서 남겨놓은 일정면적 부분의 토지**를 말한다.

① ㉢   ② ㉠, ㉡

③ ㉢, ㉣   ④ ㉠, ㉣, ㉤

⑤ ㉡, ㉢, ㉣

chapter

01

③ 옳은 지문은 ©, @이다.

오답해설

⊙ '나지'는 정착물이 없고, 사법상의 제한을 받지 않는 토지이다.
© '필지'에 대한 설명이다.
⑩ '공지'에 대한 설명이다.

> **공지**

1. '공지'는 부동산학에서 정의를 내리고 있지 않음에 주의해야 한다. 따라서 공지는 '빈 공간'이라는 의미만 있으면, 옳은 지문으로 처리하여야 한다.
2. '공지'란 건물이 세워지지 않은 미이용 토지의 구획을 의미한다. (○)
3. '공지'는 관련법령이 정하는 바에 따라 재난시 피난 등 안전이나 일조 등 양호한 생활환경 확보를 위해, 건축하면서 남겨놓은 일정면적 부분의 토지를 말한다. (○)
4. '공지'는 건부지 중 건물을 제외하고 남은 부분의 토지로, 건축법령에 의한 건폐율 등의 제한으로 인해 필지 내에 비어있는 토지를 말한다. (○)

06 토지는 사용하는 상황이나 관계에 따라 다양하게 불리는바, 토지 관련 용어의 설명으로 틀린 것은? (33회)

① 도시개발사업에 소요된 비용과 공공용지를 제외한 후 도시개발사업 전 토지의 위치·지목·면적 등을 고려하여 토지소유자에게 재분배하는 토지를 **환지**(換地)라 한다.
② 토지와 도로 등 경계 사이의 경사진 부분의 토지를 **법지**(法地)라 한다.
③ 고압송전선로 아래의 토지를 **선하지**(線下地)라 한다.
④ 소유권이 인정되지 않는 바다와 육지 사이의 해변 토지를 **포락지**(浦落地)라 한다.
⑤ 도시개발사업에 필요한 경비에 충당하기 위해 환지로 정하지 아니한 토지를 **체비지**(替費地)라 한다.

정답해설

④ 포락지가 아니라, 빈지이다.

Answer

07 토지 관련 용어의 설명으로 옳은 것을 모두 고른 것은? (29회)

> ㉠ 택지는 주거·상업·공업용지 등의 용도로 이용되고 있거나 해당 용도로 이용할 목적으로 조성된 토지를 말한다.
> ㉡ 획지는 용도상 불가분의 관계에 있는 2필지 이상의 **일단의 토지**를 말한다.
> ㉢ 표본지는 **지가의 공시를 위해** 가치형성요인이 같거나 유사하다고 인정되는 일단의 토지 중에서 **선정한 토지**를 말한다.
> ㉣ 이행지는 택지지역·농지지역·임지지역 **상호간**에 다른 지역으로 전환되고 있는 일단의 토지를 말한다.

① ㉠
② ㉠, ㉡
③ ㉡, ㉣
④ ㉡, ㉢, ㉣
⑤ ㉠, ㉡, ㉢, ㉣

[정답해설]
① 옳은 것은 ㉠이다.

[오답해설]
㉡ '일단지'에 대한 설명이다. '획지'는 가격수준이 유사한 일단의 토지이다.
㉢ 국토교통부장관이 지가의 공시를 위해 선정한 토지는 '표본지'가 아니라 '표준지'이다.
㉣ 택지지역·농지지역·임지지역 상호간에 다른 지역으로 전환되고 있는 일단의 토지는 '후보지'이다.

08 토지 관련 용어의 설명으로 옳은 것은? (31회)

① 획지(劃地)는 하나의 지번이 부여된 토지의 등록단위를 말한다.
② 후보지(候補地)는 택지지역·농지지역·임지지역 내에서 **세부지역 간** 용도가 전환되고 있는 토지를 말한다.
③ 나지(裸地)는 토지 위에 **정착물**이 없고 **공법**상 및 **사법**상의 제한이 없는 토지를 말한다.
④ 부지(敷地)는 자연 상태 그대로의 토지를 말한다.
⑤ 포락지(浦落地)는 지적공부에 등록된 토지가 물에 **침식**되어 수면 밑으로 잠긴 토지를 말한다.

[정답해설]
⑤ 옳은 지문이다.

[오답해설]
① 획지가 아니라 필지에 대한 설명이다.
② 용도지역 내의 세부지역 사이에서 용도가 전환되고 있으므로 이행지이다.
③ 나지는 토지 위에 정착물이 없고 사법상의 제한이 없는 토지이다.
④ 부지가 아니라 소지에 대한 설명이다.

09 토지 관련 용어의 설명으로 틀린 것은? (32회)

① 택지지역 내에서 **주거지역**이 **상업지역**으로 **용도변경**이 진행되고 있는 토지를 이행지라고 한다.
② 필지는 하나의 지번이 부여된 토지의 등록단위이다.
③ 획지는 인위적·자연적·행정적 조건에 따라 다른 토지와 구별되는 가격수준이 비슷한 **일단의 토지**를 말한다.
④ 나지는 건부지 중 건폐율·용적률의 제한으로 **건물을 짓지 않고 남겨둔 토지**를 말한다.
⑤ 맹지는 도로에 직접 연결되지 않은 토지이다.

정답해설
④ 나지가 아니라 공지에 대한 설명이다.

10 토지의 분류 및 용어에 관한 설명으로 옳은 것은? (평32회)

① 필지는 법률적 개념으로 다른 토지와 구별되는 가격수준이 비슷한 일단의 토지이다.
② 후보지는 부동산의 용도적 지역인 택지지역, 농지지역, 임지지역 상호간에 용도가 전환되고 있는 지역의 토지이다.
③ 나지는 「건축법」에 의한 건폐율·용적률 등의 제한으로 인해 한 필지 내에서 건축하지 않고 비워둔 토지이다.
④ 표본지는 지가의 공시를 위해 가치형성요인이 같거나 유사하다고 인정되는 일단의 토지 중에서 선정한 토지이다.
⑤ 공한지는 특정의 지점을 기준으로 한 택지이용의 최원방권의 토지이다.

정답해설
② 옳은 지문이다.

오답해설
① 필지는 법률적 개념으로 토지의 등기·등록의 단위이다. 다른 토지와 구별되는 가격수준이 비슷한 일단의 토지는 획지이다.
③ 공지에 대한 설명이다.
④ 표본지가 아니라, 표준지에 대한 설명이다.
⑤ 공한지가 아니라, 택지한계지에 대한 설명이다. (중요한 지문은 아닙니다. 참고만 하세요.)

Answer			
07 ①	08 ⑤	09 ④	10 ②

02 주택의 분류

01 주택법상 주택의 정의에 대한 설명으로 틀린 것은? (기출 묶음)

① 연립주택은 주택으로 쓰는 1개 동의 **바닥면적** 합계가 660제곱미터를 초과하고 **층수**가 4개 층 이하인 주택이다.

② 다세대주택은 주택으로 쓰는 1개 동의 **바닥면적** 합계가 660제곱미터를 이하이고 **층수**가 3개 층 이하인 주택이다.

③ 주택조합에는 지역주택조합, 직장주택조합 및 리모델링주택조합이 있다.

④ 민간이 국가·지방자치단체의 재정 또는 주택도시기금으로부터 자금을 지원받아 건설되거나 개량되는 국민주택규모 이하인 주택은 국민주택이다.

⑤ 도시형 생활주택이란 **300세대 미만**의 국민주택규모에 해당하는 주택으로서 대통령령으로 정하는 주택을 말한다.

정답해설

② 다세대주택은 주택으로 쓰는 1개 동의 바닥면적 합계가 660제곱미터를 이하이고, 주택으로 층수가 4개 층 이하인 주택이다.

▶ **주택의 층수와 바닥면적 비교(기타 세부조건은 생략)**

		주택으로 쓰는 층수	주택으로 쓰는 바닥면적 합계
공동주택	아파트	5개 층 이상	
	연립주택	4개 층 이하	660㎡ 초과
	다세대주택	4개 층 이하	660㎡ 이하
단독주택	다가구주택	3개 층 이하	660㎡ 이하
	다중주택	층수가 3층 이하	660㎡ 이하

▶ **국민주택과 민영주택**

1. 국민주택 : 다음 어느 하나에 해당하는 주택으로서 국민주택규모(주거전용면적이 85㎡ 이하인 주택)에 해당하는 주택
   ㉠ 국가·지방자치단체, 한국토지주택공사 또는 지방공사가 건설하는 주택
   ㉡ 국가·지방자치단체의 재정 또는 주택도시기금으로부터 자금을 지원받아 건설되거나 개량되는 주택
2. 민영주택 : 국민주택을 제외한 주택

02 주택법령상 주택의 정의에 관한 설명으로 틀린 것은? (평27회)

① 주택은 세대의 구성원이 장기간 독립된 주거생활을 할 수 있는 구조로 된 건축물의 전부 또는 일부 및 그 부속토지를 말한다.

② 준주택은 주택 외의 건축물과 그 부속토지로서 주거시설로 이용가능한 시설 등을 말한다.

③ 공동주택은 건축물의 벽·복도·계단이나 그 밖의 설비 등의 전부 또는 일부를 공동으로 사용하는 각 세대가 하나의 건축물 안에서 각각 독립된 주거생활을 할 수 있는 구조로 된 주택을 말한다.

④ 민영주택은 국민주택 등을 제외한 주택을 말한다.

⑤ 세대구분형 공동주택은 **300세대 미만**의 국민주택 규모에 해당하는 주택으로서 단지형 연립주택, 단지형 다세대주택, 소형주택으로 분류한다.

[정답해설]

⑤ 도시형 생활주택에 대한 설명이다.

> ▶ **도시형 생활주택**
>
> 1. 도시형 생활주택이란 300세대 미만의 국민주택규모에 해당하는 주택으로서 대통령령으로 정하는 주택을 말한다.
> 2. 대통령령으로 정하는 주택 : 단지형 연립주택, 단지형 다세대주택, 소형주택

03 다음 중 연립주택에 해당하는 것은? (평28회)

① 주택으로 쓰는 층수가 5개 층 이상인 주택

② 주택으로 쓰는 1개 동의 바닥면적 합계가 660제곱미터를 초과하고, 층수가 4개 층 이하인 주택

③ 학교 또는 공장 등의 학생 또는 종업원 등을 위하여 쓰는 것으로서 1개 동의 공동 취사시설 이용세대가 전체의 50퍼센트 이상인 주택

④ 주택으로 쓰는 1개 동의 바닥면적 합계가 660제곱미터 이하이고, 층수가 4개 층 이하인 주택

⑤ 주택으로 쓰는 층수가 3개 층 이하이고, 1개 동의 주택으로 쓰이는 바닥면적의 합계가 660제곱미터 이하인 주택

[정답해설]

② 연립주택 : 주택으로 쓰는 1개 동의 바닥면적(2개 이상의 동을 지하주차장으로 연결하는 경우는 각각의 동으로 본다) 합계가 660m²를 초과하고, 층수가 4개 층 이하인 주택을 말한다.

Answer

01 ②　　02 ⑤　　03 ②

04 다중주택의 요건이 아닌 것은? (32회)

① 1개 동의 주택으로 쓰이는 바닥면적(부설 주차장 면적은 제외한다)의 합계가 660제곱 미터 이하이고 주택으로 쓰는 층수(지하층은 제외한다)가 3개 층 이하일 것

② 독립된 주거의 형태를 갖추지 않은 것(각 실별로 욕실은 설치할 수 있으나, 취사시설 은 설치하지 않은 것을 말한다)

③ 학교 또는 공장 등의 학생 또는 종업원 등을 위하여 쓰는 것으로서 1개 동의 공동취사 시설 이용 세대 수가 전체의 50퍼센트 이상인 것

④ 적정한 주거환경을 조성하기 위하여 건축조례로 정하는 실별 최소 면적, 창문의 설치 및 크기 등의 기준에 적합할 것

⑤ 학생 또는 직장인 등 여러 사람이 장기간 거주할 수 있는 구조로 되어 있는 것

정답해설

③ 건축법상 공동주택 중 기숙사에 대한 설명이다.

> ▶ 다중주택의 요건
> 1. 학생 또는 직장인 등 여러 사람이 장기간 거주할 수 있는 구조로 되어 있는 것
> 2. 독립된 주거의 형태가 아닐 것
> 3. 1개 동의 주택으로 쓰이는 바닥면적의 합계가 660㎡ 이하이고, 주택으로 쓰는 층수가 3개 층 이하일 것

05 주택법령상 주택의 유형과 내용에 관한 설명으로 틀린 것은? (35회)

① 도시형 생활주택은 「국토의 계획 및 이용에 관한 법률」에 따른 도시지역에 건설하여야 한다.

② 도시형 생활주택은 300세대 미만의 국민주택규모로 구성된다.

③ 토지임대부 분양주택의 경우, 토지의 소유권은 분양주택 건설사업을 시행하는 자가 가 지고, 건축물 및 복리시설 등에 대한 소유권은 주택을 분양받은 자가 가진다.

④ 세대구분형 공동주택은 주택 내부 공간의 일부를 세대별로 구분하여 생활이 가능한 구 조이어야 하며, 그 구분된 공간의 일부를 구분소유 할 수 있다.

⑤ 장수명 주택은 구조적으로 오랫동안 유지·관리될 수 있는 내구성을 갖추고, 입주자의 필요에 따라 내부 구조를 쉽게 변경할 수 있는 가변성과 수리 용이성 등이 우수한 주택 을 말한다.

정답해설

④ 세대구분형 공동주택은 공동주택의 주택 내부 공간의 일부를 세대별로 구분하여 생활이 가능한 구조로 하되, 그 구분된 공간의 일부를 구분소유 할 수 없는 주택을 말한다.

제**4**절 부동산의 특성

01 다음의 내용과 모두 관련된 토지의 특성은? (평29회)

> • 부동산 활동에서 **임장활동**이 중요하다.
> • **외부효과**가 발생한다.
> • 부동산 활동 및 현상을 **국지화**시킨다.

① 영속성   ② 부증성
③ 부동성   ④ 개별성
⑤ 기반성

정답해설

③ 제시된 내용은 부동성에 근거한다.

> ▶ **부동성의 파생현상**
>
> 1. 시장의 지역화, 국지적 시장
> 2. 외부효과
> 3. 임장활동(현장활동), 지역분석의 근거
> 4. 지리적 위치(장소)는 고정되어 있지만, 인문적 위치는 변화한다.

02 다음은 어떤 부동산의 특성에서 파생된 특징을 설명한 것이다. 이를 모두 충족하는 부동산의
특성으로 옳은 것은? (평27회)

> • 토지이용을 **집약화**시킨다.
> • 토지의 **독점 소유욕**을 발생시킨다.
> • 토지의 **가격문제**를 발생시킨다.
> • 토지의 양적 **공급을 제한**한다.

① 부동성   ② 영속성
③ 부증성   ④ 개별성
⑤ 용도의 다양성

Answer

04 ③ 05 ④ / 01 ③ 02 ③

정답해설

③ 제시된 내용은 부증성(비생산성)에 근거한다.

> ▶ **부증성의 파생현상**
> 1. 생산비 법칙 부정
> 2. 수직의 물리적 공급곡선, 완전비탄력적인 물리적 공급곡선
> 3. 지가고, 집약적 토지이용, 최유효이용의 근거
> 4. 물리적 공급(지표량)은 불가능하지만, 용도적 공급은 가능하다.

03 부동산의 자연특성 중 부증성에 관한 설명으로 틀린 것은? (23회)

① 토지는 다른 생산물처럼 노동이나 생산비를 투입하여 순수한 그 자체의 **양을 늘릴 수 없다.**
② 자연물인 토지는 유한하여 토지의 **독점 소유욕**을 발생시킨다.
③ 매립이나 산지개간을 통한 농지나 택지의 확대는 부증성의 **예외**이다.
④ 토지의 지대 또는 지가를 발생시키며, **최유효이용**의 근거가 된다.
⑤ 부증성에 기인한 특정 토지의 희소성은 공간수요의 **입지경쟁**을 유발시킨다.

정답해설

③ 자연적 특성의 예외는 존재하지 않는다. 매립이나 산지개간은 새로운 토지를 만든 행위가 아니라, 기존 토지의 용도를 변화시킨 사례로 이해하여야 한다.

04 다음의 파생현상을 모두 발생시키는 토지의 특성은? (27회)

> • 소유함으로써 생기는 **자본이익**(capital gain)과 이용하여 생기는 운용이익(income gain)을 발생시킨다.
> • 가격이 하락해도 **소모되지 않기** 때문에 차후에 가격상승을 기대하여 매각을 미룰 수 있다.
> • 부동산 **관리의 중요성**을 강조하게 한다.

① 부동성   ② 개별성
③ 인접성   ④ 영속성
⑤ 적재성

정답해설

④ 제시된 내용은 영속성에 근거한다.

> ▶ **영속성의 파생현상**
> 1. 부동산 가치 정의(장래 기대이익을 현재가치로 환원한 값)
> 2. 수익환원법(직접환원법)의 근거, 수익방식의 근거
> 3. 임대차시장의 발달, 물리적 감가상각의 부정
> 4. 장기적 배려

05 토지의 자연적 특성 중 영속성에 관한 설명으로 옳은 것을 모두 고른 것은? (26회)

> ㉠ 토지의 **집약적 이용**과 토지의 부족문제의 근거가 된다.
> ㉡ **소모를 전제로 하는** 재생산이론과 감가상각(감가수정)**이론이 적용되지 않는다.**
> ㉢ 부동산 활동을 **임장활동**화시키며, 감정평가시 **지역분석**을 필요로 한다.
> ㉣ **일물일가의 법칙**이 배제되며, 토지시장에서 상품 간의 완전한 대체관계가 제약된다.
> ㉤ 부동산 활동을 **장기배려**하게 하며, 토지의 가치보존력을 우수하게 한다.

① ㉠, ㉢   ② ㉡, ㉤
③ ㉠, ㉡, ㉤   ④ ㉠, ㉢, ㉣
⑤ ㉡, ㉢, ㉣, ㉤

정답해설

② 영속성과 관련된 지문은 ㉡, ㉤이다.

오답해설

㉠ 부증성에 대한 설명이다.
㉢ 부동성에 대한 설명이다.
㉣ 개별성에 대한 설명이다.

Answer

03 ③   04 ④   05 ②

06 토지의 자연적 · 인문적 특성에 관한 설명으로 틀린 것은? (평28회)

① 부동성(위치의 고정성)으로 인해 **외부효과**가 발생한다.

② **분할 · 합병의 가능성**은 용도의 다양성을 지원하는 특성이 있다.

③ **용도의 다양성**은 토지용도 중에서 **최유효이용**을 선택할 수 있는 근거가 된다.

④ 일반적으로 부증성은 **집약적 토지이용**과 **가격급등현상**을 일으키기도 한다.

⑤ 토지의 인문적 특성 중에서 도시계획의 변경, 공업단지의 지정 등은 **위치의 가변성** 중 **사회적 위치**가 변화하는 예이다.

정답해설

⑤ 도시계획의 변경, 공업단지의 지정 등은 위치의 가변성 중 행정적 위치가 변화하는 사례이다.

▶ **위치의 가변성**

1. 인문적 위치는 인간이 부동산에 부여하는 중요도를 의미한다.
2. 인문적 위치는 사회적 · 경제적 · 행정적 위치로 다시 세분될 수 있다.
3. 인문적 위치의 변화 사례
   ㉠ 사회적 위치의 변화: 지역과 부동산에 대한 사회적 인식 변화
   ㉡ 경제적 위치의 변화: 가격 또는 가치의 변화
   ㉢ 행정적 위치의 변화: 도시계획, 토지이용계획 등의 변화

07 토지의 특성에 관한 설명이다. ( )에 들어갈 내용으로 옳게 연결된 것은? (평33회)

- (㉠)은 토지에 대한 소유욕을 증대시키며 토지이용을 **집약화**시킨다.
- (㉡)은 **임장활동**과 **지역분석**의 근거가 된다.
- (㉢)은 토지 간의 비교를 어렵게 하며 완전한 **대체를 제약**시킨다.

① ㉠: 개별성, ㉡: 부동성, ㉢: 영속성

② ㉠: 영속성, ㉡: 부동성, ㉢: 용도의 다양성

③ ㉠: 영속성, ㉡: 인접성, ㉢: 용도의 다양성

④ ㉠: 부증성, ㉡: 인접성, ㉢: 부동성

⑤ ㉠: 부증성, ㉡: 부동성, ㉢: 개별성

정답해설

⑤ 옳은 연결이다.

08 토지의 자연적 특성으로 인해 발생되는 부동산 활동과 현상에 관한 설명으로 틀린 것은? (28회)

① 토지의 부증성은 지대 또는 지가를 발생시키며, 최유효이용의 근거가 된다.

② 토지의 개별성은 부동산 활동과 현상을 개별화시킨다.

③ 토지의 **부동성**은 **지방자치단체**의 운영을 위한 부동산 조세 수입의 근거가 될 수 있다.

④ 토지의 **영속성**은 미래의 수익을 가정하고 가치를 평가하는 **직접환원법**의 적용을 가능하게 한다.

⑤ 토지의 부증성으로 인해 이용전환을 통한 토지의 **용도적 공급**을 더 이상 늘릴 수 없다.

정답해설

⑤ 토지의 용도적 공급 또는 경제적 공급은 이용전환을 통해 언제든지 변화될 수 있다.

▶ **물리적 공급과 용도적 공급**

1. 물리적 공급
   ㉠ 물리적 공급은 자연이 제공한 지표면적(량)을 의미한다.
   ㉡ 물리적 공급은 인간이 증가시킬 수 없는데, 이를 부증성이라고 한다.

2. 용도적 공급(경제적 공급)
   ㉠ 용도적 공급은 자연이 공급한 지표면적을 인간이 다양한 용도로 사용하고 있음을 의미한다.
   ㉡ 용도적 공급은 언제든지 인간이 변화시킬 수 있음에 주의하여야 한다.

---

09 부동산의 특성에 관한 설명으로 옳은 것은? (33회)

① 토지는 **물리적 위치가 고정**되어 있어 부동산 시장이 **국지화**된다.

② 토지는 생산요소와 자본의 성격을 가지고 있지만, 소비재의 성격은 가지고 있지 않다.

③ 토지는 개별성으로 인해 **용도적 관점에서도 공급**을 늘릴 수 없다.

④ 토지의 부증성으로 인해 토지공급을 특정 용도의 토지에 대해서도 **장·단기**적으로 완전비탄력적이다.

⑤ 토지는 영속성으로 인해 **물리적·경제적인** 측면에서 **감가상각**을 하게 한다.

정답해설

① 옳은 지문이다.

오답해설

② 토지는 생산재(생산요소)이면서 동시에 소비재이다.

③ 토지의 용도적 관점의 공급, 즉 용도적 공급(경제적 공급)은 가능하다.

④ 용도적인 측면의 토지 공급은 단기적으로 완전비탄력적이나 장기적으로 탄력적이다.

⑤ 토지의 영속성으로 인해 물리적(외형적) 측면의 감가가 부정된다.

Answer
06 ⑤   07 ⑤   08 ⑤   09 ①

10 토지의 특성에 관련된 설명으로 옳은 것을 모두 고른 것은? (31회)

> ㉠ 개별성은 토지시장을 불완전경쟁시장으로 만드는 요인이다.
> ㉡ 부증성은 토지이용을 집약화시키는 요인이다.
> ㉢ 부동성은 부동산 활동에서 임장활동 필요성의 근거가 된다.
> ㉣ 영속성은 부동산 활동에서 감가상각 필요성의 근거가 된다.

① ㉠
② ㉡, ㉣
③ ㉠, ㉡, ㉢
④ ㉡, ㉢, ㉣
⑤ ㉠, ㉡, ㉢, ㉣

정답해설
③ ㉠, ㉡, ㉢이 옳은 지문이다.

오답해설
㉣ 영속성은 토지는 감가상각이 필요하지 않음에 근거가 된다.

11 토지의 자연적 특성에 관한 설명으로 옳은 것을 모두 고른 것은? (32회)

> ㉠ 부증성으로 인해 동산과 부동산이 구분되고, 일반재화와 부동산재화의 특성이 다르게 나타난다.
> ㉡ 부동성으로 인해 임장활동과 지역분석을 필요로 한다.
> ㉢ 인접성으로 인해 부동산의 수급이 불균형하여 균형가격의 형성이 어렵다.
> ㉣ 개별성으로 인해 일물일가 법칙의 적용이 배제되어 토지시장에서 물건 간 완전한 대체관계가 제약된다.

① ㉠, ㉡
② ㉠, ㉢
③ ㉡, ㉢
④ ㉡, ㉣
⑤ ㉢, ㉣

정답해설
④ 옳은 지문은 ㉡, ㉣이다.

오답해설
㉠은 부증성이 아니라 부동성에 대한 내용이다.
㉢은 인접성이 아니라 부증성에 대한 내용이다.

12 토지의 특성에 관한 설명으로 옳은 것을 모두 고른 것은? (평32회)

⊙ 부증성으로 인해 이용전환을 통한 토지의 용도적 공급이 불가능하다.
ⓒ 부동성으로 인해 부동산 활동이 국지화된다.
ⓒ 영속성으로 인해 토지는 감가상각에서 배제되는 자산이다.
② 개별성으로 인해 외부효과가 발생한다.

① ㉠, ㉣   ② ㉡, ㉢   ③ ㉠, ㉡, ㉢
④ ㉡, ㉢, ㉣   ⑤ ㉠, ㉡

정답해설
② 옳은 지문은 ㉡, ㉢이다.

오답해설
㉠ 원칙적으로 이용전환을 통한 토지의 용도적 공급은 가능하다.
㉣ 개별성이 아니라, 부동성이다.

13 부동산의 특성에 관한 설명으로 옳은 것의 개수는? (평33회)

• 용도의 다양성은 최유효이용을 선택할 수 있는 근거가 된다.
• 인접성은 외부효과의 원인이 된다.
• 분할·합병의 가능성은 부동산의 가치를 변화시킨다.
• 부동성은 인근지역과 유사지역의 분류를 가능하게 한다.
• 영속성은 부동산 활동을 장기적으로 고려하게 한다.

① 1   ② 2
③ 3   ④ 4
⑤ 5

정답해설
⑤ 모두 옳은 지문이다.

Answer

10 ③   11 ④   12 ②   13 ⑤

Chapter 01

기출모의고사

최근 2년 동안 시행된 공인중개사 시험과 감정평가사 시험의 기출문제입니다.
이미 논점은 확인했으니, 정답을 빠르게 찾는 연습을 하시어요.

─ 국승옥 강사 ─

01 부동산의 개념에 관한 설명으로 틀린 것은? (중34회)

① 「민법」상 부동산은 토지 및 그 정착물이다.
② 경제적 측면의 부동산은 부동산 가치에 영향을 미치는 수익성, 수급조절, 시장정보를 포함한다.
③ 물리적 측면의 부동산에는 생산요소, 자산, 공간, 자연이 포함된다.
④ 등기 · 등록의 공시방법을 갖춤으로써 부동산에 준하여 취급되는 동산은 준부동산으로 간주한다.
⑤ 공간적 측면의 부동산에는 지하, 지표, 공중공간이 포함된다.

02 토지의 일부로 간주되는 정착물에 해당하는 것을 모두 고른 것은? (평35회)

> ㉠ 가식 중에 있는 수목
> ㉡ 매년 경작의 노력을 요하지 않는 다년생 식물
> ㉢ 건물
> ㉣ 소유권보존등기된 입목
> ㉤ 구거
> ㉥ 경작수확물

① ㉠, ㉥
② ㉡, ㉤
③ ㉢, ㉣
④ ㉣, ㉤
⑤ ㉤, ㉥

03 토지 관련 용어의 설명으로 옳게 연결된 것은? (중34회)

> ㉠ 소유권이 인정되지 않는 바다와 육지 사이의 해변 토지
> ㉡ 택지경계와 인접한 경사된 토지로 사실상 사용이 불가능한 토지
> ㉢ 택지지역 내에서 공업지역이 상업지역으로 용도가 전환되고 있는 토지
> ㉣ 임지지역·농지지역·택지지역 상호간에 다른 지역으로 전환되고 있는 일단의 토지

① ㉠: 공지, ㉡: 빈지, ㉢: 후보지, ㉣: 이행지
② ㉠: 법지, ㉡: 빈지, ㉢: 이행지, ㉣: 후보지
③ ㉠: 법지, ㉡: 공지, ㉢: 후보지, ㉣: 이행지
④ ㉠: 빈지, ㉡: 법지, ㉢: 이행지, ㉣: 후보지
⑤ ㉠: 빈지, ㉡: 법지, ㉢: 후보지, ㉣: 이행지

04 토지의 분류 및 용어에 관한 설명으로 옳은 것은? (평34회)

① 획지(劃地)는 하나의 필지 중 일부에 대해서도 성립한다.
② 건부지(建敷地)는 건축물의 부지로 이용 중인 토지 또는 건축물의 부지로 이용가능한 토지를 말한다.
③ 나지(裸地)는 택지 중 정착물이 없는 토지로서 공법상 제한이 없는 토지를 말한다.
④ 제내지(堤內地)는 제방으로부터 하심측으로의 토지를 말한다.
⑤ 일단지(一團地)는 용도상 불가분의 관계에 있는 두 필지 이상을 합병한 토지를 말한다.

05 감정평가사 A가 실지조사를 통해 확인한 1개 동의 건축물 현황이 다음과 같다. 건축법령상 용도별 건축물의 종류는? (평34회)

> • 1층 전부를 필로티 구조로 하여 주차장으로 사용하며, 2층부터 5층까지 주택으로 사용함
> • 주택으로 쓰는 바닥면적의 합계가 1,000㎡임
> • 세대수 합계가 16세대로서 모든 세대에 취사시설이 설치됨

① 아파트   ② 기숙사
③ 연립주택   ④ 다가구주택
⑤ 다세대주택

06 주택법령상 준주택에 해당하지 않는 것은? (평34회)

① 건축법령상 공동주택 중 기숙사
② 건축법령상 업무시설 중 오피스텔
③ 건축법령상 숙박시설 중 생활숙박시설
④ 건축법령상 제2종 근린생활시설 중 다중생활시설
⑤ 건축법령상 노유자시설 중 노인복지시설로서 「노인복지법」상 노인복지주택

07 토지의 특성에 관한 설명으로 옳은 것은? (중35회)

① 부동성으로 인해 외부효과가 발생하지 않는다.
② 개별성으로 인해 거래사례를 통한 지가 산정이 쉽다.
③ 부증성으로 인해 토지의 물리적 공급은 단기적으로 탄력적이다.
④ 용도의 다양성으로 인해 토지의 경제적 공급은 증가할 수 있다.
⑤ 영속성으로 인해 부동산 활동에서 토지는 감가상각을 고려하여야 한다.

08 법령에 의해 등기의 방법으로 소유권을 공시할 수 있는 물건을 모두 고른 것은? (중35회)

> ㉠ 총톤수 25톤인 기선(機船)
> ㉡ 적재용량 25톤인 덤프트럭
> ㉢ 최대 이륙중량 400톤인 항공기
> ㉣ 토지에 부착된 한 그루의 수목

① ㉠
② ㉠, ㉣
③ ㉢, ㉣
④ ㉠, ㉡, ㉢
⑤ ㉠, ㉡, ㉢, ㉣

09 토지에 관련된 용어이다. ( )에 들어갈 내용으로 옳은 것은? (중35회)

> • (㉠) : 지적제도의 용어로서, 토지의 주된 용도에 따라 토지의 종류를 구분하여 지적공부에 등록한 것
> • (㉡) : 지가공시제도의 용어로서, 토지에 건물이나 그 밖의 정착물이 없고 지상권 등 토지의 사용·수익을 제한하는 사법상의 권리가 설정되어 있지 아니한 토지

① ㉠: 필지, ㉡: 소지
② ㉠: 지목, ㉡: 나지
③ ㉠: 필지, ㉡: 나지
④ ㉠: 지목, ㉡: 나대지
⑤ ㉠: 필지, ㉡: 나대지

10 토지의 특성에 관한 설명으로 틀린 것은? (중34회)

① 용도의 다양성으로 인해 두 개 이상의 용도가 동시에 경합할 수 없고 용도의 전환 및 합병·분할을 어렵게 한다.
② 부증성으로 인해 토지의 물리적 공급이 어려우므로 토지이용의 집약화가 요구된다.
③ 부동성으로 인해 주변 환경의 변화에 따른 외부효과가 나타날 수 있다.
④ 영속성으로 인해 재화의 소모를 전제로 하는 재생산이론과 물리적 감가상각이 적용되지 않는다.
⑤ 개별성으로 인해 토지별 완전한 대체 관계가 제약된다.

11 다음은 용도별 건축물의 종류에 관한 '건축법 시행령' 규정의 일부이다. ( )에 들어갈 내용으로 옳은 것은? (중35회)

> 다세대주택
> 주택으로 쓰는 1개 동의 (㉠) 합계가 660제곱미터 이하이고, 층수가 (㉡) 이하인 주택(2개 이상의 동을 지하주차장으로 연결하는 경우에는 각각의 동으로 본다)

① ㉠: 건축면적, ㉡: 4층
② ㉠: 건축면적, ㉡: 4개 층
③ ㉠: 바닥면적, ㉡: 4층
④ ㉠: 바닥면적, ㉡: 4개 층
⑤ ㉠: 대지면적, ㉡: 4층

12 토지의 분류 및 용어에 관한 설명으로 옳은 것을 모두 고른 것은? (평35회)

> ㉠ 획지(劃地)는 인위적, 자연적, 행정적 조건에 따라 다른 토지와 구별되는 가격수준이 비슷한 일단의 토지를 말한다.
> ㉡ 후보지(候補地)는 용도적 지역의 분류 중 세분된 지역 내에서 용도에 따라 전환되는 토지를 말한다.
> ㉢ 공지(空地)는 관련법령이 정하는 바에 따라 안전이나 양호한 생활환경을 확보하기 위해 건축하면서 남겨놓은 일정 면적의 토지를 말한다.
> ㉣ 갱지(更地)는 택지 등 다른 용도로 조성되기 이전 상태의 토지를 말한다.

① ㉠

② ㉣

③ ㉠, ㉢

④ ㉡, ㉣

⑤ ㉠, ㉢, ㉣

01 정답해설
③ 생산요소, 자산은 경제적 측면의 개념(부동산)이다.

02 정답해설
② 종속 정착물은 ⓒ(다년생 식물), ⑩(구거)이다.
   1. 동산 : 가식 중에 있는 수목, 경작수확물(경작된 수확물)
   2. 독립 정착물 : 건물, 소유권보존등기된 입목
   3. 종속 정착물 : 다년생 식물, 구거

03 정답해설
④ 옳은 연결이다.

04 정답해설
① 옳은 지문이다. 획지(劃地)는 다른 토지와 구별되는 '구획된 토지'를 의미한다. 넓은 면적을 가지고 있는 하나의 필지는 여러 개의 획지로 구분되어 이용될 수 있고, 반대로 여러 개의 필지는 하나의 획지로 이용될 수 있다.

오답해설
② 건부지(建敷地)는 건축물의 바닥 토지로 이용 중인 토지를 말한다. 그리고 건부지의 여부는 현재 이용상황을 기준으로 판단한다. 따라서 건축물의 부지로 이용가능한 토지를 건부지라고 할 수 없다.
③ 나지(裸地)는 건물 등 정착물이 없고, 사법상의 제한이 없는 토지를 말한다.
④ 지문은 제외지(堤外地)에 대한 설명이다. 제내지(堤內地)는 제방에 의하여 보호되고 있는 지역, 즉 제방으로부터 제방이 보호하고자 하는 지역(마을)까지를 의미한다. 반대로 제외지는 제방으로 둘러싸인 하천측 지역을 말한다. (연구하지 마시고, 참고만 하셔요)
⑤ 일단지(一團地)는 용도상 불가분의 관계에 있는 두 필지 이상의 토지를 말한다. 따라서 지문에서 '합병한 토지'라는 문구가 틀린 문구이다.

05 정답해설
③ 연립주택이다. 건축물 현황에 의하면 ㉠ 주택으로 사용하는 층수가 4개 층이고, ㉡ 주택으로 쓰는 바닥면적의 합계가 660㎡를 초과하고 있다.

06 정답해설

③ 준주택이란 주택 외의 건축물과 그 부속토지로서 주거시설로 이용가능한 시설 등을 말한다. 준주택에는 다중생활시설, 기숙사, 오피스텔, 노인복지주택 등이 있다.

07 정답해설

④ 옳은 지문이다. 토지의 경제적 공급(용도적 공급)은 증가된다.

오답해설

① 부동성으로 인해 외부효과가 발생한다.
② 개별성으로 인해 거래사례를 통한 지가 산정이 쉽지 않다.
③ 부증성으로 인해 토지의 물리적 공급은 단기적으로 완전비탄력적이다(양이 고정된다).
⑤ 영속성으로 인해 부동산 활동에서 토지의 물리적 감가상각은 고려하지 않는다.

08 정답해설

① 등기로 공시하는 물건은 20톤 이상의 선박(㉠)이다.
　1. 건설기계(㉡), 항공기(㉢) : 등록 대상이다.
　2. 한 그루의 수목은 입목으로 등기 대상이 될 수 없다.

09 정답해설

② ㉠은 지목, ㉡은 나지이다.

10 정답해설

① 용도의 다양성으로 인해 토지는 두 개 이상의 용도가 동시에 경합한다.

11 정답해설

④ 옳은 묶음이다.

12 정답해설

③ 옳은 지문은 ㉠, ㉢이다.

오답해설

㉡ 이행지에 대한 설명이다.
㉣ 소지에 대한 설명이다.

경제론

제1절 경제론의 기본개념

01 다음 중 저량(stock)의 경제변수는 모두 몇 개인가? (24회)

• 주택재고량	• 건물임대료 수입
• 가계의 자산	• 근로자의 임금
• 도시의 인구규모	• 신규주택 공급량

① 2개   ② 3개
③ 4개   ④ 5개
⑤ 6개

정답해설

② 저량의 경제변수 : 주택재고량, 가계의 자산, 도시의 인구규모

▶ **유량과 저량**

1. 유량(flow)변수 : 일정기간을 설정하고 측정하는 변수
   ㉠ 소득, 월급, 가계소득
   ㉡ 임대료 수입, 지대수입, 연간 이자비용, 순영업소득
   ㉢ 수요량, 공급량, 거래량, 생산량
2. 저량(stock)변수 : 일정시점을 설정하고 측정하는 변수
   ㉠ 가격
   ㉡ 자산, 가치, 도시의 인구규모, 주택재고량, 순자산
   ㉢ 참고 : 통화량, 자본총량

Answer

01 ②

02 저량(stock)의 경제변수에 해당하는 것은? (35회)

① 주택재고
② 가계소득
③ 주택거래량
④ 임대료 수입
⑤ 신규주택 공급량

[정답해설]

① 저량의 경제변수 : 주택재고

03 부동산 수요량의 변화와 수요의 변화에 관한 설명으로 틀린 것은? (기출 묶음)

① 아파트 **가격이 하락**하여 아파트 **수요량이 변화**하였다면, 이는 수요량의 변화이다.
② **오피스텔 가격이 하락**하여 아파트 **수요량이 변화**하였다면, 이는 수요의 변화이다.
③ 아파트 **가격 하락에 대한 기대**로 아파트 **수요량이 변화**하였다면, 이는 수요의 변화이다.
④ 소비자의 소득이 변화하여 종전과 동일한 가격수준에서 아파트 **수요곡선이 이동**하였다면, 이는 수요의 변화이다.
⑤ 아파트 가격 하락에 대한 기대는 아파트 **수요곡선 상의 변화**를 초래한다.

[정답해설]

⑤ 아파트 가격 하락에 대한 기대는 아파트 '수요의 변화' 요인이다. 따라서 아파트 가격 하락의 기대는 아파트 수요곡선 자체를 이동시키는 요인이다.

▶ **수요량의 변화와 수요의 변화**
1. 수요량의 변화
   ① 의미 : 가격의 변화로 인한 수요량의 변화
   ② 형태 : 수요곡선 내부에서의 소비점 이동
2. 수요의 변화
   ① 의미 : 가격 이외 요인의 변화로 인한 수요량의 변화
   ② 형태 : 수요곡선 자체의 이동

04 주택의 공급의 변화요인과 공급량의 변화요인이 옳게 묶인 것은?

	공급의 변화요인	공급량의 변화요인
①	주택건설업체 수의 증가	주택가격 상승
②	정부의 정책	건설기술개발에 따른 원가절감
③	건축비의 하락	주택건설용 토지가격의 하락
④	노동자임금 하락	담보대출이자율의 상승
⑤	주택경기 전망	토지이용규제 완화

[정답해설]

① 옳은 묶음이다.

05 아파트 매매시장에서 수요량과 수요의 변화에 관한 설명으로 옳은 것은? (29회)

① 아파트 가격 하락이 예상되면 **수요량의 변화**로 동일한 수요곡선상에서 하향으로 이동하게 된다.

② 실질소득이 증가하면 **수요곡선은 좌하향으로 이동**하게 된다.

③ 대체재인 단독주택의 가격이 상승하면 아파트의 **수요곡선은 우상향으로 이동**하게 된다.

④ 아파트 담보대출 금리가 하락하면 **수요량의 변화**로 동일한 수요곡선상에서 상향으로 이동하게 된다.

⑤ 아파트 거래세가 인상되면 **수요곡선은 우상향으로 이동**하게 된다.

[정답해설]

③ 옳은 지문이다. 곡선의 이동은 관행상 우측과 좌측으로 구분한다. 따라서 지문을 해석할 때는 상향 또는 하향이라는 문구를 해석하지 않고, 우측과 좌측의 방향만을 고려하는 것이 요령이다.

[오답해설]

① 아파트 가격 하락이 예상되면, 이는 수요의 변화이다.

② 실질소득이 증가하면 수요곡선은 우측으로 이동한다.

④ 아파트 담보대출 금리가 하락하면, 이는 수요의 변화이다.

⑤ 아파트 거래세가 인상되면 수요곡선은 좌측으로 이동한다.

Answer			
02 ①	03 ⑤	04 ①	05 ③

06 부동산의 수요와 공급에 대한 설명으로 옳은 것은? (30회)

① 가격이 상승하면 공급량이 **감소**한다.
② **수요량**은 일정기간에 실제로 구매한 수량이다.
③ **공급량**은 주어진 가격수준에서 실제로 매도한 수량이다.
④ 건설종사자들의 임금상승은 부동산 가격을 **하락**시킨다.
⑤ 가격 이외의 다른 요인이 수요량을 변화시키면 **수요곡선이 좌측 또는 우측으로 이동**한다.

정답해설
⑤ 옳은 지문이다.

오답해설
① 가격이 상승하면 공급량이 증가한다. 공급의 법칙에 대한 내용이다.
② 수요량은 실제로 구매한 수량이 아니라 앞으로 구매하고자 하는 수량이다.
③ 공급량은 실제로 매도한 수량이 아니라 앞으로 매도하고자 하는 수량이다.
④ 건설종사자들의 임금상승은 부동산의 공급을 감소시킨다. 그 결과 부동산 가격은 상승한다.

07 아파트 시장에 대한 설명이다. 제시된 (   )를 채우시오. (기출 묶음)

① 대체주택의 가격 상승 − 수요 (   )
② 대체주택의 가격 상승 − 가격 (   )
③ 대체주택의 **수요** 증가 − 수요 (   )
④ 보완주택의 가격 상승 − 수요 (   )
⑤ 보완주택의 가격 상승 − 가격 (   )
⑥ 보완주택의 **수요** 증가 − 수요 (   )

① 대체주택의 가격 상승 − 수요 증가
② 대체주택의 가격 상승 − 가격 상승
③ 대체주택의 수요 증가 − 수요 감소
④ 보완주택의 가격 상승 − 수요 감소
⑤ 보완주택의 가격 상승 − 가격 하락
⑥ 보완주택의 수요 증가 − 수요 증가

제2절 | 수요와 공급이론

01 수요와 공급에 대한 설명으로 틀린 것은? (기출 묶음)

① **수요**는 소비자가 실제로 구입한 수량을 의미하는 것이 아니라, 의도된 수량을 의미하는 사전적 수량 또는 계획된 수량을 의미한다.

② **공급량**이란 주어진 가격에서 생산자가 팔고자 하는 최대수량을 의미한다.

③ 시장 공급곡선은 개별 공급곡선에 비해 보다 비탄력적으로 나타난다.

④ **균형가격과 균형거래량**이란 수요곡선과 공급곡선이 교차하는 지점의 가격과 거래량을 의미한다.

⑤ 아파트 가격이 상승하면 아파트 공급량은 **증가**한다.

정답해설
③ 시장 공급곡선은 개별 공급곡선에 비해 보다 탄력적인 형태로 나타난다.

▶ **시장 수요곡선**
1. 시장 전체의 소비량은 개별 소비자의 소비량을 합산하여 구한다.
   : 시장 수요곡선은 개별 수요곡선을 수평으로(양의 축으로) 합산하여 구한다.
2. 시장 전체의 소비량은 개별 소비자의 소비량보다 많다.
   : 시장 수요곡선은 개별 수요곡선에 비해 보다 탄력적인 형태로 나타난다.

02 아파트 시장의 수요곡선을 좌측으로 이동시킬 수 있는 요인은 모두 몇 개인가? (25회)

• 수요자의 실질소득 증가	• 건축원자재 가격의 하락
• 사회적 인구의 감소	• 아파트 가격의 상승
• 아파트 선호도의 감소	• 대체주택가격의 하락
• 아파트 담보대출금리의 하락	

① 2개   ② 3개   ③ 4개
④ 5개   ⑤ 6개

정답해설
② 수요곡선을 좌측으로 이동시킬 수 있는 요인, 즉 수요의 감소 요인은 3개이다.
1. 수요 감소 요인: 사회적 인구의 감소, 아파트 선호도의 감소, 대체주택가격의 하락
2. 수요 증가 요인: 수요자의 실질소득 증가, 아파트 담보대출금리의 하락
3. 아파트 가격의 상승: '수요량의 변화' 요인으로 곡선을 이동시키지 않는다.
4. 건축원자재 가격의 하락: 공급에 영향을 주는 요인으로 수요에 영향을 주지 않는다.

Answer
06 ⑤   07 생략 / 01 ③   02 ②

03 신규주택시장에서 공급을 감소시키는 요인을 모두 고른 것은? (단, 신규주택은 정상재이며, 다른 조건은 동일함) (33회)

> ㉠ 주택가격의 하락 기대
> ㉡ 주택건설업체 수의 감소
> ㉢ 주택건설용 토지의 가격 하락
> ㉣ 주택건설에 대한 정부 보조금 축소
> ㉤ 주택건설기술 개발에 따른 원가절감

① ㉠, ㉡　　　　　　　　　　　② ㉡, ㉣
③ ㉢, ㉤　　　　　　　　　　　④ ㉠, ㉡, ㉣
⑤ ㉡, ㉣, ㉤

정답해설
④ ㉠, ㉡, ㉣이 신규주택의 공급을 감소시키는 요인이다.

오답해설
㉢ 주택건설용 토지의 가격 하락 : 신규주택의 공급 증가 요인
㉤ 주택건설기술 개발에 따른 원가절감 : 신규주택의 공급 증가 요인

04 부동산 시장에서 수요를 감소시키는 요인을 모두 고른 것은? (31회)

> ㉠ 시장금리 하락
> ㉡ 인구 감소
> ㉢ 수요자의 실질소득 증가
> ㉣ 부동산 가격상승 기대
> ㉤ 부동산 거래세율 인상

① ㉠, ㉡　　　　　　　　　　　② ㉠, ㉢
③ ㉡, ㉤　　　　　　　　　　　④ ㉡, ㉢, ㉣
⑤ ㉠, ㉢, ㉣, ㉤

정답해설
③ 수요 감소 요인은 ㉡, ㉤이다.

오답해설
㉠ 시장금리 하락, ㉢ 수요자의 실질소득 증가, ㉣ 부동산 가격상승 기대 등은 모두 수요를 증가시키는 요인이다.

05 아파트 시장에서 균형가격을 하락시키는 요인은 모두 몇 개인가? (단, 아파트는 정상재이며, 다른 조건은 동일함) (32회)

- 건설노동자 임금 상승
- 대체주택에 대한 수요 감소
- 가구의 실질소득 증가
- 아파트 건설업체 수 증가
- 아파트건설용 토지가격의 상승
- 아파트 선호도 감소

① 1개   ② 2개

③ 3개   ④ 4개

⑤ 5개

정답해설

② 가격을 하락시키는 요인은 2개(아파트 건설업체 수 증가, 아파트 선호도 감소)이다.
  1. 건설노동자 임금 상승 : 공급 감소 – 가격 상승
  2. 대체주택에 대한 수요 감소 : 아파트 수요 증가 – 가격 상승
  3. 가구의 실질소득 증가 : 수요 증가 – 가격 상승
  4. 아파트 건설업체 수 증가 : 공급 증가 – 가격 하락
  5. 아파트건설용 토지가격의 상승 : 공급 감소 – 가격 상승
  6. 아파트 선호도 감소 : 수요 감소 – 가격 하락

06 제시된 다음의 표를 채우시오.

	구 분	균형가격	균형거래량
가격 이외 요인의 변화	수요의 증가	(㉠)	증가
	수요의 감소	(㉡)	감소
	공급의 증가	(㉢)	증가
	공급의 감소	(㉣)	감소

정답해설

㉠ 상승, ㉡ 하락, ㉢ 하락, ㉣ 상승

Answer

03 ④   04 ③   05 ②   06 생략

07 아파트 시장의 균형가격과 균형거래량의 변화에 관한 설명으로 틀린 것은? (25회)

① 공급이 불변이고 **수요가 감소**하는 경우, 새로운 균형가격은 상승하고 균형거래량은 감소한다.

② 수요가 불변이고 **공급이 증가**하는 경우, 새로운 균형가격은 하락하고 균형거래량은 증가한다.

③ **수요의 증가**가 공급의 증가보다 **큰 경우**, 새로운 균형가격은 상승하고 균형거래량도 증가한다.

④ **공급의 감소**가 수요의 감소보다 **큰 경우**, 새로운 균형가격은 상승하고 균형거래량은 감소한다.

⑤ **수요의 감소**가 공급의 감소보다 **큰 경우**, 새로운 균형가격은 하락하고 균형거래량도 감소한다.

[정답해설]
① 수요가 감소하는 경우, 새로운 균형가격은 하락하고 균형거래량은 감소한다.

08 수요와 공급이 동시에 변화할 경우, 균형가격과 균형량에 관한 설명으로 옳은 것은? (32회)

① 수요와 공급이 증가하는 경우, **수요의 증가폭**이 공급의 증가폭보다 **크다면** 균형가격은 상승하고 균형량은 감소한다.

② 수요와 공급이 감소하는 경우, **수요의 감소폭**이 공급의 감소폭보다 **작다면** 균형가격은 상승하고 균형량은 증가한다.

③ 수요와 공급이 감소하는 경우, **수요의 감소폭**과 **공급의 감소폭**이 **같다면** 균형가격은 불변이고 균형량은 증가한다.

④ 수요는 증가하고 공급이 감소하는 경우, **수요의 증가폭**이 공급의 감소폭보다 **작다면** 균형가격은 상승하고 균형량은 증가한다.

⑤ 수요는 감소하고 공급이 증가하는 경우, **수요의 감소폭**이 공급의 증가폭보다 **작다면** 균형가격은 하락하고 균형량은 증가한다.

[정답해설]
⑤ 옳은 지문이다.

[오답해설]
① 수요의 증가폭이 크다면 ⇨ 수요 증가 : 균형가격은 상승하고 균형량은 증가한다.
② 수요의 감소폭이 공급의 감소폭보다 작다면 ⇨ 공급 감소 : 균형가격은 상승하고 균형량은 감소한다.
③ 수요의 감소폭과 공급의 감소폭이 같다면 균형가격은 불변이고 균형량은 감소한다.
④ 수요의 증가폭이 공급의 감소폭보다 작다면 ⇨ 공급 감소 : 균형가격은 상승하고 균형량은 감소한다.

09 A지역 단독주택 시장의 균형가격과 균형거래량의 변화에 관한 설명으로 옳은 것은? (단, 수요곡선은 우하향하고 공급곡선은 우상향하며, 다른 조건은 동일함) (33회)

① 수요가 불변이고 공급이 감소하는 경우, 균형가격은 하락하고 균형거래량은 감소한다.
② 공급이 불변이고 수요가 증가하는 경우, 균형가격은 상승하고 균형거래량은 감소한다.
③ 수요와 공급이 동시에 증가하고 공급의 증가폭이 수요의 증가폭보다 더 큰 경우, 균형가격은 상승하고 균형거래량은 증가한다.
④ 수요와 공급이 동시에 감소하고 수요의 감소폭이 공급의 감소폭보다 더 큰 경우, 균형가격은 하락하고 균형거래량은 감소한다.
⑤ 수요는 증가하고 공급이 감소하는데 수요의 증가폭이 공급의 감소폭보다 더 큰 경우, 균형가격은 상승하고 균형거래량은 감소한다.

정답해설
④ 옳은 지문이다.

오답해설
① 공급이 감소하는 경우, 균형가격은 상승하고 균형거래량은 감소한다.
② 수요가 증가하는 경우, 균형가격은 상승하고 균형거래량은 증가한다.
③ 공급의 증가폭이 더 큰 경우 ⇨ 공급의 증가 : 균형가격은 하락하고 균형거래량은 증가한다.
⑤ 수요의 증가폭이 더 큰 경우 ⇨ 수요의 증가 : 균형가격은 상승하고 균형거래량은 증가한다.

제3절 │ 수요와 공급의 탄력성

01 부동산 매매시장에서 수요와 공급의 가격탄력성에 관한 설명으로 틀린 것은? (29회)

① 수요의 가격탄력성이 **완전탄력적**이면 가격의 변화와는 상관없이 수요**량이 고정된다.**
② 공급의 가격탄력성이 '0'이면 **완전비탄력적**이다.
③ 수요의 가격탄력성이 **비탄력적**이면 가격의 변화율보다 수요**량의 변화율**이 더 **작다.**
④ 수요곡선이 수직선이면 수요의 가격탄력성은 **완전비탄력적**이다.
⑤ 공급의 가격탄력성이 **탄력적**이면 가격의 변화율보다 공급**량의 변화율**이 더 **크다.**

정답해설

① 가격의 변화와 상관없이 수요량이 고정되어 있다면, 수요량의 변화는 '0'이라고 할 수 있다. 따라서 수요의 가격탄력성은 완전비탄력적이다.

02 수요의 가격탄력성에 관한 설명으로 틀린 것은? (27회)

① 미세한 가격변화에 수요량이 무한히 크게 변화하는 경우 **완전탄력적**이다.
② 대체재의 존재 여부는 수요의 가격탄력성을 결정하는 중요한 요인 중 하나이다.
③ 일반적으로 부동산 수요에 대한 관찰기간이 길어질수록 수요의 가격**탄력성은 작아진다.**
④ 건축 인·허가가 어려울수록 공급의 임대료**탄력성은 더 비탄력적이다.**
⑤ 수요의 가격탄력성이 비탄력적이라는 것은 가격의 변화율에 비해 수요량의 변화율이 작다는 것을 의미한다.

정답해설

③ 측정기간 또는 관찰기간이 길어질수록 수요의 가격탄력성은 탄력적으로 측정된다.

▶ **수요가 보다 탄력적인 경우**
1. 측정기간이 장기일수록 보다 탄력적이다.
2. 대체재가 많을수록 보다 탄력적이다.
   ㉠ 시장을 보다 세분할수록, 분류범위를 보다 좁게 할수록
   ㉡ 용도전환이 용이할수록

03 주거서비스 공급의 임대료탄력성에 대한 설명 중 틀린 것은?

① 용도전환이 용이할수록 공급의 임대료탄력성은 **보다 비탄력적이다.**
② 생산(공급)에 소요되는 기간이 길수록 공급의 임대료**탄력성은 작아진다.**
③ **단기**공급의 임대료탄력성은 **장기**공급의 임대료탄력성**보다 비탄력적이다.**
④ 건축 인 · 허가가 어려울수록 공급의 임대료탄력성은 **보다 비탄력적이다.**
⑤ 생산량을 늘릴 때 생산요소 가격이 상승할수록 공급의 임대료**탄력성은 작아진다.**

정답해설

① 용도전환이 용이할수록 공급의 임대료탄력성은 더 탄력적이다.

▶ **공급이 보다 탄력적인 경우**
1. 측정기간이 장기일수록 보다 탄력적이다.
2. 생산에 유리한 상황일수록 보다 탄력적이다.
   ㉠ 생산에 소요되는 기간이 짧을수록, 생산이 증가할 때 생산비가 감소할수록
   ㉡ 용도전환이 용이할수록

04 수요와 공급의 가격탄력성에 관한 설명으로 옳은 것은? (32회)

① 수요의 가격탄력성은 수요량의 변화율**에 대한** 가격의 변화비율을 측정한 것이다.
② 수요의 가격탄력성이 **완전비탄력적**이면 가격이 변화할 때 수요량이 무한대로 변화한다.
③ 수요의 가격탄력성이 **비탄력적**이면 수요량의 변화율이 가격의 변화율보다 더 크다.
④ 공급의 가격탄력성이 **탄력적**이면 가격의 변화율보다 공급량의 변화율이 더 크다.
⑤ 공급곡선이 수직선이면 공급의 가격탄력성은 **완전탄력적**이다.

정답해설

④ 옳은 지문이다.

오답해설

① 수요의 가격탄력성은 가격 변화율에 대한 수요량의 변화비율을 측정한 것이다.
② 수요의 가격탄력성이 완전비탄력적이면 가격이 변화할 때 수요량은 변화하지 않는다.
③ 수요의 가격탄력성이 비탄력적이면 수요량의 변화율이 가격의 변화율보다 더 적다.
⑤ 공급곡선이 수직선이면 공급의 가격탄력성은 완전비탄력적이다.

Answer

01 ①   02 ③   03 ①   04 ④

05 수요의 가격탄력성에 관한 설명으로 틀린 것은? (기출 묶음)

① 임대 수요가 탄력적일 때, 임대료가 하락하면 임대사업자의 **임대수입**은 **증가**한다.

② 수요의 가격탄력성이 1보다 큰 경우 **전체수입**은 임대료가 상승함에 따라 **증가**한다.

③ 수요가 비탄력적일 때, 임대료가 상승하면 임대사업자의 **임대수입**은 **증가**한다.

④ 수요의 가격탄력성이 비탄력적일 때, 임대료가 하락하면 임대사업자의 **임대수입**은 **감소**한다.

⑤ 수요의 임대료탄력성이 '1'(단위탄력적)이라면 임대사업자의 **임대수입**은 **불변**이다.

정답해설

② 수요의 가격탄력성이 1보다 큰 경우, 즉 탄력적인 경우에 임대료가 상승하면 전체수입은 감소한다.

> ▶ **임대수입 증가를 위한 임대사업자의 전략**
>
> 1. 수요의 가격탄력성이   탄력적인 경우 : 가격(임대료) 인하 전략
> 2. 수요의 가격탄력성이 비탄력적인 경우 : 가격(임대료) 인상 전략

06 공급의 가격탄력성에 따른 수요의 변화에 관한 설명으로 옳은 것은? (23회)

① 공급이 가격에 대해 **완전탄력적**인 경우, **수요가 증가**하면 균형가격은 상승하고 균형거래량은 감소한다.

② 공급이 가격에 대해 **완전탄력적**인 경우, **수요가 증가**하면 균형가격은 변하지 않고 균형거래량만 증가한다.

③ 공급이 가격에 대해 **완전비탄력적**인 경우, **수요가 증가**하면 균형가격은 하락하고 균형거래량은 변하지 않는다.

④ 공급이 가격에 대해 **완전비탄력적**인 경우, **수요가 증가**하면 균형가격은 상승하고 균형거래량도 증가한다.

⑤ 공급이 가격에 대해 **완전비탄력적**인 경우, **수요가 증가**하면 균형가격은 변하지 않고 균형거래량만 증가한다.

정답해설

② 옳은 지문이다.

오답해설

① 공급이 가격에 대해 완전탄력적인 경우, 수요가 증가하면 균형가격은 불변이고 균형거래량은 증가한다.

③④⑤ 공급이 가격에 대해 완전비탄력적인 경우, 수요가 증가하면 균형가격은 상승하고 균형거래량은 불변이다.

> ▶ **극단적인 시장의 4가지 규칙의 예외**
>
> 1. 수요나 공급이 완전   탄력적인 경우 : 가격은 불변이다.
> 2. 수요나 공급이 완전 비탄력적인 경우 : 거래량은 불변이다.

07 수요와 공급의 탄력성에 관한 설명 중 틀린 것은? (기출 묶음)

① 공급이 증가할 때 수요의 가격탄력성이 **비탄력적**일수록 가격이 **더** 내린다.
② 수요가 증가할 때 공급의 가격탄력성이 **비탄력적**일수록 가격은 **더** 오른다.
③ 공급이 증가할 때 수요의 가격탄력성이 **탄력적**일수록, 가격은 **보다 적게** 하락한다.
④ 수요가 증가할 때 공급의 가격탄력성이 **탄력적**일수록, 가격은 **보다 많이** 상승한다.
⑤ 수요가 감소할 때 공급이 **탄력적**일수록, 가격은 **덜** 하락하고 거래량은 더 감소한다.

[정답해설]
④ 수요가 증가할 때 공급의 가격탄력성이 탄력적일수록, 가격은 더 적게 상승한다.

> ▶ **가격 변화의 폭(더, 덜)**
>
> 1. 수요가 증가할 때 ㉠ 공급이 탄력적이라면, 가격은 덜(더 적게) 상승한다.
>   ㉡ 공급이 비탄력적이라면, 가격은 더(더 많이) 상승한다.
> 2. 공급이 증가할 때 ㉠ 수요가 탄력적이라면, 가격은 덜 하락한다.
>   ㉡ 수요가 비탄력적이라면, 가격은 더 하락한다.

08 부동산 수요의 가격탄력성에 관한 설명으로 틀린 것은? (평32회)

① 수요곡선 기울기의 절댓값이 클수록 수요의 가격탄력성이 작아진다.
② 임대주택 수요의 가격탄력성이 1보다 작을 경우 임대료가 상승하면 전체 수입은 증가한다.
③ 대체재가 많을수록 수요의 가격탄력성이 크다.
④ 일반적으로 부동산의 용도전환 가능성이 클수록 수요의 가격탄력성이 커진다.
⑤ 수요의 가격탄력성이 비탄력적이면 가격의 변화율보다 수요량의 변화율이 더 크다.

[정답해설]
⑤ 수요의 가격탄력성이 비탄력적이면 수요량의 변화율이 더 적다.

제4절 경제론 계산 문제

01 다음 조건에서 A지역 아파트시장이 t시점에서 (t + 1)시점으로 변화될 때, 균형가격과 균형량의 변화는? (단, 주어진 조건에 한하며, P는 가격, Q_S는 공급량이며, Q_{d1}과 Q_{d2}는 수요량임)

- 아파트의 공급함수 : $Q_S = 2P$
- t시점 아파트의 수요함수 : $Q_{d1} = 900 - P$
- (t + 1)시점 아파트의 수요함수 : $Q_{d2} = 1,500 - P$

	균형가격	균형량
①	200 상승	400 감소
②	200 상승	400 증가
③	200 하락	400 감소
④	200 하락	400 증가
⑤	100 상승	200 증가

정답해설
② 시장의 균형가격은 200 상승하고 균형거래량은 400 증가한다.
   1. t시점의 균형가격과 균형거래량
      ㉠ 균형가격(P^*): $900 - P = 2P$, $900 = 3P$, $P^* = 300$
      ㉡ 균형거래량(Q^*): $Q^* = 600$
   2. (t + 1)시점의 균형가격과 균형거래량
      ㉠ 균형가격(P^*): $1,500 - P = 2P$, $1,500 = 3P$, $P^* = 500$
      ㉡ 균형거래량(Q^*): $Q^* = 1,000$
   3. 결국 가격은 300에서 500으로 200 상승하고, 거래량은 600에서 1,000으로 400 증가한다.

02 다음의 (   )에 들어갈 내용으로 옳은 것은?

어떤 도시의 이동식 임대주택 시장의 수요함수는 $Q_d = 800 - 2P$, 공급함수는 $P_1 = 200$이다. 공급함수가 $P_2 = 300$으로 변할 경우 균형거래량의 변화량은 (㉠)이고, 공급곡선은 가격에 대하여 (㉡)이다.

① ㉠: 100 증가, ㉡: 완전탄력적   ② ㉠: 100 증가, ㉡: 완전비탄력적
③ ㉠: 100 증가, ㉡: 단위탄력적   ④ ㉠: 200 감소, ㉡: 완전비탄력적
⑤ ㉠: 200 감소, ㉡: 완전탄력적

정답해설

⑤ ㉠ 균형거래량은 200 감소하고, ㉡ 공급곡선은 가격에 대하여 완전탄력적이다.
  ㉠ 균형거래량 변화
    1. P_1 = 200일 때, 균형거래량(Q^*) = 400
    2. P_2 = 300일 때, 균형거래량(Q^*) = 200
    3. 균형거래량은 200 감소한다.
  ㉡ 공급함수(P_1 = 200)는 공급곡선이 수평선의 형태로 완전탄력적이다.

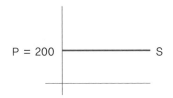

03 A부동산에 대한 기존 시장의 수요함수와 공급함수는 다음과 같다. 시장의 수요자 수가 2배로 증가되는 경우, 새로운 시장의 균형가격과 기존 시장의 균형가격 간의 차액은? (단, P는 가격 (단위 : 만원), Qd는 수요량(단위 : m²), Qs는 공급량(단위 : m²)이며, A부동산은 민간재 (private goods)로 시장의 수요자는 모두 동일한 개별수요함수를 가지며, 다른 조건은 동일함)

> • 수요함수 : $P = 200 - 2Q_{d1}$
> • 공급함수 : $2P = 40 + Q_S$

① 24만원   ② 48만원
③ 56만원   ④ 72만원
⑤ 80만원

정답해설

① 가격 간의 차액은 24만원이다.
  1. 기존 시장의 균형가격 : 2(200 − 2Q) = 40 + Q / Q = 72, P = 56
  2. 새로운 시장의 균형가격
    ㉠ 시장의 수요자 수가 2배로 증가한다면 수요함수의 기울기 값은 작아진다.
    ㉡ 새로운 시장의 수요함수 : $P = 200 - 1Q_d$
    ㉢ 새로운 시장의 균형가격 : 2(200 − 1Q) = 40 + Q / Q = 120, P = 80
  3. 균형가격 간의 차이 : 24

Answer

01 ②   02 ⑤   03 ①

04 아파트 매매가격이 16% 상승함에 따라 다세대주택의 매매수요량이 8% 증가하고 아파트 매매수요량이 4% 감소한 경우에, 아파트 매매수요의 가격탄력성(A), 다세대주택 매매수요의 교차탄력성(B), 아파트에 대한 다세대주택의 관계(C)는? (단, 수요의 가격탄력성은 절댓값으로 표시하며, 다른 조건은 불변이라고 가정함)

① A : 0.25   B : 0.5   C : 대체재
② A : 0.25   B : 2   C : 보완재
③ A : 0.5   B : 0.25   C : 대체재
④ A : 0.5   B : 2   C : 보완재
⑤ A : 2   B : 0.5   C : 대체재

정답해설

① A : 0.25, B : 0.5, C : 대체재
  1. 아파트 매매가격이 16% 상승 ⇨ 다세대주택의 매매수요량이 8% 증가
     : +8% / +16% = 0.5(B : 수요의 교차탄력성)
  2. 교차탄력성이 양수(+)이므로 아파트와 다세대주택은 대체관계이다.
  3. 아파트 매매가격이 16% 상승 ⇨ 아파트 매매수요량이 4% 감소
     : −4% / +16% = 0.25(A : 수요의 가격탄력성, 가격탄력성은 양수의 값으로 표시한다.)

05 아파트 매매가격이 10% 상승할 때, 아파트 매매수요량이 5% 감소하고 오피스텔 매매수요량이 8% 증가하였다. 이때 아파트 매매수요의 가격탄력성의 정도(A), 오피스텔 매매수요의 교차탄력성(B), 아파트에 대한 오피스텔의 관계(C)는? (32회)

① A : 비탄력적,   B : 0.5,   C : 대체재
② A : 탄력적,   B : 0.5,   C : 보완재
③ A : 비탄력적,   B : 0.8,   C : 대체재
④ A : 탄력적,   B : 0.8,   C : 보완재
⑤ A : 비탄력적,   B : 1.0,   C : 대체재

정답해설

③ 옳은 연결이다.
  1. A 아파트 매매수요의 가격탄력성 : −5% / +10% = 0.5(가격탄력성은 양수의 값으로 표시한다. 1보다 작은 수치이므로 비탄력적이다.)
  2. B 오피스텔 매매수요의 교차탄력성 : +8% / +10% = 0.8
  3. C 아파트에 대한 오피스텔의 관계 : 교차탄력성이 양수(+)이므로 대체관계

06 A부동산에 대한 수요의 가격탄력성과 소득탄력성이 각각 0.9와 0.5이다. A부동산 가격이 2% 상승하고 소득이 4% 증가할 경우, A부동산 수요량의 전체 변화율(%)은? (단, A부동산은 정상재이고, 가격탄력성은 절댓값으로 나타내며, 다른 조건은 동일함)

① 0.2　　　　　　② 1.4　　　　　　③ 1.8
④ 2.5　　　　　　⑤ 3.8

정답해설

① A부동산의 수요량은 0.2% 증가한다.
　1. 수요의 가격탄력성이 0.9일 때, 가격이 2% 상승하면 소비량은 1.8% 감소한다.
　2. 수요의 소득탄력성이 0.5일 때, 소득이 4% 증가하면 소비량은 2.0% 증가한다.
　3. 결국 전체 소비량은 0.2% 증가한다.

07 A지역의 아파트시장을 분석한 결과 임대료탄력성이 1.2이고, 소득탄력성이 1.5이다. 이 경우 임대료가 5% 인상되는데도 A지역의 아파트의 수요량은 종전보다 3%가 감소하는 상황이라면 소득의 변화율(%)은 얼마인가?

① 2% 감소　　　　② 2% 증가　　　　③ 5% 감소
④ 5% 증가　　　　⑤ 3.6% 감소

정답해설

② 소득은 2% 증가하였다.
　1. 임대료탄력성이 1.2일 경우, 임대료가 5% 인상되면 수요량은 6%가 감소한다. 그런데 아파트의 수요량이 종전보다 3%가 감소하는 상황이라는 것은 소득의 증가에 의해 아파트의 수요량이 3%가 증가했다는 것이다.
　2. 소득탄력성이 1.5이고 소득에 의해 수요량이 3% 증가했으므로, 소득은 2%가 증가한 것이다.

Answer

04 ①　 05 ③　 06 ①　 07 ②

최근 2년 동안 시행된 공인중개사 시험과 감정평가사 시험의 기출문제입니다.
이미 논점은 확인했으니, 정답을 빠르게 찾는 연습을 하시어요.

– 국승옥 강사 –

01 저량(stock)의 경제변수가 아닌 것은? (평34회)

① 가계자산
② 주택가격
③ 주택재고량
④ 주택보급률
⑤ 신규주택공급량

02 부동산의 수요와 공급에 관한 설명으로 틀린 것은? (단, 부동산은 정상재이다) (중34회)

① 수요곡선상의 수요량은 주어진 가격에서 수요자들이 구입 또는 임차하고자 하는 부동산의 최대수량이다.
② 부동산의 공급량과 그 공급량에 영향을 주는 요인들과의 관계를 나타낸 것이 공급함수이다.
③ 공급의 법칙에 따르면 가격(임대료)과 공급량은 비례관계이다.
④ 부동산 시장수요곡선은 개별수요곡선을 수직으로 합하여 도출한다.
⑤ 건축원자재의 가격 상승은 부동산의 공급을 축소시켜 공급곡선을 좌측(좌상향)으로 이동하게 한다.

03 아파트시장에서 균형가격을 상승시키는 요인은 모두 몇 개인가? (단, 아파트는 정상재로서 수요곡선은 우하향하고, 공급곡선은 우상향하며, 다른 조건은 동일함) (중35회)

> ㉠ 가구의 실질소득 증가
> ㉡ 아파트에 대한 선호도 감소
> ㉢ 아파트 건축자재 가격의 상승
> ㉣ 아파트 담보대출 이자율의 상승

① 0개   ② 1개
③ 2개   ④ 3개
⑤ 4개

04 해당 부동산 시장의 수요곡선을 우측(우상향)으로 이동하게 하는 수요변화의 요인에 해당하는 것은? (단, 수요곡선은 우하향하고, 해당 부동산은 정상재이다) (중34회)

① 대출금리의 상승
② 보완재 가격의 하락
③ 대체재 수요량의 증가
④ 해당 부동산 가격의 상승
⑤ 해당 부동산 선호도의 감소

05 A지역 단독주택시장의 균형변화에 관한 설명으로 옳은 것은? (단, 수요곡선은 우하향하고, 공급곡선은 우상향하며, 다른 조건은 동일함) (중35회)

① 수요와 공급이 모두 증가하고 수요의 증가폭과 공급의 증가폭이 동일한 경우, 균형거래량은 감소한다.
② 수요가 증가하고 공급이 감소하는데 수요의 증가폭보다 공급의 감소폭이 더 큰 경우, 균형가격은 하락한다.
③ 수요가 감소하고 공급이 증가하는데 수요의 감소폭이 공급의 증가폭보다 더 큰 경우, 균형가격은 상승한다.
④ 수요와 공급이 모두 감소하고 수요의 감소폭보다 공급의 감소폭이 더 큰 경우, 균형거래량은 감소한다.
⑤ 수요가 증가하고 공급이 감소하는데 수요의 증가폭과 공급의 감소폭이 동일한 경우, 균형가격은 하락한다.

06 수요와 공급의 가격탄력성에 관한 설명으로 옳은 것은? (중34회)

① 가격이 변화하여도 수요량이 전혀 변화하지 않는다면, 수요의 가격탄력성은 완전탄력적이다.

② 가격변화율보다 공급량의 변화율이 커서 1보다 큰 값을 가진다면, 공급의 가격탄력성은 비탄력적이다.

③ 공급의 가격탄력성이 0이라면, 완전탄력적이다.

④ 수요의 가격탄력성이 1보다 작은 값을 가진다면, 수요의 가격탄력성은 탄력적이다.

⑤ 공급곡선이 수직선이면, 공급의 가격탄력성은 완전비탄력적이다.

07 부동산 시장의 수요와 공급의 가격탄력성에 관한 설명으로 틀린 것은? (평34회)

① 측정하는 기간이 길수록 수요의 탄력성은 더 탄력적이다.

② 공급의 탄력성은 생산요소를 쉽게 얻을 수 있는 상품일수록 더 탄력적이다.

③ 수요의 탄력성이 탄력적일 경우 임대료가 상승하면 전체 임대수입은 감소한다.

④ 대체재가 많을수록 수요의 탄력성은 더 탄력적이다.

⑤ 제품의 가격이 가계소득에서 차지하는 비중이 작을수록 수요의 탄력성이 더 탄력적이다.

08 부동산의 가격탄력성과 균형변화에 관한 설명으로 틀린 것은? (단, 완전탄력적과 완전비탄력적 조건이 없는 경우 수요와 공급법칙에 따르며, 다른 조건은 동일함) (평34회)

① 공급이 완전비탄력적일 경우, 수요가 증가하면 균형가격은 상승하고 균형량은 불변이다.

② 수요가 완전비탄력적일 경우, 공급이 감소하면 균형가격은 상승하고 균형량은 불변이다.

③ 수요가 완전탄력적일 경우, 공급이 증가하면 균형가격은 불변이고 균형량은 증가한다.

④ 공급이 증가하는 경우, 수요의 가격탄력성이 작을수록 균형가격의 하락폭은 크고 균형량의 증가폭은 작다.

⑤ 수요가 증가하는 경우, 공급의 가격탄력성이 작을수록 균형가격의 상승폭은 작고 균형량의 증가폭은 크다.

Chapter 02

정답 및 해설

01 [정답해설]
⑤ 주택수요량과 신규주택공급량은 대표적인 유량(flow) 변수이다.

02 [정답해설]
④ 시장 전체의 수요량은 개별 소비자들의 수요량을 전부 합산한 것이다. 또한 수평축이 양을 표시하는 축이다. 따라서 부동산 시장수요곡선은 개별수요곡선을 수평으로 합하여 도출한다(양을 합하여 도출한다).

03 [정답해설]
③ 가격을 상승시키는 요인은 ㉠, ㉢ 2개이다.
  ㉠ 가구의 실질소득 증가 : 수요 증가 - 가격 상승
  ㉡ 아파트에 대한 선호도 감소 : 수요 감소 - 가격 하락
  ㉢ 아파트 건축자재 가격의 상승 : 공급 감소 - 가격 상승
  ㉣ 아파트 담보대출 이자율의 상승 : 수요 감소 - 가격 하락

04 [정답해설]
② 보완재 가격의 하락 : 부동산 수요 증가

[오답해설]
① 대출금리의 상승 : 부동산 수요 감소
③ 대체재 수요량의 증가 : 해당 부동산 수요 감소
④ 해당 부동산 가격의 상승 : 수요량의 변화 요인으로 수요곡선 자체가 이동하지 않는다.
⑤ 해당 부동산 선호도의 감소 : 부동산 수요 감소

05 [정답해설]
④ 옳은 지문이다. 공급의 감소폭이 더 큰 경우 ⇨ 공급 감소 : 균형거래량은 감소한다.

[오답해설]
① 수요의 증가폭과 공급의 증가폭이 동일한 경우, 균형거래량은 증가한다.
② 공급의 감소폭이 더 큰 경우 ⇨ 공급 감소 : 균형가격은 상승한다.
③ 수요의 감소폭이 더 큰 경우 ⇨ 수요 감소 : 균형가격은 하락한다.
⑤ 수요의 증가폭과 공급의 감소폭이 동일한 경우, 균형가격은 상승한다.

06

정답해설

⑤ 옳은 지문이다.

오답해설

① 가격이 변화하여도 수요량이 전혀 변화하지 않는다면, 수요의 가격탄력성은 완전비탄력적이다.
② 가격변화율보다 공급량의 변화율이 커서 1보다 큰 값을 가진다면, 공급의 가격탄력성은 탄력적이다.
③ 공급의 가격탄력성이 0이라면, 완전비탄력적이다.
④ 수요의 가격탄력성이 1보다 작은 값을 가진다면, 수요의 가격탄력성은 비탄력적이다.

07

정답해설

⑤ 제품의 가격이 비쌀수록, 소비자들은 가격 변화에 보다 민감하게 반응한다. 즉 보다 탄력적으로 반응한다. 따라서 제품의 가격이 가계소득에서 차지하는 비중이 높을수록 수요의 탄력성이 더 탄력적이다.

08

정답해설

⑤ 수요가 증가하는 경우, 공급의 가격탄력성이 작을수록 균형가격의 상승폭은 커지고, 균형량의 증가폭은 작아진다. (수요가 증가하는 경우, 공급이 비탄력적일수록, 가격은 더 상승하고 거래량은 덜 증가한다.)

제1절 **부동산 시장과 주택 시장**

01 부동산의 시장의 특성을 설명한 것으로 틀린 것은? (22회)

① 완전히 동질적인 아파트라 하더라도 아파트가 입지한 시장지역이 달라지면 서로 다른 가격이 형성될 수 있다.

② 부동산은 **개별성**에 의해 부동산 상품별 **표준화가 쉽지 않다.**

③ 부동산 공급에는 계획수립, 부지확보, 건축 등 완성에 이르기까지 많은 시간이 소요되므로 수요와 공급의 조절이 쉽지 않고, 그 결과 **장기**적인 **가격 왜곡 현상**이 발생할 가능성이 높다.

④ 부동산은 고가이기 때문에 자금 조달 가능성이 시장 참여에 많은 영향을 미친다.

⑤ 일반적으로 부동산 시장은 수요자와 공급자의 진출입이 어렵기 때문에 **불완전경쟁시장**이 된다.

정답해설

③ 부동산 공급은 오랜 시간이 필요하기 때문에 공급이 늘어나지 못하는 단기에 부작용이 나타난다. 가격 왜곡 현상은 단기에 나타나는 현상이다.

▶ **부동산 시장의 특징**

1. 지역적 시장 : 시장의 지역세분화, 지역에 따른 가격수준의 차이
2. 거래의 비공개성, 상품의 비표준화, 시장의 비조직화
3. 공급의 장기성
   ㉠ 단기적인 수급조절의 곤란성
   ㉡ 단기적인 가격 왜곡 현상
4. 과다한 법적 제한, 시장의 외부성
5. 자금의 유용성 또는 대출제도의 유용성이 중요

Answer

01 ③

02 부동산 시장에 관한 설명으로 틀린 것은? (33회)

① 부동산 시장에서는 정보의 비대칭성으로 인해 부동산 가격의 왜곡 현상이 나타나기도 한다.

② 부동산 시장은 장기보다 단기에서 공급의 가격탄력성이 크므로 단기 수급조절이 용이하다.

③ 부동산 시장은 규모, 유형, 품질 등에 따라 세분화 되고 지역별로 구분되는 특성이 있다.

④ 부동산 시장에서는 일반적으로 매수인의 제안가격과 매도인의 요구가격 사이에서 가격이 형성된다.

⑤ 부동산 시장은 불완전하더라도 할당 효율적일 수 있다.

정답해설

② 부동산 시장은 단기에 공급이 비탄력적이므로(공급의 가격탄력성이 작으므로) 단기에 수급조절이 곤란하다.

03 부동산 시장의 특성으로 옳은 것은? (평32회)

① 일반상품의 **시장**과 달리 **조직성**을 갖고 지역을 확대하는 특성이 있다.

② 토지의 **인문적 특성**인 지리적 위치의 고정성으로 인하여 개별화된다.

③ 매매의 **단기**성으로 인하여 유동성과 환금성이 우수하다.

④ 거래**정보의 대칭성**으로 인하여 정보수집이 쉽고 은밀성이 축소된다.

⑤ 부동산의 **개별성**으로 인한 부동산**상품의 비표준화**로 복잡·다양하게 된다.

정답해설

⑤ 옳은 지문이다.

오답해설

① 부동산 시장은 조직성을 갖지 않는다.

② 지리적 위치의 고정성은 자연적 특성이다.

③ 부동산 매매는 장기성을 갖으며, 부동산은 유동성과 환금성이 좋지 않다.

④ 부동산 시장은 정보의 비대칭성의 성격을 갖는다.

제2절 부동산 시장과 정보의 효율성

01 부동산 시장의 효율성에 관한 설명으로 틀린 것은? (27회)

① 효율적 시장은 어떤 정보를 지체 없이 가치에 반영하는가에 따라 구분될 수 있다.

② **강성** 효율적 시장은 공표된 정보는 물론이고 아직 공표되지 않은 정보까지도 시장가치에 반영되어 있는 시장이므로 이를 통해 **초과이윤을 얻을 수 없다.**

③ **강성** 효율적 시장은 **완전경쟁시장**의 가정에 가장 근접하게 부합되는 시장이다.

④ **약성** 효율적 시장에서는 **과거**의 역사적 자료를 분석하여 정상이윤을 초과하는 이윤을 획득할 수 **있다.**

⑤ 준강성 효율적 시장은 과거의 추세적 정보뿐만 아니라 현재 새로 공표되는 정보가 지체 없이 시장가치에 반영되는 시장이다.

정답해설

④ 약성 시장에서 과거 정보를 분석하면 초과이윤은 획득할 수 없다.

▶ **효율적 시장**

1. 효율적 시장의 구분
   ㉠ 약성 시장 : 과거 정보가 지체 없이 가격에 반영되는 시장
   ㉡ 준강성 시장 : 과거 및 현재 정보가 지체 없이 가격에 반영되는 시장
   ㉢ 강성 시장 : 모든 정보가 지체 없이 가격에 반영되는 시장
2. 초과이윤을 획득하는 경우
   ㉠ 약성 시장 : 현재정보 또는 미래(내부)정보를 통해 초과이윤을 획득할 수 있다.
   　　　　　　　기본적 분석(과거 및 현재 정보의 분석)을 통해 초과이윤을 획득할 수 있다.
   ㉡ 준강성 시장 : 내부정보를 획득해야만 초과이윤을 획득할 수 있다.
   ㉢ 강성 시장 : 어떤 분석으로도 초과이윤을 획득할 수 없다.
3. 유형별 초과이윤의 획득 가능성

구 분	과거 정보	현재 정보	미래 정보	정보 분석 방법
약성 효율적 시장		○	○	기본적 분석
준강성 효율적 시장			○	
강성 효율적 시장				

02 효율적 시장 이론에 관한 설명으로 틀린 것은? (기출 묶음)

① **약성** 효율적 시장에서 **기술적 분석**을 통해 초과이윤을 획득할 수 없다.

② **약성** 효율적 시장에서 현재가치에 대한 **과거의 정보**를 분석하면 초과이윤을 획득할 수 없다.

③ **준강성** 효율적 시장은 **기본적 분석**을 통해 초과이윤을 획득할 수 없다.

④ **강성** 효율적 시장은 공표된 것이건 그렇지 않은 것이건 어떠한 정보도 이미 가치에 반영되어 있기 때문에 정보 분석을 통해 초과이윤을 획득할 수는 없다.

⑤ 현실의 부동산 시장은 일반적으로 **강성** 효율적 시장으로 분류되기 때문에 기본적 분석을 통해 초과이윤을 획득할 수 있다.

정답해설

⑤ 현실의 부동산 시장은 다양한 형태로 존재하는데, 일반적으로 준강성 효율적 시장까지의 형태로 나타난다. 그리고 만약 현실의 시장이 준강성 시장이라면 투자자들은 내부정보를 획득해야만 초과이윤을 획득할 수 있다.

03 부동산 시장의 효율성에 관한 설명으로 옳은 것은? (기출 묶음)

① 시장의 효율성은 여러 가지로 측정할 수 있는데, 효율적 시장 이론은 배분의 효율성을 의미한다.

② **강성** 효율적 시장에서는 정보 분석을 잘 할 수 있다면 초과이윤을 얻을 수 있다.

③ 어떠한 형태의 효율적 시장이 부동산 시장에 존재하는가는 나라마다 비슷하며, 효율성의 정도도 거의 같다.

④ 모든 투자 시장에서 위험을 감안한 수익률이 동일하여 어느 시장에서도 **초과이윤을 획득할 수 없다면 할당 효율성이 달성되었다**고 할 수 있다.

⑤ 독점 등 **불완전경쟁시장**은 여러 가지 불완전한 요소가 많기 때문에 **할당 효율적 시장이 될 수 없다.**

정답해설

④ 옳은 지문이다.

오답해설

① 시장의 효율성은 정보의 효율성을 의미한다.

② 강성 효율적 시장에서는 어떤 정보를 분석하더라도 초과이윤을 얻을 수 없다.

③ 어떠한 형태의 효율적 시장이 존재하는가는 나라마다 다르고, 효율성의 정도도 모두 다르다.

⑤ 독점 등 불완전경쟁시장도 초과이윤이 없다면 할당 효율적 시장이 될 수 있다.

> ▶ **할당 효율적 시장**
> 1. 할당 효율적 시장이란 어느 시장에서도 초과이윤을 획득할 수 없는 시장이다.
> 2. 논점
>   ㉠ 완전경쟁시장은 초과이윤이 없는 시장으로 항상 할당 효율적 시장이다.
>   ㉡ 불완전경쟁시장이라도 초과이윤이 없다면 할당 효율성이 될 수 있다.

04 부동산 시장의 효율성에 관한 설명으로 틀린 것은? (평29회)

① 약성 효율적 시장은 현재의 시장가치가 과거의 추세를 충분히 반영하고 있는 시장이다.

② 준강성 효율적 시장은 어떤 새로운 정보가 공표되는 즉시 시장가치에 반영되는 시장이다.

③ 강성 효율적 시장은 공표된 것이건 공표되지 않은 것이건 어떠한 정보도 이미 시장가치에 반영되어 있는 시장이다.

④ **부동산 시장**은 주식시장이나 일반상품시장보다 더 불완전하고 비효율적이므로 **할당 효율적일 수 없다.**

⑤ 부동산 시장의 제약조건을 극복하는 데 소요되는 거래비용이 타 시장보다 부동산 시장을 더 비효율적이게 하는 중요한 요인이다.

정답해설

④ 불완전경쟁시장은 초과이윤의 유무에 따라 할당 효율적 시장이 될 수 있다. 불완전경쟁시장이라도 초과이윤이 없다면 할당 효율적 시장이 될 수 있다.

05 부동산 시장의 효율성에 관한 설명으로 옳은 것은? (평33회)

① 특정 투자자가 얻는 초과이윤이 이를 발생시키는 데 소요되는 정보비용보다 크면 배분(할당) 효율적 시장이 아니다.

② 약성 효율적 시장은 정보가 완전하고 모든 정보가 공개되어 있으며 정보비용이 없다는 완전경쟁시장의 조건을 만족한다.

③ 부동산 시장은 주식시장이나 일반적인 재화시장보다 더 불완전경쟁적이므로 배분(할당) 효율성을 달성할 수 없다.

④ 강성 효율적 시장에서는 정보를 이용하여 초과이윤을 얻을 수 있다.

⑤ 약성 효율적 시장의 개념은 준강성 효율적 시장의 성격을 모두 포함하고 있다.

정답해설

① 옳은 지문이다. 초과이윤을 획득할 수 없는 경우에 할당 효율적 시장은 달성된다. 따라서 초과이윤이 있다면 할당(배분) 효율적 시장이 아니다.

오답해설

② 완전경쟁시장의 조건과 유사한 시장은 강성 효율적 시장이다.

③ 부동산 시장은 불완전하더라도 할당(배분) 효율성을 달성할 수 있다.

④ 강성 효율적 시장에서는 어떠한 정보를 이용하더라도 초과이윤을 획득할 수 없다.

⑤ 준강성 효율적 시장이 약성 효율적 시장의 성격을 포함한다.

Answer			
02 ⑤	03 ④	04 ④	05 ①

06 다음은 3가지 효율적 시장(A~C)의 유형과 관련된 내용이다. 시장별 해당되는 내용을 〈보기〉에서 모두 찾아 옳게 짝지어진 것은? (32회)

> A. 약성 효율적 시장
> B. 준강성 효율적 시장
> C. 강성 효율적 시장

〈보기〉
> ㉠ 과거의 정보를 분석해도 **초과이윤을 얻을 수 없다.**
> ㉡ 현재시점에 바로 공표된 정보를 분석해도 **초과이윤을 얻을 수 없다.**
> ㉢ 아직 공표되지 않은 정보를 분석해도 **초과이윤을 얻을 수 없다.**

① A – ㉠　　　　　　B – ㉡　　　　　　C – ㉢
② A – ㉠　　　　　　B – ㉠, ㉡　　　　C – ㉠, ㉡, ㉢
③ A – ㉢　　　　　　B – ㉡, ㉢　　　　C – ㉠, ㉡, ㉢
④ A – ㉠, ㉡, ㉢　　B – ㉠, ㉡　　　　C – ㉠
⑤ A – ㉠, ㉡, ㉢　　B – ㉡, ㉢　　　　C – ㉢

정답해설

② 옳은 연결이다.
- A(약성) – ㉠ : 약성 시장은 과거의 정보가 지체 없이 반영되는 시장이다. 따라서 과거의 정보를 통해서는 초과이윤을 얻을 수 없다.
- B(준강성) – ㉠, ㉡ : 준강성 시장은 과거와 현재 공표되는 정보가 지체 없이 반영된다. 따라서 과거의 정보와 현재 공표된 정보를 통해서는 초과이윤을 얻을 수 없다.
- C(강성) – ㉠, ㉡, ㉢ : 강성 시장은 모든 정보가 지체 없이 반영된다. 따라서 어떤 정보를 통해서도 초과이윤을 얻을 수 없다.

제3절 부동산 시장의 변화

01 부동산 경기순환

01 부동산 경기에 관한 설명으로 **틀린** 것은? (기출 묶음)

① 정부 규제 완화로 건축허가량이 증가하였다면, 이는 **불규칙적 경기변동**의 사례이다.
② 부동산 경기는 일반 경기에 비해 **주기**는 길고, **진폭**은 크다.
③ 일반적으로 경기 **회복 국면**은 짧고, **경기 후퇴**는 길고 완만하게 이루어진다.
④ 부동산 시장의 각 부문별, 지역별 경기는 지역적인 특성이 반영되어 다른 형태로 나타날 수 있다.
⑤ 부동산 경기는 주기의 각 **순환국면**이 불규칙·불명확한 특징을 갖는다.

정답해설

③ 경기 회복은 길고 완만한 데 비해, 경기 후퇴는 빠르고 가파르게 진행된다.

▶ **부동산 경기변동의 특징**

1. 주기는 길고 진폭은 깊다.
2. 순환국면은 불규칙하고 불명확하다.

02 부동산 경기순환 국면의 특징을 설명한 것으로 **틀린** 것은? (기출 묶음)

① 후퇴시장이 장기화 되면 공실률은 점차적으로 증가하는 경향을 보인다.
② 상향시장에서 직전 국면의 거래가격은 새로운 거래의 **하한선**이 되는 경향이 있다.
③ 회복시장은 매도자가 거래를 주저하는 경향이 있기 때문에 **매수자**가 **중시**되는 시장이다.
④ 하향시장에서 직전 시장의 거래가격은 새로운 거래의 **상한선**이 되는 경향이 있다.
⑤ 부동산 시장은 회복·상향·후퇴·하향의 4가지 국면 이외에 **안정시장**이라는 국면이 있다.

정답해설

③ 회복시장과 상향시장 등 확장기는 매도자가 거래를 주저하는 경향이 있기 때문에 매도자 중시시장이 된다.

▶ **경기순환 국면별 특징**

1. 확장기(회복, 상향)
   ㉠ 매도자 중시시장
   ㉡ 과거의 거래가격은 새로운 거래의 하한선으로 적용
2. 수축기(후퇴, 하향)
   ㉠ 매수자 중시시장
   ㉡ 과거의 거래가격은 새로운 거래의 상한선으로 적용

Answer

06 ② / 01 ③ 02 ③

03 부동산 경기변동에 관한 설명으로 틀린 것은? (25회)

① 부동산 경기도 일반 경기와 마찬가지로 회복국면, 상향국면, 후퇴국면, 하향국면 등의 순환적 경기변동을 나타낸다.

② 하향국면은 **매수자가 중시**되고, 과거의 거래사례가격은 새로운 거래가격의 **상한**이 되는 경향이 있다.

③ 상향국면은 **매도자가 중시**되고, 과거의 거래사례가격은 새로운 거래가격의 **하한**이 되는 경향이 있다.

④ 회복국면은 **매도자가 중시**되고, 과거의 거래사례가격은 새로운 거래의 기준가격이 되거나 **하한**이 되는 경향이 있다.

⑤ 후퇴국면은 **매수자가 중시**되고, 과거의 거래사례가격은 새로운 거래의 기준가격이 되거나 **하한**이 되는 경향이 있다.

정답해설
⑤ 후퇴국면 등 수축기는 가격이 하락하는 시기이다. 따라서 과거의 거래가격은 새로운 거래의 상한선으로 작용한다.

04 부동산 경기변동과 중개활동에 관한 설명으로 틀린 것은? (평28회)

① 하향시장의 경우 종전의 거래사례가격은 새로운 매매활동에 있어 가격설정의 **상한선**이 되는 경향이 있다.

② 상향시장에서 **매도자는 가격상승을 기대하여 거래의 성립을 미루려는 반면**, 매수자는 거래성립을 앞당기려 하는 경향이 있다.

③ 중개물건 의뢰의 접수와 관련하여 안정기의 경우 공인중개사는 매각의뢰와 매입의뢰의 수집이 다 같이 중요하다.

④ 실수요 증가에 의한 공급부족이 발생하는 경우 공인중개사는 매수자를 확보해두려는 경향을 보인다.

⑤ 일반적으로 부동산 경기는 일반 경기에 비하여 **경기의 변동폭**이 큰 경향이 있다.

정답해설
④ 실수요 증가에 의한 공급부족이 발생하는 경우라면 매도자 확보가 중요하다.

02 거미집 모형

01 다음 제시된 조건하에서 수요가 증가한다면, 거미집이론에 의한 A, B 부동산의 모형 형태는? (다만, 다른 조건은 동일함)

> • A부동산 : 수요의 가격탄력성 1.1, 공급의 가격탄력성 0.9
> • B부동산 : 수요의 가격탄력성 0.9, 공급의 가격탄력성 1.3

A	B		A	B
① 수렴형	발산형		② 발산형	순환형
③ 순환형	발산형		④ 수렴형	순환형
⑤ 발산형	수렴형			

[정답해설]
① A부동산은 수렴형이고, B부동산은 발산형이다.

▶ **수렴형의 조건**
1. 수요의 가격탄력성 수치 > 공급의 가격탄력성 수치
2. 수요곡선의 기울기 절댓값 < 공급곡선의 기울기 절댓값

02 A, B, C 부동산 시장이 다음과 같을 때 거미집이론에 따른 각 시장의 모형형태는? (단, X축은 수량, Y축은 가격을 나타내며, 다른 조건은 동일함)

구 분	A시장	B시장	C시장
수요곡선 기울기	− 0.8	− 0.3	− 0.6
공급곡선 기울기	0.6	0.3	1.2

① A : 수렴형   B : 발산형   C : 순환형
② A : 순환형   B : 발산형   C : 수렴형
③ A : 발산형   B : 수렴형   C : 순환형
④ A : 수렴형   B : 순환형   C : 발산형
⑤ A : 발산형   B : 순환형   C : 수렴형

[정답해설]
⑤ A : 발산형, B : 순환형, C : 수렴형

Answer
03 ⑤   04 ④ / 01 ①   02 ⑤

03 A주택시장과 B주택시장의 함수조건이 다음과 같다. 거미집이론에 의한 두 시장의 모형형태는?

(32회)

> • A주택시장 : $Q_d = 200 - P$, $Q_s = 100 + 4P$
>
> • B주택시장 : $Q_d = 500 - 2P$, $Q_s = 200 + \dfrac{1}{2}P$

① A : 수렴형, B : 수렴형　　　　② A : 수렴형, B : 발산형

③ A : 수렴형, B : 순환형　　　　④ A : 발산형, B : 수렴형

⑤ A : 발산형, B : 발산형

정답해설

④ 옳은 연결이다.
- A주택시장 : 수요곡선 기울기 절댓값 1, 공급곡선 기울기 값 0.25 : 발산형
- B주택시장 : 수요곡선 기울기 절댓값 0.5, 공급곡선 기울기 값 2 : 수렴형

04 어느 지역의 수요와 공급함수가 각각 A부동산 상품시장에서는 $Q_d = 100 - P$, $2Q_s = -10 + P$, B부동산 상품시장에서는 $Q_d = 500 - 2P$, $3Q_s = -20 + 6P$이다. 거미집이론(Cob-web theory)에 의한 A와 B 각각의 모형 형태는? (단, x축은 수량, y축은 가격, 각각의 시장에 대한 P는 가격, Qd는 수요량, Qs는 공급량이며, 다른 조건은 동일함)

	A	B
①	수렴형	순환형
②	수렴형	발산형
③	발산형	순환형
④	발산형	수렴형
⑤	순환형	발산형

정답해설

① 옳은 연결이다.
- A부동산 : 수요곡선의 기울기 절댓값 1, 공급곡선의 기울기 값 2 : 수렴형
- B부동산 : 수요곡선의 기울기 절댓값 $\dfrac{1}{2}$, 공급곡선의 기울기 값 $\dfrac{1}{2}$: 순환형

03 주거분리 현상, 주택여과 현상

01 주거분리 현상에 관한 설명 중 틀린 것은? (기출 묶음)

① **주거분리**는 도심의 지가상승으로 도심의 직장과 주거지가 서로 분리되는 현상이다.
② 주거분리는 주택 소비자가 정(+)의 **외부효과**는 추구하고, 부(−)의 **외부효과**는 피하려는 동기에서 비롯된다.
③ 주거분리 현상은 **인근지역**에서 나타나기도 하고 **도시 전체**적인 측면에서 나타나기도 한다.
④ 고소득층지역과 저소득층지역의 경계부근에 인접한 **저소득층 주택**은 할증되어 거래된다.
⑤ 고소득층지역과 저소득층지역의 경계부근에 인접한 **고소득층 주택**은 할인되어 거래된다.

정답해설
① 주거분리는 주거지역이 소득계층별로 서로 분리되는 현상이다.

▶ **주거분리**
1. 주거지역이 저소득층의 주거지역과 고소득층의 주거지역으로 분리되는 현상
2. 주거분리의 원인 : 외부효과

02 주거분리에 관한 설명으로 틀린 것은? (27회)

① 고소득층 주거지와 저소득층 주거지가 서로 분리되는 현상을 의미한다.
② 고소득층 주거지와 저소득층 주거지가 인접한 경우, 경계지역 부근의 저소득층 주택은 할인되어 거래되고 경계지역 부근의 고소득층 주택은 할증되어 거래된다.
③ 저소득층은 다른 요인이 동일할 경우 정(+)의 외부효과를 누리고자 고소득층 주거지에 가까이 거주하려 한다.
④ 고소득층 주거지와 저소득층 주거지가 인접한 지역에서는 **침입**과 **천이**현상이 발생할 수 있다.
⑤ **도시 전체**에서뿐만 아니라 지리적으로 인접한 **근린지역**에서도 발생할 수 있다.

정답해설
② 외부효과에 의해 저소득층 주택은 할증되어 거래되고, 고소득층 주택은 할인되어 거래된다.

Answer
03 ④ 04 ① / 01 ① 02 ②

03 주택여과에 관한 설명으로 틀린 것은? (기출 묶음)

① 주택의 **하향여과**는 상위소득계층이 사용하던 기존 주택이 하위소득계층의 사용으로 전환되는 것을 말한다.

② 고소득층의 주거지역으로 저소득층이 들어오는 현상은 **상향여과**과정이라고 한다.

③ 저소득층 주거지역에서 주택의 **보수를 통한 가치 상승분**이 보수비용보다 **작다면** 상향여과는 발생하지 않는다.

④ 하향여과는 저소득층의 소득이 소폭 증가함으로써 **저가주택에 대한 수요가 증가할 때** 나타나는 현상이다.

⑤ 주택시장의 **공가**(空家)는 주택여과 현상의 전제 조건이다.

[정답해설]

② 고소득층의 주거지역으로 저소득층이 들어오는 현상은 하향여과과정이다.

> ▶ **주택여과 현상**
> 1. 하향여과
>   ㉠ 저소득층이 노후화되어 가격수준이 낮아진 고소득층의 주택을 사용하게 되는 현상
>   ㉡ 원인 : 저가주택에 대한 수요가 증가할 때 발생한다.
> 2. 상향여과
>   ㉠ 고소득층이 재개발된 저소득층 주거지역으로 이동하는 현상
>   ㉡ 원인 : 저급주택이 수선되거나 재개발될 때 발생한다.

04 주거분리와 여과과정에 관한 설명으로 틀린 것은? (평30회)

① 저가주택이 수선되거나 재개발되어 상위계층의 사용으로 전환되는 것을 **상향여과**라 한다.

② 민간주택시장에서 **저가주택이 발생하는 것**은 시장이 하향여과작용을 통해 자원할당기능을 원활하게 수행하고 있기 때문이다.

③ 주거입지는 **침입**과 **천이**현상으로 인해 변화할 수 있다.

④ 주거분리는 도시 전체에서뿐만 아니라 지리적으로 인접한 근린지역에서도 발생할 수 있다.

⑤ 하향여과는 고소득층 주거지역에서 주택의 **개량을 통한 가치상승분**이 주택개량비용보다 **큰 경우**에 발생한다.

[정답해설]

⑤ 고소득층 주거지역에서 주택개량의 가치상승분이 크다면 주택개량이 지속적으로 유지되고, 그 결과 고소득층 주거지역의 주택가격은 하락하지 않는다. 따라서 하향여과는 발생하지 않는다.

05 주거분리와 여과과정에 관한 설명으로 옳은 것은? (평33회)

① 여과과정이 원활하게 작동하면 신규주택에 대한 정부지원으로 모든 소득계층이 이득을 볼 수 있다.

② 하향여과는 고소득층 주거지역에서 주택의 개량을 통한 가치상승분이 주택개량비용보다 큰 경우에 발생한다.

③ 다른 조건이 동일할 경우 고가주택에 가까이 위치한 저가주택에는 부(−)의 외부효과가 발생한다.

④ 민간주택시장에서 불량주택이 발생하는 것은 시장실패를 의미한다.

⑤ 주거분리현상은 도시지역에서만 발생하고, 도시와 지리적으로 인접한 근린지역에서는 발생하지 않는다.

정답해설

① 옳은 지문이다.

오답해설

② 고소득층 주거지역에서 주택개량을 통한 가치상승분이 큰 경우라면, 주택개량을 통해 고소득층 주거지역의 주택가격은 하락하지 않는다. 따라서 하향여과는 발생하지 않는다.

③ 고가주택에 가까이 위치한 저가주택에는 정(+)의 외부효과가 발생한다.

④ 민간주택시장에서 불량주택(가격수준이 낮은 주택)이 발생하는 것은 시장이 자원을 효율적으로 배분함을 의미한다. 주택은 모든 소득계층에게 필요한 재화이고, 저소득층은 가격수준이 낮은 불량주택을 구입할 수밖에 없다. 따라서 시장은 저소득층에게 가격수준이 낮은 불량주택을 배분한다.

⑤ 주거분리현상은 근린지역뿐만 아니라 도시지역 전체에서도 발생하는 보편적인 현상이다.

06 주택의 여과과정(filtering process)과 주거분리에 관한 설명으로 틀린 것은? (31회)

① 주택의 하향여과과정이 원활하게 작동하면 저급주택의 공급량이 **감소**한다.

② 저급주택이 재개발되어 고소득가구의 주택으로 사용이 전환되는 것을 주택의 상향여과과정이라 한다.

③ 저소득가구의 침입과 천이 현상으로 인하여 주거입지의 변화가 야기될 수 있다.

④ 고소득층 주거지역에서 **주택의 개량비용**이 개량 후 주택가치의 상승분보다 **크다면** 하향여과과정이 발생하기 쉽다.

⑤ 여과과정에서 주거분리를 주도하는 것은 고소득가구로 정(+)의 외부효과를 추구하고, 부(−)의 외부효과를 회피하려는 동기에서 비롯된다.

정답해설

① 하향여과과정이 원활하게 작동한다는 것은 저소득층이 주택을 소비하려고 함을 의미한다. 따라서 시장은 필요로 하는 주택의 물량을 공급할 것이다. 즉, 저급주택의 공급량이 증가한다.

Answer

03 ② 04 ⑤ 05 ① 06 ①

제4절 시장론 계산 문제

01 1년 후 신역사가 들어선다는 정보가 있다. 이 정보의 현재가치는? (단, 제시된 가격은 개발정보의 실현 여부에 의해 발생하는 가격 차이만을 반영하고, 주어진 조건에 한함)

- 역세권 인근에 일단의 토지가 있다.
- 역세권 개발계획에 따라 1년 후 신역사가 들어설 가능성은 40%로 알려져 있다.
- 이 토지의 1년 후 예상가격은 신역사가 들어서는 경우 8억 8천만원, 들어서지 않는 경우 6억 6천만원이다.
- 투자자의 요구수익률은 연 10%이다.

① 1억원 ② 1억 1천만원 ③ 1억 2천만원
④ 1억 3천만원 ⑤ 1억 4천만원

정답해설
③ 정보의 현재가치는 1억 2천만원이다.
　1. 1년 후 정보가치 : (8.8억 − 6.6억) × 0.6(들어오지 않을 가능성) = 1억 3,200만원
　2. 정보의 현재가치 : $\dfrac{1억 3,200만원}{1.1}$ = 1억 2천만원

02 복합쇼핑몰 개발사업이 진행된다는 정보가 있다. 다음과 같이 주어진 조건하에서 합리적인 투자자가 최대한 지불할 수 있는 이 정보의 현재가치는?

- 복합쇼핑몰 개발예정지 인근에 일단의 A토지가 있다.
- 2년 후 도심에 복합쇼핑몰이 개발될 가능성은 50%로 알려져 있다.
- 2년 후 도심에 복합쇼핑몰이 개발되면 A토지의 가격은 6억 500만원, 개발되지 않으면 3억 250만원으로 예상된다.
- 투자자의 요구수익률(할인율)은 연 10%이다.

① 1억 500만원 ② 1억 1,000만원 ③ 1억 1,500만원
④ 1억 2,000만원 ⑤ 1억 2,500만원

정답해설
⑤ 정보의 현재가치는 1억 2,500만원이다.
　1. 2년 후 정보가치 : (605,000,000 − 302,500,000) × 0.5(들어오지 않을 가능성) = 151,250,000원
　2. 정보의 현재가치 : 151,250,000 ÷ 1.1 ÷ 1.1 = 125,000,000원

Answer
01 ③ 02 ⑤

기출모의고사

최근 2년 동안 시행된 공인중개사 시험과 감정평가사 시험의 기출문제입니다.
이미 논점은 확인했으니, 정답을 빠르게 찾는 연습을 하시어요.

ㅡ 국승옥 강사 ㅡ

01 부동산 시장에 관한 설명으로 옳은 것은? (평34회)

① 할당 효율적 시장은 완전경쟁시장을 의미하며 불완전경쟁시장은 할당 효율적 시장이
될 수 없다.
② 완전경쟁시장이나 강성 효율적 시장에서는 할당 효율적인 시장만 존재한다.
③ 약성 효율적 시장에서 과거의 역사적 정보를 통해 정상 이상의 수익을 획득할 수 있다.
④ 완전경쟁시장에서는 초과이윤이 발생할 수 있다.
⑤ 준강성 효율적 시장에서 공표된 정보는 물론 공표되지 않은 정보도 시장가치에 반영
된다.

02 거미집 모형에 관한 설명으로 옳은 것은? (중34회)

① 수요의 가격탄력성이 공급의 가격탄력성보다 크면 발산형이다.
② 가격이 변동하면 수요와 공급은 모두 즉각적으로 반응한다는 가정을 전제하고 있다.
③ 수요곡선의 기울기 절댓값이 공급곡선의 기울기 절댓값보다 작으면 수렴형이다.
④ 수요와 공급의 동시적 관계로 가정하여 균형의 변화를 정태적으로 분석한 모형이다.
⑤ 공급자는 현재와 미래의 가격을 동시에 고려해 미래의 공급을 결정한다는 가정을 전제
하고 있다.

01 정답해설

② 옳은 지문이다. 할당 효율적 시장은 어느 시장에서도 초과이윤을 얻을 수 없는 시장이다. 완전경쟁시장은 완전 경쟁을 통해 초과이윤을 획득할 수 없는 시장이므로 항상 할당 효율성이 달성된다. 또한 강성 효율적 시장은 어떤 정보를 통해서도 초과이윤을 획득할 수 없는 시장이므로 할당 효율적인 시장이다.

오답해설

① 불완전경쟁시장이라도 초과이윤을 획득할 수 없다면 할당 효율적 시장이 될 수 있다.
③ 약성 효율적 시장은 과거 정보를 통해 정상 이상의 초과이윤을 획득할 수 없다. 약성 시장에서 초과이윤을 획득하기 위해서는 현재 정보와 미래 정보를 획득하여야 한다.
④ 완전경쟁시장에서는 초과이윤이 발생할 수 없다.
⑤ 지문은 강성 효율적 시장에 대한 설명이다.

02 정답해설

③ 옳은 지문이다.

오답해설

① 수요의 가격탄력성 > 공급의 가격탄력성 : 수렴형
② 거미집 모형에 의하면 주기적인 가격의 폭등과 폭락은 공급의 장기성에 의해 발생한다. 따라서 가격이 변동할 때, 수요는 즉각 변하지만 공급은 한참 이후에 변화함을 가정한다.
④ 거미집 모형은 균형의 변화를 시간의 흐름에 따라 분석하는 동태적 분석 모형이다.
⑤ 공급자가 현재의 가격에만 반응함을 전제한다.

정책론

제1절 부동산 정책의 이해

01 부동산 시장에 대한 정부의 공적 개입에 관한 설명으로 틀린 것은?

① 정부가 주택시장에 개입하는 이유는 주택시장에 **시장실패**의 요인이 있기 때문이다.

② 정부는 시장에서 **효율적인 자원배분이 이루어지더라도** 개입하는 경우가 있다.

③ 시장기능으로 달성하기 어려운 소득재분배, 공공재의 공급, 경제 안정화 등을 달성하기 위하여 정부가 개입한다.

④ 시장이 자원을 효율적으로 배분하지 못하는 상황을 **정부실패**라고 한다.

⑤ 정부의 시장 개입이 오히려 전보다 못한 결과를 만들어 내는 경우도 있다.

정답해설
④ 시장실패에 대한 설명이다.

02 다음 중 우리나라 정부의 부동산 시장에 대한 직접 개입수단은 모두 몇 개인가? (24회)

• 공공토지비축	• 종합부동산세
• 개발부담금	• 공공임대주택
• 취득세	• 토지수용
• 공영개발	• 대부비율(LTV)

① 3개 ② 4개

③ 5개 ④ 6개

⑤ 7개

Answer

01 ④ 02 ②

② 직접 개입수단은 공공토지비축, 공공임대주택, 토지수용, 공영개발 등 4개이다.

> **▶ 정부의 개입방식**
> 1. **직접 개입방식** : 정부가 가격(임대료)을 집적 통제하거나, 정부가 수요자 또는 공급자의 역할을 직접 수행하는 방식
>   ㉠ 임대료 통제, 분양가 통제
>   ㉡ 토지은행제도(토지비축제도), 토지수용, 토지선매
>   ㉢ 공공택지개발 등 각종 공영개발
> 2. **간접 개입방식** : 수요자 또는 공급자의 행동을 변화시키고자 하는 유인책
>   ㉠ 조세 및 부담금, 지원 및 보조
>   ㉡ 대출 규제(LTV, DTI), 가격공시제도

03 정부의 부동산 시장 직접 개입 유형에 해당하는 것을 모두 고른 것은? (31회)

㉠ 토지은행	㉡ 공영개발사업
㉢ 총부채상환비율(DTI)	㉣ 종합부동산세
㉤ 개발부담금	㉥ 공공투자사업

① ㉠, ㉡, ㉢   ② ㉠, ㉡, ㉥

③ ㉢, ㉣, ㉤   ④ ㉢, ㉤, ㉥

⑤ ㉣, ㉤, ㉥

② 직접 개입방식은 ㉠, ㉡, ㉥이다.

04 정부의 주택시장 개입에 관한 설명으로 틀린 것은? (평33회)

① 주택은 긍정적인 외부효과를 창출하므로 생산과 소비를 장려해야 할 가치재(merit goods)이다.

② 저소득층에 대한 임대주택 공급은 소득의 직접분배효과가 있다.

③ 주택구입능력을 제고하기 위한 정책은 소득계층에 따라 달라진다.

④ 자가주택 보유를 촉진하는 정책은 중산층 형성과 사회안정에 기여한다.

⑤ 주거안정은 노동생산성과 지역사회에 대한 주민참여를 제고하는 효과가 있다.

> **정답해설**
>
> ② 임대주택의 공급은 소득의 재분배효과가 있다. 소득의 재분배 정책이란 소득의 격차를 줄이기 위해 행하는 정부의 정책이다. 저소득층에게 공급하는 공공임대주택의 임대료는 민간임대주택의 임대료에 비해 낮기 때문에 저소득층이 상대적으로 혜택을 보고, 그 결과 소득의 격차가 줄어드는 소득재분배 효과가 발생한다.

05 시장실패 또는 정부의 시장개입에 관한 설명으로 틀린 것은? (평29회)

① **외부효과**는 시장실패의 원인이 된다.

② 소비의 비경합성과 비배제성을 수반하는 **공공재**는 시장실패의 원인이 된다.

③ **정보의 비대칭성**은 시장실패의 원인이 아니다.

④ 시장가격에 임의로 영향을 미칠 수 있는 **독과점 공급자의 존재**는 시장실패의 원인이 된다.

⑤ **시장실패**의 문제를 해결하기 위하여 정부는 시장에 개입할 수 있다.

> **정답해설**
>
> ③ 정보의 비대칭성은 시장실패의 원인에 해당된다.

> **Answer**
>
> 03 ② 04 ② 05 ③

제2절 시장실패와 정부의 시장 개입

01 외부효과에 관한 설명 중 틀린 것은? (19회)

① 외부효과에는 외부경제와 외부불경제가 있다.

② 외부효과는 생산과정에서 발생하는 경우도 있고 소비과정에서 발생하는 경우도 있다.

③ 생산과정에서 **외부불경제**를 발생시키는 재화의 공급을 시장에 맡길 경우, 그 재화는 사회적인 최적생산량보다 **과다하게 생산되는 경향**이 있다.

④ 외부효과는 어떤 경제주체의 경제활동의 의도적인 결과가 **시장을 통하여** 다른 경제주체의 후생에 영향을 주는 것을 말한다.

⑤ 토지이용 행위에서 발생하는 외부불경제는 토지이용규제(**용도지역제**)의 명분이 된다.

[정답해설]

④ 외부효과란 어떤 경제주체의 의도하지 않은 행위가 시장을 통하지 않고 다른 경제주체에게 영향을 주는 것을 의미한다.

> ▶ **외부효과와 시장실패**
> 1. 외부불경제
>   ① 유형 : 과대생산 또는 과대소비
>   ② 대책 : 벌금, 부담금 및 조세 등의 규제
>   ③ 님비(NIMBY)현상
> 2. 외부경제
>   ① 유형 : 과소생산 또는 과소소비
>   ② 대책 : 보조금 또는 지원금 등의 지원
>   ③ 핌피(PIMFY)현상

02 외부효과에 관한 설명으로 틀린 것은? (평27회)

① 외부효과는 한 사람의 행위가 제3자의 경제적 후생에 영향을 미치고, 그에 대해 **지급된 보상**을 제3자가 인지하지 못하는 현상을 말한다.

② 정(+)의 외부효과는 **핌피**(PIMFY)현상을 초래할 수 있다.

③ 부(−)의 외부효과를 완화하기 위한 수단으로 배출권 거래제도 등이 있다.

④ 정(+)의 외부효과를 장려하기 위한 수단으로 보조금 지급 등이 있다.

⑤ 공장이 설립된 인근지역에는 해당 공장에서 배출되는 폐수 등으로 인해 **부(−)의 외부효과**가 발생할 수 있다.

정답해설

① 외부효과는 제3자에게 영향을 미치지만, 그에 대한 대가를 지급하거나 대가를 받지 않는 상태이다. 인지를 못하더라도 대가가 지급되었기 때문에 외부효과를 설명한 지문이라고 할 수 없다.

▶ **님비현상과 핌피현상**

1. 님비(NIMBY)현상 : 'Not In My Back Yard(내 뒷마당에는 안 된다)'의 약자로, 부(−)의 외부효과가 발생하는 시설이 인근에 들어올 때 나타나는 지역이기주의를 의미한다.

2. 핌피(PIMFY)현상 : 'Please in my Front yard(제발 내 앞마당에 놓아 주세요.)' 약자로, 정(+)의 외부효과가 발생하는 시설이 인근에 들어올 때 나타나는 지역이기주의를 의미한다.

03 외부효과에 관한 설명으로 틀린 것은? (26회)

① 외부효과란 어떤 경제활동과 관련하여 거래당사자가 아닌 제3자에게 의도하지 않은 혜택이나 손해를 가져다주면서도 이에 대한 **대가를 받지도 지불하지도 않는 상태**를 말한다.

② 정(+)의 외부효과가 발생하면 **님비**(NIMBY)현상이 발생한다.

③ 인근지역에 쇼핑몰이 개발됨에 따라 주변 아파트 가격이 상승하는 경우, **정(+)의 외부효과**가 나타난 것으로 볼 수 있다.

④ 부(−)의 외부효과를 발생시키는 시설의 경우, 발생된 외부효과를 제거 또는 감소시키기 위한 사회적 비용이 발생할 수 있다.

⑤ 여러 용도가 혼재되어 있어 인접지역 간 토지이용의 상충으로 인하여 토지시장의 효율적인 작동을 저해하는 경우, **부(−)의 외부효과**가 발생할 수 있다.

정답해설

② 님비(NIMBY)현상은 부(−)의 외부효과가 발생할 때 나타나는 현상이다.

Answer

01 ④   02 ①   03 ②

04 공공재에 관한 일반적인 설명으로 틀린 것은? (30회)

① 소비의 **비경합적** 특성이 있다.
② 비내구재이기 때문에 정부만 생산비용을 부담한다.
③ **무임승차 문제**와 같은 시장실패가 발생한다.
④ 생산을 시장기구에 맡기면 **과소생산**되는 경향이 있다.
⑤ **비배제성**에 의해 비용을 부담하지 않은 사람도 소비할 수 있다.

정답해설

② 공공재는 대부분 기반시설 등 내구재이고, 반드시 정부만 생산비용을 부담하는 것은 아니다.

> **▶ 공공재와 시장실패**
>
> 1. 공공재의 특징
>   ㉠ 소비의 비경합성 : 공공재는 공공이 함께 소비할 수 있기 때문에, 먼저 소비하기 위해 경쟁하지 않는다.
>   ㉡ 소비의 비배제성 : 공공재는 대가를 지불하지 않은 사람도 소비에서 배제되지 않는다. 즉, 소비를 할 수 있다.
> 2. 공공재와 시장실패
>   ㉠ 유형 : 무임승차자로 인한 과소생산 또는 생산 불가능
>   ㉡ 대책 : 정부의 직접 생산 및 공급

05 공공재에 관한 설명 중 틀린 것은? (22회)

① 소비의 비경합성과 비배제성이라는 특성이 있다.
② 생산을 시장에 맡길 경우 사회적 적정 생산량보다 과다하게 생산되는 경향이 있다.
③ 생산을 시장에 맡길 경우 무임승차의 문제가 발생한다.
④ 소비에 있어서 규모의 경제가 있다.
⑤ 산림, 명승지 등 자연이 잘 보존된 토지는 공공재적 성격을 지닌다.

정답해설

② 공공재는 무임승차자의 문제에 의해 사회적 적정 생산량보다 과소하게 생산되는 경향이 있다.

제3절 | 임대주택 및 분양주택 정책

01 임대료 규제 정책의 장·단기 효과에 관한 설명으로 틀린 것은? (기출 묶음)

① 임대료 규제는 임차인을 보호하기 위하여 정부가 시장의 균형임대료 **이하**로 임대료를 통제하는 정책이다.

② 임대료 규제 정책이 정상적으로 시행되면, **단기**에 **초과수요**현상이 나타난다.

③ 균형임대료보다 임대료 상한이 낮을 경우, **장기**적으로 기존 임대주택이 다른 용도로 전환되면서 임대주택의 **공급량이 증가**하게 된다.

④ 균형임대료보다 임대료 상한이 **높을 경우**, 균형임대료와 공급량에 아무런 영향을 미치지 않는다.

⑤ 임대료 규제 정책이 정상적으로 시행되면 임차인의 **주거이동이 제한**받을 수 있다.

> **정답해설**
> ③ 임대료 규제 정책이 시행되면, 임대주택의 공급량은 감소한다.

> ▶ **임대료 규제의 효과**
> 1. 단기 : 초과수요 현상
> 2. 장기 : ㉠ 임대주택의 공급량(물량) 감소
>   ㉡ 주택의 질적 저하, 주거이동의 제한, 암시장 형성

02 임대료 보조 정책에 관한 설명으로 틀린 것은? (23회)

① 주택보조방식은 크게 생산자 보조 방식과 소비자 보조 방식으로 구분할 수 있는데, 임대료 보조 정책은 소비자 보조 방식에 해당한다.

② 임대료 보조는 저소득층의 실질소득을 증가시키는 효과가 있기 때문에 단기적으로 임대주택의 **수요를 증가**시킨다.

③ 주택임대료 보조정책은 임대료 규제정책과 달리 장기적으로 임대주택의 **공급을 증가**시킨다.

④ 정부가 지급한 보조금은 임대료 서비스의 구입에만 사용할 수 있기 때문에 다른 재화의 소비는 변하지 않는다.

⑤ **주거바우처**(housing voucher) 제도는 임대료 보조를 교환권으로 지급하는 제도를 말하며, 우리나라에서는 일부 지방자치단체에서 저소득가구에 주택임대료를 일부 지원해 주는 방식으로 운영되고 있다.

> Answer
> 04 ② 05 ② / 01 ③ 02 ④

④ 임대료 보조는 임차인의 실질소득을 증가시키는 효과가 있다. 이를 통해 다른 재화의 소비를 증가시킨다.

> ▶ **임대료 보조의 효과**
> 1. 단기 : 보조금을 통한 임대주택의 수요 증가
> 2. 장기 : 임대주택의 공급 증가

03 임대주택정책에 관한 설명으로 **틀린** 것은? (28회)

① 임대료 보조정책은 저소득층의 실질소득 향상에 기여할 수 있다.
② **임대료 상한**을 균형가격 이하로 규제하면 임대주택의 **공급과잉현상**을 초래한다.
③ **임대료 보조**정책은 장기적으로 임대주택의 **공급을 증가**시킬 수 있다.
④ 정부의 규제임대료가 균형임대료보다 **낮아야** 저소득층의 주거비 부담 완화효과를 기대할 수 있다.
⑤ 임대료 규제란 주택 임대인이 일정수준 이상의 임대료를 임차인에게 부담시킬 수 없도록 하는 제도다.

정답해설
② 임대료 상한은 임대주택 공급량(물량)을 감소시킨다.

04 공공주택 특별법령상 공공임대주택에 해당하지 **않는** 것은? (33회)

① 영구임대주택
② 국민임대주택
③ 분양전환공공임대주택
④ 공공지원민간임대주택
⑤ 기존주택등매입임대주택

정답해설
④ 공공지원 민간임대주택은 공공임대주택이 아니라, 민간임대주택이다.

05 분양가상한제에 관한 설명 중 옳은 것으로 묶인 것은? (19회)

> ⊙ 장기적으로 민간의 신규주택 **공급을 위축**시킴으로서 주택가격을 상승시킬 수 있다.
> ⓒ 상한가격이 시장가격보다 낮을 경우 일반적으로 **초과공급**이 발생한다.
> ⓒ 주택건설업체의 수익성을 낮추는 요인으로 작용하여 **주택공급을 감소**시킬 수 있다.
> ⓔ 시장가격 이상으로 상한가격을 설정하여 무주택자의 주택가격 부담을 완화시키고
> 자 하는 제도이다.

① ⊙, ⓒ   ② ⊙, ⓒ, ⓔ
③ ⓒ, ⓒ   ④ ⊙, ⓒ, ⓒ
⑤ ⓒ, ⓔ

정답해설
① 옳은 것은 ⊙, ⓒ이다.

오답해설
ⓒ 상한가격이 시장가격보다 낮을 경우 일반적으로 초과수요현상이 발생한다.
ⓔ 분양가상한제는 시장가격 이하로 상한가격을 설정하여 무주택자의 주택구입 부담을 완화시키고자 한다.

06 분양가상한제에 관한 설명으로 틀린 것은? (평27회)

① 주택구매 수요자들의 주택구입 부담을 덜어주기 위해 신규분양주택의 분양가격을 주택법령에 따라 정한 가격을 초과하여 받지 못하도록 규제하는 제도이다.
② 주택법령상 사업주체가 일반인에게 공급하는 공동주택 중 **공공택지 외의 택지에서** 주택가격의 상승 우려가 있어 심의를 거쳐 지정하는 지역에서 **공급하는 주택**의 경우에는 기준에 따라 산정되는 분양가격 이하로 공급하여야 한다.
③ 공급자의 이윤이 저하되어 주택의 공급이 감소하는 현상이 나타날 수 있다.
④ 주택법령상 사업주체는 분양가상한제 적용주택으로서 **공공택지에서 공급하는 주택**에 대하여 입주자 모집승인을 받았을 때에는 입주자 모집공고에 택지비, 공사비, 간접비 등에 대하여 분양가격을 공시하여야 한다.
⑤ 주택법령상 사업주체가 일반인에게 공급하는 공동주택 중 공공택지에서 공급하는 **도시형 생활주택**은 분양가상한제를 적용한다.

정답해설
⑤ 주택법령상 사업주체가 일반인에게 공급하는 공동주택 중 공공택지에서 공급하는 도시형 생활주택은 분양가상한제를 적용하지 아니한다.

Answer
03 ②   04 ④   05 ①   06 ⑤

01 임대주택에 대한 재산세 부과의 효과를 설명한 것으로 틀린 것은? (기출 묶음)

① 임대주택에 재산세가 부과되면 부과된 세금은 장기적으로 임차인에게 전가될 수 있다.

② 임대주택의 **공급곡선이 완전비탄력적**인 상황이라면 재산세 부과로 인한 세금의 전가는 극대화된다.

③ 공급의 가격탄력성은 탄력적인 반면 **수요의 가격탄력성은 비탄력적**이라면, **임차인이** 임대인보다 **더 많은 세금을 실질적으로 부담**한다.

④ 조세 전가를 통해 임대주택의 임대료는 상승한다.

⑤ 임대주택의 **공급곡선이 완전탄력적**이라면, 재산세의 부담은 모두 임차인이 부담한다.

정답해설

② 임대주택의 공급곡선이 완전비탄력적인 상황이라면 공급자(임대인)이 전부 부담한다. 따라서 임차인에게 조세는 전가되지 않는다.

> ▶ 조세 부담의 원칙
> 1. 보다 비탄력적인 상대방이 보다 많이 부담한다.
> 2. 수요가 완전비탄력적 : 수요자가 전부 부담
> 3. 공급이 완전비탄력적 : 공급자가 전부 부담, 조세 전가는 없다.

02 부동산 조세에 관한 설명으로 옳은 것은? (28회)

① 소유자가 거주하는 주택에 재산세를 부과하면, 주택**수요가 증가**하고 주택가격은 상승하게 된다.

② 임대주택에 재산세를 부과하면 임대주택의 **공급이 증가**하고 임대료는 하락할 것이다.

③ 주택의 취득세율을 낮추면, 주택의 **수요가 감소**한다.

④ **주택공급의 동결효과**(lock-in effect)란 가격이 오른 주택의 소유자가 양도소득세를 납부하기 위해 주택의 처분을 적극적으로 추진함으로써 주택의 공급이 증가하는 효과를 말한다.

⑤ 토지**공급의 가격탄력성이 '0'인 경우**, 부동산 조세 부과시 토지소유자가 전부 부담하게 된다.

⑤ 토지공급의 가격탄력성이 '0'이라면, 완전비탄력적인 경우이다. 이 경우 조세를 부과하면 공급자인 토지소유자가 전부 부담하게 된다.

① 소유자가 거주하는 주택에 재산세를 부과하면, 주택수요가 감소하고 주택가격은 하락하게 된다.
② 임대주택에 재산세를 부과하면 임대주택의 공급이 감소하고 임대료는 상승할 것이다.
③ 주택의 취득세율을 낮추면, 주택구입의 부담이 감소하기 때문에 주택 수요가 증가한다.
④ 주택공급의 동결효과(lock-in effect)란 가격이 오른 주택의 소유자가 양도소득세를 부담하지 않기 위해서 주택의 처분을 적극적으로 미루는 현상이다. 즉, 주택의 공급이 감소하는 효과를 말한다.

03 부동산 관련 조세에서 (   )에 들어갈 내용으로 옳은 것은? (30회)

구 분	보유단계	취득단계	처분단계
국 세	(㉠)	상속세	(㉢)
지방세	(㉡)	취득세	−

① ㉠: 종합부동산세, ㉡: 재산세, ㉢: 양도소득세
② ㉠: 종합부동산세, ㉡: 양도소득세, ㉢: 재산세
③ ㉠: 재산세, ㉡: 종합부동산세, ㉢: 양도소득세
④ ㉠: 재산세, ㉡: 양도소득세, ㉢: 종합부동산세
⑤ ㉠: 양도소득세, ㉡: 재산세, ㉢: 종합부동산세

① 옳은 연결이다.

▶ **부동산 조세의 분류**
1. 취득단계 : 취득세(지방세)
2. 보유단계 : 재산세(지방세), 종합부동산세(국세)
3. 처분단계 : 양도소득세(국세)
4. 상속 및 증여 : 상속세(국세), 증여세(국세)

04 우리나라의 부동산 조세정책에 관한 설명으로 틀린 것은? (31회)

① 취득세 감면은 부동산 거래의 활성화에 기여할 수 있다.
② **증여세**는 **국세**로서 **취득단계**에 부과하는 조세이다.
③ **양도소득세**의 중과는 부동산 보유자로 하여금 매각을 뒤로 미루게 하는 **동결효과**
　(lock-in effect)를 발생시킬 수 있다.
④ **종합부동산세**는 **국세**로서 **보유단계**에 보유하는 조세이다.
⑤ **재산세**는 **지방세**로서 **취득단계**에 부과하는 조세이다.

정답해설
⑤ 재산세는 지방세로서 보유단계에 부과하는 조세이다.

05 부동산 조세에 관한 설명으로 옳은 것을 모두 고른 것은? (33회)

ⓐ 양도소득세와 부가가치세는 **국세**에 속한다.
ⓑ 취득세와 등록면허세는 **지방세**에 속한다.
ⓒ 상속세와 재산세는 부동산의 **취득단계**에 부과한다.
ⓓ 증여세와 종합부동산세는 부동산의 **보유단계**에 부과한다.

① ㉠　　　　② ㉠, ㉡　　　　③ ㉡, ㉢
④ ㉠, ㉢, ㉣　　⑤ ㉡, ㉢, ㉣

정답해설
② ㉠, ㉡이 옳은 지문이다.

오답해설
㉢ 상속세는 취득단계의 조세이나, 재산세는 보유단계의 조세이다.
㉣ 증여세는 취득단계의 조세이나, 종합부동산세는 보유단계의 조세이다.

06 다음 설명에 모두 해당하는 부동산 조세는? (평33회)

> • 시 · 군 · 구세, 특별자치시(도)세
> • 과세대상에 따라 누진세율 또는 단일세율 적용
> • 보통징수 방식

① 종합부동산세   ② 양도소득세

③ 취득세   ④ 등록면허세

⑤ 재산세

정답해설

⑤ 재산세가 모두 해당한다. 부동산 조세 중에 정부가 부과하고 징수하는 세금은 재산세와 종합부동산세이다. 이 점에 착안하여 선택하는 것이 요령이다.

07 부동산 조세에 관한 설명으로 틀린 것은? (32회)

① 조세의 중립성은 조세가 시장의 자원배분에 영향을 미치지 않아야 한다는 원칙을 의미한다.

② 양도소득세를 중과하면 부동산의 보유기간이 늘어나는 현상이 발생할 수 있다.

③ 조세의 사실상 부담이 최종적으로 어떤 사람에게 귀속되는 것을 **조세의 귀착**이라 한다.

④ 양도소득세는 양도로 인해 발생하는 소득에 대해 부과되는 것으로 타인에게 전가될 수 있다.

⑤ 재산세와 종합부동산세는 **보유세**로서 **지방세**이다.

정답해설

⑤ 재산세는 지방세이지만, 종합부동산세는 국세이다.

08 우리나라의 부동산 조세제도에 관한 설명으로 틀린 것은? (평32회)

① 양도소득세와 취득세는 신고납부방식이다.

② 취득세와 증여세는 부동산의 취득단계에 부과한다.

③ 양도소득세와 종합부동산세는 국세에 속한다.

④ 상속세와 증여세는 누진세율을 적용한다.

⑤ 종합부동산세와 재산세의 과세기준일은 매년 6월 30일이다.

정답해설

⑤ 종합부동산세와 재산세의 과세기준일은 모두 매년 6월 1일이다.

Answer				
04 ⑤	05 ②	06 ⑤	07 ⑤	08 ⑤

제5절 다양한 부동산 정책

---

01 개발권양도제에 관한 설명 중 틀린 것은? (19회)

① 개발제한으로 인해 규제되는 보전지역(이하 규제지역)에서 발생하는 **토지소유자의 손실을 보전**하기 위한 제도이다.
② 초기의 개발권양도제는 도심지의 역사적 유물 등을 보전하기 위한 목적으로 실시되었다.
③ 공적 주체가 토지를 매입하여 규제지역 **토지소유자의 손실을 보상**해주는 수단이다.
④ 공공이 부담해야 하는 비용을 절감하면서 규제에 따른 **손실의 보전**이 이루어진다는 점에 의의가 있다.
⑤ 규제지역 **토지소유자의 재산상의 손실**을 시장을 통해서 **해결**하려는 제도이다.

정답해설
③ 개발권양도제도는 공적 주체가 토지를 매입하는 제도가 아니라 개발권을 인정하고 거래를 할 수 있도록 함으로써 규제지역 토지소유자의 손실을 보상해주는 수단이다.

▶ 개발권양도제도
1. 역사적 구조물로 인하여 개발이 제한된 토지소유자에게 개발권을 부여함으로써 정부의 재정부담 없이 소유자에게 재산권 손실을 보상하는 제도이다.
2. 현재 우리나라에 도입되지 않은 제도이다.

---

02 토지은행제도(공공토지비축제도)에 관한 설명으로 틀린 것은? (28회)

① 토지비축제도는 정부가 **직접적**으로 부동산 시장에 **개입하는 정책수단**이다.
② 토지비축제도의 필요성은 토지의 공적 기능이 확대됨에 따라 커질 수 있다.
③ 토지비축사업은 토지를 사전에 비축하여 **장래 공익사업의 원활한 시행**과 **토지시장의 안정**에 기여할 수 있다.
④ 토지비축제도는 사적 토지소유의 편중현상으로 인해 발생 가능한 **토지보상비 등의 고비용 문제를 완화**시킬 수 있다.
⑤ 공공토지의 비축에 관한 법령상 비축토지는 각 **지방자치단체에서 직접 관리**하기 때문에 관리의 효율성을 기대할 수 있다.

정답해설
⑤ 토지비축제도(토지은행제도)는 한국토지주택공사의 계정으로 운영되고 있다.

▶ **토지은행제도**
1. 장래 개발에 필요한 토지를 미리 싸게 구매한 후에, 적절한 시기에 이를 다시 공급하는 제도이다.
2. 직접 개입방식
3. 현재 한국토지주택공사의 계정으로 운영되는 제도이다.

03 다양한 부동산 정책에 관한 설명 중 틀린 것은? (24회)

① 개발권양도제도(TDR)란 개발제한으로 인해 규제되는 보전지역에서 발생하는 **토지소 유자의 손실을 보전**하기 위한 제도이다.

② 다른 조건이 일정할 때 정부가 **임대료 한도**를 시장의 균형임대료보다 **높게 설정하면** 초과수요가 발생하여 임대부동산의 부족현상이 초래된다.

③ 헨리 조지(H. George)는 토지세를 제외한 다른 모든 조세를 없애고 정부의 재정은 토지세만으로 충당하는 **토지단일세**를 주장하였다.

④ **공공토지비축제도**는 정부가 토지를 매입한 후 보유하고 있다가 적절한 때에 이를 매각하거나 공공용으로 사용하는 제도를 말한다.

⑤ 부동산 개발에서 **토지수용방식**의 문제점 중 하나는 토지매입과 보상과정에서 발생하는 사업시행자와 피수용자 사이의 갈등이다.

정답해설
② 임대료 상한 또는 최고 임대료는 시장의 균형임대료보다 낮게 설정될 때 효과를 발휘한다. 따라서 정부가 임대료 한도(= 임대료 상한)를 시장의 균형임대료보다 높게 설정했다면 임대주택시장에 아무런 영향을 미치지 못한다. 즉, 초과수요나 부족현상 등이 나타나지 않는다.

Answer
01 ③   02 ⑤   03 ②

04 토지정책에 관한 설명으로 틀린 것은?

① 용도지역제는 토지이용계획에서 토지의 기능을 계획에 부합되는 방향으로 유도하기 위하여 마련한 법적·행정적 장치라 할 수 있다.

② **토지거래허가구역**은 토지의 **투기적인 거래**가 성행하거나 지가가 급격히 상승하는 지역과 그러한 우려가 있는 지역을 대상으로 한다.

③ **토지적성평가제도**는 토지에 대한 **개발**과 **보전**의 경합이 발생했을 때 이를 합리적으로 조정하는 수단이다.

④ **지구단위계획**이란 도시·군계획 수립 대상지역의 일부에 대하여 토지 이용을 합리화하고 그 기능을 증진시키며 미관을 개선하고 양호한 환경을 확보하며, 그 지역을 체계적·계획적으로 관리하기 위하여 수립하는 **도시·군관리계획**을 말한다.

⑤ **재개발사업**이란 **도시저소득 주민이 집단거주하는 지역**으로서 정비기반시설이 **극히 열악**하고 노후·불량건축물이 과도하게 밀집한 지역의 주거환경을 개선하거나 단독주택 및 다세대주택이 밀집한 지역에서 정비기반시설과 공동이용시설 확충을 통하여 주거환경을 보전·정비·개량하기 위한 사업이다.

정답해설

⑤ 주거환경개선사업에 대한 설명이다.

▶ **도시정비사업의 구분**

1. 주거환경개선사업 : 도시저소득 주민이 집단거주하는 지역으로서 정비기반시설이 극히 열악하고 노후·불량건축물이 과도하게 밀집한 지역의 주거환경을 개선하거나 단독주택 및 다세대주택이 밀집한 지역에서 정비기반시설과 공동이용시설 확충을 통하여 주거환경을 보전·정비·개량하기 위한 사업

2. 재개발사업 : 정비기반시설이 열악하고 노후·불량건축물이 밀집한 지역에서 주거환경을 개선하거나 상업지역·공업지역 등에서 도시기능의 회복 및 상권활성화 등을 위하여 도시환경을 개선하기 위한 사업

3. 재건축사업 : 정비기반시설은 양호하나 노후·불량건축물에 해당하는 공동주택이 밀집한 지역에서 주거환경을 개선하기 위한 사업

▶ **토지거래허가구역**(「부동산 거래신고 등에 관한 법률」 제10조)

① 국토교통부장관 또는 시·도지사는 국토의 이용 및 관리에 관한 계획의 원활한 수립과 집행, 합리적인 토지 이용 등을 위하여 토지의 투기적인 거래가 성행하거나 지가(地價)가 급격히 상승하는 지역과 그러한 우려가 있는 지역으로서 대통령령으로 정하는 지역에 대해서는 다음 각 호의 구분에 따라 5년 이내의 기간을 정하여 토지거래계약에 관한 허가구역으로 지정할 수 있다.

② 허가구역의 지정은 허가구역의 지정을 공고한 날부터 5일 후에 그 효력이 발생한다.

05 토지정책에 관한 설명으로 옳은 것은? (평30회)

① 토지정책수단 중 토지비축제도, 토지수용, 금융지원, 보조금 지급은 **간접 개입방식**이다.

② 개발부담금제는 개발이 제한되는 지역의 토지소유권에서 개발권을 분리하여 개발이 필요한 다른 지역에 **개발권을 양도할 수 있도록 하는 제도**이다.

③ 토지선매에 있어 시장·군수·구청장은 토지거래계약허가를 받아 취득한 토지를 그 이용목적대로 이용하고 있지 아니한 토지에 대해서 선매자에게 **강제로 수용하게 할 수 있다.**

④ 개발권양도제는 개발사업의 시행으로 이익을 얻은 **사업시행자로부터 개발이익의 일정액을 환수하는 제도**이다.

⑤ 토지적성평가제는 토지에 대한 **개발과 보전의 경합**이 발생했을 때 이를 합리적으로 조정하는 수단이다.

정답해설

⑤ 옳은 지문이다.

오답해설

① 토지비축제도와 토지수용은 직접 개입방식이다.
② 개발권양도제에 대한 설명이다.
③ 토지를 선매하는 방식은 협의매수이다. 강제적 취득인 수용방식은 선매의 경우에는 허용되지 않는다.
④ 개발부담금제도에 대한 설명이다.

▶ **선매제도(「부동산 거래신고 등에 관한 법률」 제15조)**

① 시장·군수 또는 구청장은 토지거래계약에 관한 허가신청이 있는 경우 다음 어느 하나에 해당하는 토지에 대하여 국가, 지방자치단체, 한국토지주택공사, 그 밖에 대통령령으로 정하는 공공기관 또는 공공단체가 그 매수를 원하는 경우에는 이들 중에서 해당 토지를 매수할 자[이하 "선매자(先買者)"라 한다]를 지정하여 그 토지를 협의 매수하게 할 수 있다.
  1. 공익사업용 토지
  2. 토지거래계약허가를 받아 취득한 토지를 그 이용목적대로 이용하고 있지 아니한 토지

▶ **개발이익 환수 제도(「개발이익 환수에 관한 법률」 제2조)**

1. 개발이익이란 개발사업의 시행이나 토지이용계획의 변경, 그 밖에 사회적·경제적 요인에 따라 정상지가 상승분을 초과하여 개발사업을 시행하는 자(이하 "사업시행자"라 한다)나 토지 소유자에게 귀속되는 토지 가액의 증가분을 말한다.
2. 개발부담금이란 개발이익을 환수하기 위해 사업시행자에게 국가가 부과·징수하는 금액을 말한다.

Answer

04 ⑤   05 ⑤

06 부동산 거래규제에 관한 설명으로 틀린 것은? (32회)

① 주택취득시 자금조달계획서의 제출을 요구하는 것은 주택취득을 제한하는 방법이라 볼 수 있다.

② 투기지역으로 지정되면 그 지역에서 건설·공급하는 도시형 생활주택에 대해 분양가 상한제가 적용된다.

③ 농지취득자격증명제는 농지취득을 제한하는 제도다.

④ 토지거래허가구역으로 지정된 지역에서 토지거래계약을 체결할 경우 시장·군수 또는 구청장의 허가를 받아야 한다.

⑤ 부동산거래신고제는 부동산 매매계약을 체결하는 경우 그 실제 거래가격 등을 신고하게 하는 제도다.

정답해설
② 도시형 생활주택에 대해서는 분양가상한제가 적용되지 않는다.

07 부동산 거래신고 등에 관한 법률상 틀린 것은? (평31회)

① 거래당사자 중 일방이 지방자치단체인 경우에는 지방자치단체가 신고를 하여야 한다.

② 공동으로 중개한 경우에는 해당 개업공인중개사가 공동으로 신고하여야 하며, 일방이 신고를 거부한 경우에는 단독으로 신고할 수 있다.

③ 거래당사자는 그 실제 거래가격 등을 거래계약의 체결일부터 30일 이내에 공동으로 신고해야 한다.

④ 누구든지 개업공인중개사에게 부동산 거래의 신고를 하지 아니하게 하거나 거짓으로 신고하도록 요구하는 행위를 하여서는 아니 된다.

⑤ 거래당사자가 부동산의 거래신고를 한 후 해당 거래계약이 취소된 경우에는 취소가 확정된 날부터 60일 이내에 해당 신고관청에 공동으로 신고하여야 한다.

정답해설
⑤ 거래당사자는 30일 이내에 해당 신고관청에 공동으로 신고하여야 한다.

> ▶ **부동산 실거래가격 신고 제도**
> ① 거래당사자는 다음 어느 하나에 해당하는 계약을 체결한 경우 그 실제거래가격 등을 거래계약 체결일부터 30일 이내에 그 권리의 대상인 부동산 등의 소재지를 관할하는 시장·군수 또는 구청장에게 공동으로 신고하여야 한다. 다만, 거래당사자 중 일반이 국가, 지방자치단체, 대통령령으로 정하는 자의 경우에는 국가 등이 신고를 하여야 한다.
> ② 거래당사자는 부동산 거래를 신고한 후 해당 거래계약이 해제, 무효 또는 취소(이하 "해제 등"이라 한다)된 경우 해제 등이 확정된 날부터 30일 이내에 해당 신고관청에 공동으로 신고하여야 한다.

08 법령을 기준으로 현재 우리나라에서 시행되고 있는 제도를 모두 고른 것은? (기출 묶음)

㉠ 개발부담금	㉡ 토지비축제도
㉢ 개발권양도제도	㉣ 부동산가격공시제도
㉤ 토지초과이득세	㉥ 택지소유상한제

① ㉠, ㉢

② ㉠, ㉢, ㉥

③ ㉡, ㉣, ㉤

④ ㉠, ㉡, ㉢

⑤ ㉠, ㉡, ㉣

정답해설

⑤ 현재 시행되고 있는 제도는 ㉠ 개발부담금, ㉡ 토지비축제도, ㉣ 부동산가격공시제도 등이다.

오답해설

㉢ 개발권양도제도는 도입되지 않은 제도이며, ㉤ 토지초과이득세 및 ㉥ 택지소유상한제는 폐지된 제도이다.

▶ 현재 우리나라에 없는 제도
1. 택지소유상한제 : 6대 대도시에 한해 1가구가 200평 이상의 택지를 취득시 허가를 얻도록 함으로써, 원칙적으로 택지를 초과 소유할 수 없도록 제한한 제도이다. (폐지)
2. 토지초과이득세 : 개인의 유휴토지나 법인의 비업무용토지의 가격상승으로 발생하는 초과 이득의 일부를 세금으로 환수하는 것을 말한다. (폐지)
3. 공한세 또는 공한지세 : 도시지역에서 토지를 구입하고 토지를 이용하지 않는 경우에 세금을 부과하는 제도이다. (폐지)
4. 개발권양도제도 : 우리나라는 아직 도입하지 않은 제도이다.

09 현행 법제도상 부동산투기 억제제도에 해당하지 않는 것은? (32회)

① 토지거래허가제

② 주택거래신고제

③ 토지초과이득세

④ 개발이익환수제

⑤ 부동산 실권리자명의 등기제도

정답해설

③ 토지초과이득세는 현재 폐지된 제도이다.

Answer

06 ② 07 ⑤ 08 ⑤ 09 ③

10 현재 우리나라에서 시행되고 있는 주택정책수단이 아닌 것은? (32회)

① 공공임대주택제도　　　　　　　② 주거급여제도
③ 주택청약종합저축제도　　　　　④ 개발권양도제도
⑤ 재건축초과이익환수제도

정답해설

④ 개발권양도제도는 현재 우리나라에서 시행되지 않는 정책이다.

11 국토의 계획 및 이용에 관한 법령상 현재 지정될 수 있는 용도지역을 모두 고른 것은? (평32회)

| ㉠ 준상업지역 | ㉡ 준주거지역 |
| ㉢ 준공업지역 | ㉣ 준농림지역 |

① ㉠, ㉡　　　　　　　　　　　② ㉡, ㉢
③ ㉢, ㉣　　　　　　　　　　　④ ㉠, ㉡, ㉢
⑤ ㉡, ㉢, ㉣

정답해설

② 준주거지역(㉡), 준공업지역(㉢)은 지정가능한 용도지역이다.
　1. 주거지역 : 전용주거지역, 일반주거지역, 준주거지역
　2. 상업지역 : 중심상업지역, 일반상업지역, 근린상업지역, 유통상업지역
　3. 공업지역 : 전용공업지역, 일반공업지역, 준공업지역
　4. 녹지지역 : 보전녹지지역, 생산녹지지역, 자연녹지지역

12 도시 및 주거환경정비법령상 다음에 해당하는 정비사업은? (평33회)

> 도시저소득 주민이 집단거주하는 지역으로서 정비기반시설이 극히 열악하고 노후·불량건축물이 과도하게 밀집한 지역의 주거환경을 개선하거나 단독주택 및 다세대주택이 밀집한 지역에서 정비기반시설과 공동이용시설 확충을 통하여 주거환경을 보전·정비·개량하기 위한 사업

① 도시환경정비사업　　　　　　　② 주거환경개선사업
③ 주거환경관리사업　　　　　　　④ 가로주택정비사업
⑤ 재정비촉진사업

정답해설

② 주거환경개선사업에 대한 설명이다.

13 부동산 정책과 관련된 설명으로 옳은 것은? (33회)

① 분양가상한제와 택지소유상한제는 현재 시행되고 있다.
② 토지비축제도(토지은행)와 부동산가격공시제도는 정부가 간접적으로 부동산 시장에 개입하는 수단이다.
③ 법령상 개발부담금제가 재건축부담금제보다 먼저 도입되었다.
④ 주택시장의 지표로서 PIR(Price to Income Ratio)은 개인의 주택지불능력을 나타내며, 그 값이 클수록 주택구매가 더 쉽다는 의미다.
⑤ 부동산실명제의 근거 법률은 「부동산등기법」이다.

정답해설

③ 옳은 지문이다. 법령상 개발부담금제(1989년)가 재건축부담금제(2006년)보다 먼저 도입되었다.

오답해설

① 택지소유상한제는 현재 시행되고 있지 않다.
② 토지비축제도(토지은행)는 직접개입방식이고, 부동산가격공시제도는 간접개입방식이다.
④ 소득대비 주택가격비율 PIR(Price to Income Ratio)은 그 값이 클수록 주택구매가 더 어려움을 의미한다.
⑤ 부동산실명제의 근거 법률은 「부동산 실권리자명의 등기에 관한 법률」이다.

14 국토의 계획 및 이용에 관한 법령상 용도지역으로서 도시지역에 속하는 것을 모두 고른 것은?

(33회)

㉠ 농림지역	㉡ 관리지역
㉢ 취락지역	㉣ 녹지지역
㉤ 산업지역	㉥ 유보지역

① ㉣
② ㉢, ㉤
③ ㉣, ㉤
④ ㉠, ㉡, ㉣
⑤ ㉡, ㉢, ㉥

정답해설

① 도시지역(주거지역, 상업지역, 공업지역, 녹지지역)에 해당하는 것은 ㉣ 녹지지역이다.

Answer

10 ④   11 ②   12 ②   13 ③   14 ①

최근 2년 동안 시행된 공인중개사 시험과 감정평가사 시험의 기출문제입니다.
이미 논점은 확인했으니, 정답을 빠르게 찾는 연습을 하시어요.

― 국승옥 강사 ―

01 부동산 시장에 대한 정부의 개입에 관한 설명으로 틀린 것은? (중34회)

① 부동산투기, 저소득층 주거문제, 부동산자원배분의 비효율성은 정부가 부동산 시장에 개입하는 근거가 된다.
② 부동산 시장실패의 대표적인 원인으로 공공재, 외부효과, 정보의 비대칭성이 있다.
③ 토지비축제도는 공익사업용지의 원활한 공급과 토지시장 안정을 위해 정부가 직접적으로 개입하는 방식이다.
④ 토지수용, 종합부동산세, 담보인정비율, 개발부담금은 부동산 시장에 대한 직접개입 수단이다.
⑤ 정부가 주택시장에 개입하여 민간분양주택 분양가를 규제할 경우 주택산업의 채산성·수익성을 저하시켜 신축민간주택의 공급을 축소시킨다.

02 부동산정책에 관한 내용으로 틀린 것은? (중35회)

① 국토의 계획 및 이용에 관한 법령상 지구단위계획은 도시·군계획 수립 대상지역의 일부에 대하여 토지 이용을 합리화하고 그 기능을 증진시키며 미관을 개선하고 양호한 환경을 확보하며, 그 지역을 체계적·계획적으로 관리하기 위하여 수립하는 도시·군 기본계획을 말한다.
② 지역지구제는 토지이용에 수반되는 부(−)의 외부효과를 제거하거나 완화시킬 목적으로 활용된다.
③ 개발권양도제(TDR)는 토지이용규제로 인해 개발행위의 제약을 받는 토지소유자의 재산적 손실을 보전해 주는 수단으로 활용될 수 있으며, 법령상 우리나라에서는 시행되고 있지 않다.
④ 부동산 가격공시제도에 따라 국토교통부장관은 일단의 토지 중에서 선정한 표준지에 대하여 매년 공시기준일 현재의 단위면적당 적정가격을 조사·평가하여 공시하여야 한다.
⑤ 토지비축제는 정부가 토지를 매입한 후 보유하고 있다가 적절한 때에 이를 매각하거나 공공용으로 사용하는 제도를 말한다.

03 시장실패의 원인으로 틀린 것은? (평34회)

① 외부효과
② 정보의 대칭성
③ 공공재의 공급
④ 불완전경쟁시장
⑤ 시장의 자율적 조절기능 상실

04 외부효과에 관한 설명으로 옳은 것은? (평34회)

① 외부효과란 거래 당사자가 시장메카니즘을 통하여 상대방에게 미치는 유리하거나 불리한 효과를 말한다.
② 부($-$)의 외부효과는 의도되지 않은 손해를 주면서 그 대가를 지불하지 않는 외부경제라고 할 수 있다.
③ 정($+$)의 외부효과는 소비에 있어 사회적 편익이 사적 편익보다 큰 결과를 초래한다.
④ 부($-$)의 외부효과에는 보조금 지급이나 조세경감의 정책이 필요하다.
⑤ 부($-$)의 외부효과는 사회적 최적생산량보다 시장생산량이 적은 과소생산을 초래한다.

05 주거정책에 관한 설명으로 틀린 것을 모두 고른 것은? (중34회)

> ㉠ 우리나라는 주거에 대한 권리를 인정하고 있지 않다.
> ㉡ 공공임대주택, 주거급여제도, 주택청약종합저축제도는 현재 우리나라에서 시행되고 있다.
> ㉢ 주택바우처는 저소득임차가구에 주택임대료를 일부 지원해주는 소비자보조방식의 일종으로 임차인의 주거지 선택을 용이하게 할 수 있다.
> ㉣ 임대료 보조정책은 민간임대주택의 공급을 장기적으로 감소시키고 시장임대료를 높인다.
> ㉤ 임대료를 균형가격 이하로 통제하면 민간임대주택의 공급량은 증가하고 질적 수준은 저하된다.

① ㉠, ㉡, ㉤
② ㉠, ㉢, ㉤
③ ㉠, ㉣, ㉤
④ ㉡, ㉢, ㉣
⑤ ㉢, ㉣, ㉤

06 다음 ( )에 들어갈 알맞은 내용은? (중34회)

> • (㉠)은 공공주택특별법 시행령에 따른 국가나 지방자치단체의 재정이나 주택도시기금의 자금을 지원받아 전세계약의 방식으로 공급하는 공공임대주택이다.
> • (㉡)은 민간임대주택에 관한 특별법에 따른 임대사업자가 매매 등으로 소유권을 취득하여 임대하는 민간임대주택을 말한다.

	㉠	㉡
①	국민임대주택	장기전세주택
②	장기전세주택	기존주택전세임대주택
③	기존주택전세임대주택	국민임대주택
④	국민임대주택	민간매입임대주택
⑤	장기전세주택	민간매입임대주택

07 공공주택 특별법령상 공공임대주택에 관한 내용으로 옳은 것은 모두 몇 개인가? (중35회)

> • **통합공공임대주택** : 국가나 지방자치단체의 재정이나 주택도시기금의 자금을 지원받아 최저소득 계층, 저소득 서민, 젊은 층 및 장애인·국가유공자 등 사회 취약계층 등의 주거안정을 목적으로 공급하는 공공임대주택
> • **행복주택** : 국가나 지방자치단체의 재정이나 주택도시기금의 자금을 지원받아 대학생, 사회초년생, 신혼부부 등 젊은 층의 주거안정을 목적으로 공급하는 공공임대주택
> • **장기전세주택** : 국가나 지방자치단체의 재정이나 주택도시기금의 자금을 지원받아 전세계약의 방식으로 공급하는 공공임대주택
> • **분양전환공공임대주택** : 일정 기간 임대 후 분양전환할 목적으로 공급하는 공공임대주택

① 0개   ② 1개
③ 2개   ④ 3개
⑤ 4개

08 부동산조세에 관한 설명으로 옳은 것을 모두 고른 것은? (중35회)

> ㉠ 양도소득세의 중과는 부동산 보유자로 하여금 매각을 앞당기게 하는 동결효과 (lock-in effect)를 발생시킬 수 있다.
> ㉡ 재산세와 종합부동산세의 과세기준일은 매년 6월 1일로 동일하다.
> ㉢ 취득세와 상속세는 취득단계에서 부과하는 지방세이다.
> ㉣ 증여세와 양도소득세는 처분단계에서 부과하는 국세이다.

① ㉡
② ㉠, ㉢
③ ㉡, ㉣
④ ㉠, ㉢, ㉣
⑤ ㉠, ㉡, ㉢, ㉣

09 토지세를 제외한 다른 모든 조세를 없애고 정부의 재정은 토지세만으로 충당하는 토지단일세를 주장한 학자는? (중35회)

① 뢰쉬(A. Lösch)
② 레일리(W. Reilly)
③ 알론소(W. Alonso)
④ 헨리 조지(H. George)
⑤ 버제스(E. Burgess)

10 다음에 해당하는 도시 및 주거환경정비법상의 정비사업은? (중35회)

> 도시저소득 주민이 집단거주하는 지역으로서 정비기반시설이 극히 열악하고 노후·불량건축물이 과도하게 밀집한 지역의 주거환경을 개선하거나 단독주택 및 다세대주택이 밀집한 지역에서 정비기반시설과 공동이용시설 확충을 통하여 주거환경을 보전·정비·개량하기 위한 사업

① 자율주택정비사업
② 소규모재개발사업
③ 가로주택정비사업
④ 소규모재건축사업
⑤ 주거환경개선사업

11 우리나라의 부동산 조세정책에 관한 설명으로 옳은 것을 모두 고른 것은? (평34회)

> ㉠ 부가가치세와 등록면허세는 국세에 속한다.
> ㉡ 재산세와 상속세는 신고납부방식이다.
> ㉢ 증여세와 재산세는 부동산의 보유단계에 부과한다.
> ㉣ 상속세와 증여세는 누진세율을 적용한다.

① ㉣
② ㉠, ㉣
③ ㉡, ㉢
④ ㉠, ㉡, ㉢
⑤ ㉠, ㉡, ㉣

12 현재 우리나라에서 시행되고 있지 않는 부동산 정책수단을 모두 고른 것은? (중34회)

> ㉠ 택지소유상한제 　㉡ 부동산거래신고제
> ㉢ 토지초과이득세 　㉣ 주택의 전매제한
> ㉤ 부동산실명제 　㉥ 토지거래허가구역
> ㉦ 종합부동산세 　㉧ 공한지세

① ㉠, ㉧
② ㉠, ㉢, ㉧
③ ㉠, ㉣, ㉤, ㉥
④ ㉡, ㉢, ㉣, ㉤, ㉦
⑤ ㉡, ㉣, ㉤, ㉥, ㉦, ㉧

정답 및 해설

01 정답해설

④ 종합부동산세, 담보인정비율(LTV), 개발부담금은 간접개입수단이다.

02 정답해설

① 지구단위계획은 도시·군관리계획에 해당한다.

03 정답해설

② 시장을 실패시키는 원인은 정보의 비대칭성이다.

04 정답해설

③ 옳은 지문이다.

오답해설

① 외부효과는 시장메커니즘을 통하지 않고 발생하는 효과이다.
② 부(−)의 외부효과는 외부불경제라고도 한다.
④ 부(−)의 외부효과에는 벌금·부담금의 부과, 조세부과 등 규제 정책이 필요하다.
⑤ 부(−)의 외부효과가 발생하면 사회적 최적생산량보다 시장생산량이 많은 과대생산이 초래된다.

05 정답해설

③ 틀린 지문을 고르는 문제임에 주의하여야 한다. ㉠, ㉣, ㉤이 틀린 지문이다.
　㉠ 우리나라는 주거에 대한 권리를 인정하고 있다.
　㉣ 임대료 보조정책은 민간임대주택의 공급을 장기적으로 증가시키고 시장임대료를 하락시킬 수 있다.
　㉤ 임대료를 균형가격 이하로 통제하면 민간임대주택의 공급량은 감소하고 질적 수준은 저하된다.

06 정답해설

⑤ ㉠은 장기전세주택, ㉡은 민간매입임대주택이다.

07 정답해설

⑤ 모두 옳은 지문이다.

08 정답해설

① 옳은 지문은 ⓒ이다.

오답해설

㉠ 동결효과는 양도소득세 부담을 피하기 위해 부동산 보유자가 매각을 미루는 효과이다.
ⓒ 취득세 : 취득단계, 지방세 / 상속세 : 취득단계, 국세
ⓔ 증여세 : 취득단계, 국세 / 양도소득세 : 처분단계, 국세

09 정답해설

④ 토지단일세를 주장한 학자는 헨리 조지(H. George)이다.

10 정답해설

⑤ 제시된 정비사업은 주거환경개선사업이다.

11 정답해설

① ⓔ이 옳은 지문이다.

오답해설

㉠ 부가가치세는 국세이고, 등록면허세는 지방세이다.
ⓒ 재산세는 부과징수방식이다.
ⓒ 증여세는 취득단계에 부과하는 세금이고, 재산세는 보유단계에 부과하는 세금이다.

12 정답해설

② ㉠ 택지소유상한제, ⓒ 토지초과이득세, ⓞ 공한지세는 현재 우리나라에서 시행하지 않는 정책이다.

Chapter 05 | 투자론

제1절 **부동산 투자의 수익과 위험**

01 부동산 투자에서 지렛대효과에 관한 설명으로 틀린 것은? (20회)

① 레버리지효과란 **타인자본을 이용**할 경우 차입비율의 증감이 **자기자본수익률**에 미치는 영향을 말한다.

② 부동산 소유권을 취득하는 지분투자자가 지렛대효과를 이용하면 투자의 **위험**이 **상승**할 수 있다.

③ **전세**를 안고 아파트를 구입하는 것은 지렛대효과를 활용한 대표적인 사례이다.

④ 정(+)의 레버리지효과는 총자본수익률(종합수익률)이 **저당수익률**보다 높을 때 발생한다.

⑤ 종합수익률과 **저당수익률**(대출금리)이 동일한 경우, 차입비율의 변화는 자기자본수익률을 하락시킨다.

정답해설

⑤ 종합수익률과 저당수익률(대출금리)이 동일한 경우라면 중립적 레버리지효과가 발생한다. 따라서 차입비율의 변화는 자기자본수익률을 변화시키지 않는다.

> ▶ 레버리지효과의 구분
> 1. 총자본수익률 > 저당수익률 : 정(+) 레버리지(지분수익률 상승)
> 2. 총자본수익률 = 저당수익률 : 중립적 레버리지(지분수익률 불변)
> 3. 총자본수익률 < 저당수익률 : 부(−) 레버리지(지분수익률 하락)

Answer

01 ⑤

02 부동산 투자에서 지렛대효과에 관한 설명으로 틀린 것은? (평29회)

① 정(+)의 레버리지효과는 총자본수익률(종합수익률)이 **저당수익률**보다 높을 때 발생한다.

② 총자본수익률과 **저당수익률**이 동일한 경우 부채비율의 변화는 자기자본수익률에 영향을 미치지 못한다.

③ 총자본수익률보다 **지분수익률**이 높다면 정(+)의 레버리지효과가 발생한 것이다.

④ 부(−)의 레버리지효과가 발생할 경우, **부채비율을 낮추어서** 정(+)의 레버리지효과로 전환할 수 있다.

⑤ 부동산 소유권을 취득하는 지분투자자가 지렛대효과를 이용하면 투자의 **위험**이 **상승**할 수 있다.

정답해설

④ 부(−)의 레버리지 효과가 발생하는 이유는 대출금리(저당수익률)가 높기 때문이다. 따라서 정(+)의 레버리지 효과로 전환하기 위해서는 대출금리를 낮춰야 한다.

> ▶ **정(+)의 레버리지 효과의 3가지 표현**
> 1. 저당수익률이 낮다. / 은행이 적게 가져간다는 의미이다.
> 2. 지분수익률이 높다. / 내가 많이 가져간다는 의미이다.
> 3. 위험도 증가한다.

03 부동산 투자의 위험에 관한 설명으로 틀린 것은? (기출 묶음)

① 부동산은 실물자산으로써 부동산 투자는 **인플레이션 헷지 수단**으로서의 역할을 수행한다.

② 부동산 사업 자체에서 발생되는 수익성에 관한 불확실성은 **수익성 위험**이다.

③ 외부환경의 변화로 부동산의 상대적 위치가 변화됨으로써 발생하는 불확실성은 **위치적 위험**이다.

④ 대출자인 **은행**은 인플레이션 위험을 낮추기 위해 **변동금리 상품을 선호**한다.

⑤ **유동성 위험**이란 대상 부동산을 현금화하는 과정에서 발생하는 시장가치의 손실가능성을 말한다.

정답해설

② 부동산 사업 자체에서 발생되는 불확실성은 사업상 위험으로 분류된다.

> ▶ **투자의 위험의 종류**
> 1. 위험의 종류는 위험이 만들어지는 원인에 의해 구분된 것이다.
> 2. 위험의 종류
>   ㉠ 사업상의 위험(시장위험, 운영위험, 위치적 위험)
>   ㉡ 금융적 위험
>   ㉢ 법적 위험
>   ㉣ 인플레이션 위험
>   ㉤ 유동성 위험

04 부동산 투자의 위험에 관한 설명으로 틀린 것은? (23회)

① 장래에 인플레이션이 예상되는 경우 **대출자**는 변동이자율 대신 **고정이자율**로 대출하기를 **선호**한다.

② 부채의 비율이 크면 지분수익률이 커질 수 있지만, 마찬가지로 부담해야 할 **위험도 커진다.**

③ **운영 위험**(operating risk)이란 사무실의 관리, **근로자의 파업**, **영업경비의 변동** 등으로 인해 야기될 수 있는 수익성의 불확실성을 폭넓게 지칭하는 개념이다.

④ **위치적 위험**(locational risk)이란 환경이 변하면 대상 부동산의 **상대적 위치가 변화**하는 위험이다.

⑤ **유동성 위험**(liquidity risk)이란 대상 **부동산을 현금화하는 과정**에서 발생하는 시장가치의 손실가능성을 말한다.

[정답해설]

① 장래 인플레이션이 예상되면 은행은 금리를 인상시킴으로서 위험을 전가하고자 한다. 따라서 위험을 전가시키기 위해 금리를 인상시킬 수 있는 변동금리상품을 보다 선호한다.

| Answer |
| 02 ④   03 ②   04 ① |

05 부동산 투자에 관한 설명으로 **틀린** 것은? (27회)

① 부동산은 실물자산의 특성과 토지의 영속성으로 인해 가치보존력이 양호한 편이다.
② 임대사업을 영위하는 법인은 건물에 대한 **감가상각**과 **이자비용**을 세금산정시 비용으로 인정받을 수 있다.
③ 부동산 투자자는 **저당권**과 **전세제도** 등을 통해 레버리지를 활용할 수 있다.
④ 부동산 가격이 물가상승률과 연동하여 상승하는 기간에는 **인플레이션을 방어하는 효과**가 있다.
⑤ 부동산은 주식 등 금융상품에 비해서 단기간에 **현금화할 수 있는 가능성**이 높다.

정답해설
⑤ 부동산은 매각을 통한 현금화 과정이 단기에 이루어질 수 없는 자산이다. 즉, 환가성 또는 유동성이 낮은 자산이다.

06 부동산 투자시 (㉠) 타인자본을 활용하지 않는 경우와 (㉡) 타인자본을 50% 활용하는 경우, 각각의 1년간 자기자본수익률은? (단, 주어진 조건에 한함)

> • 기간 초 부동산 가격 : 10억원
> • 1년간 순영업소득(NOI) : 연 3천만원(기간 말 발생)
> • 1년간 부동산 가격 상승률 : 연 2%
> • 1년 후 부동산을 처분함
> • 대출조건 : 이자율 연 4%, 대출기간 1년, 원리금은 만기시 일시 상환함.

① ㉠ : 3% ㉡ : 6% ② ㉠ : 3% ㉡ : 8%
③ ㉠ : 5% ㉡ : 6% ④ ㉠ : 5% ㉡ : 8%
⑤ ㉠ : 7% ㉡ : 8%

정답해설
③ 옳은 묶음이다.

$$자기자본수익률 = \frac{순영업소득 - 이자비용 + 가격상승분}{자기자본(= 지분투자액)}$$

1. ㉠ 타인자본을 활용하지 않는 경우의 1년간 자기자본수익률

: $\dfrac{3{,}000만(순) - 0(이자비용) + 2{,}000만(가격상승)}{10억원} = 0.05(5\%)$

2. ㉡ 타인자본을 50% 활용하는 경우의 1년간 자기자본수익률

: $\dfrac{3{,}000만(순) - 2{,}000만(이자비용) + 2{,}000만(가격상승)}{5억원} = 0.06(6\%)$

제2절 **투자결정이론**

01 부동산 투자의 수익률에 대한 설명으로 틀린 것은? (단, 위험회피형 투자자를 가정한다)

① 투자결정은 기대수익률과 요구수익률을 비교함으로써 이루어지는데 투자대안의 **기대수익률이** 투자자의 요구수익률보다 **클 때, 투자는 이루어진다.**

② 기대수익률이 객관적인 수익률이라면, 요구수익률은 주관적인 수익률이다.

③ **시장금리**가 상승하면 **요구수익률**은 하락한다.

④ 투자**위험**(표준편차)과 기대**수익률**은 정(+)의 상관관계를 가진다.

⑤ 투자가 이루어지고 난 후에 현실적으로 달성된 수익률을 **실현수익률**이라고 한다.

정답해설

③ 시장금리(무위험률)가 상승하면 요구수익률은 상승한다.

> ▶ **요구수익률**
> 1. 요구수익률이란 투자자가 투자를 하기 위해 투자대안에 요구하는 최소한의 수익률이다.
> 2. 투자자금의 기회비용을 의미한다.
> 3. 요구수익률의 구조
>   요구수익률 = 무위험률(예금이자) + 위험할증률(위험에 대한 보상률)

02 부동산 수익률에 관한 설명으로 틀린 것을 모두 고른 것은? (평30회)

> ㉠ 요구수익률이란 투자자가 투자하기 위한 최대한의 수익률을 말하는 것으로 시간에 대한 비용은 고려하지 않는다.
> ㉡ 실현수익률이란 투자가 이루어지고 난 후 현실적으로 달성된 수익률로서 역사적 수익률을 의미한다.
> ㉢ **기대수익률이** 요구수익률보다 **높으면,** 대상 부동산에 대하여 수요가 증가하여 **기대수익률**이 **상승**한다.

① ㉠   ② ㉢
③ ㉠, ㉡   ④ ㉠, ㉢
⑤ ㉠, ㉡, ㉢

④ 틀린 지문은 ㉠, ㉢이다.

  ㉠ 요구수익률이란 투자자가 투자를 하기 위해 요구하는 최소한의 수익률이며, 요구수익률은 무위
    험률(시간에 대한 대가)과 위험할증률(위험에 대한 대가)로 구성된다.
  ㉢ 기대수익률이 요구수익률보다 높다면, 대상 부동산에 대한 수요가 증가하여 부동산 가격이 상승
    한다. 부동산 가격이 상승하면 투자금액에 대한 부담이 증가하기 때문에 기대수익률은 하락한다.

03 부동산 투자의 위험과 수익에 관한 설명으로 틀린 것은? (다만, 다른 조건은 동일하다)

① 동일한 위험증가에 대해 **위험회피형 투자자**는 위험추구형 투자자보다 **더 높은 수익률
  을 요구**하게 된다.
② 투자결정은 기대수익률과 요구수익률을 비교함으로써 이루어지는데 투자자는 투자대
  안의 **기대수익률이** 요구수익률보다 **큰 경우** 투자를 하게 된다.
③ 요구수익률은 **시간에 대한 비용**을 포함하나, **위험에 대한 비용**은 포함하지 않는다.
④ 부동산 투자에서 일반적으로 **위험과 수익은 비례관계**를 가지고 있다.
⑤ **위험추구형 투자자**는 높은 수익률을 획득할 기회를 얻기 위해 **위험을 기꺼이 감수하는
  투자자**를 말한다.

③ 요구수익률은 시간에 대한 비용(무위험률)과 위험에 대한 비용(위험할증률)을 모두 포함한다.

04 부동산 투자수익률에 관한 설명으로 옳은 것은? (단, 위험회피형 투자자를 가정함) (32회)

① **기대수익률이** 요구수익률보다 **높을 경우** 투자자는 투자가치가 있는 것으로 판단한다.
② 기대수익률은 투자에 대한 위험이 주어졌을 때, 투자자가 투자부동산에 대하여 자금을
  투자하기 위해 충족되어야 할 **최소한의 수익률**을 말한다.
③ 요구수익률은 투자가 이루어진 후 **현실적으로 달성된 수익률**을 말한다.
④ **요구수익률은** 투자에 수반되는 **위험이 클수록 작아진다.**
⑤ 실현수익률은 다른 투자의 기회를 포기한다는 점에서 **기회비용**이라고도 한다.

① 옳은 지문이다.

② 기대수익률이 아니라 요구수익률이다.
③ 요구수익률이 아니라 실현수익률이다.
④ 요구수익률은 투자에 수반되는 위험이 클수록 커진다.
⑤ 실현수익률이 아니라 요구수익률이다.

05 시장상황별 수익률의 예상치가 다음과 같은 경우 기대수익률은? (22회)

시장상황	수익률	확 률
불 황	20%	30%
보 통	30%	40%
호 황	40%	30%

① 15% ② 20%
③ 25% ④ 30%
⑤ 35%

정답해설
④ 기대수익률은 30%이다.
기대수익률 : (20% × 0.3) + (30% × 0.4) + (40% × 0.3) = 30%

06 상가 경제상황별 예측된 확률이 다음과 같을 때, 상가의 기대수익률이 8%라고 한다. 정상적 경제상황의 경우 (   )에 들어갈 예상수익률은? (30회)

상가의 경제상황		경제상황별 예상수익률(%)	상가의 기대수익률(%)
상황별	확률(%)		
비관적	20	4	8
정상적	40	( )	
낙관적	40	10	

① 4 ② 6
③ 8 ④ 10
⑤ 12

정답해설
③ 예상수익률(기대수익률)은 8%이다.
1. 기대수익률(A) : 4% × 0.2 + A × 0.4 + 10% × 0.4 = 8% / A = 8%

제**3**절 위험의 관리

01 부동산 투자의 위험관리방안으로 틀린 것은?

① **보수적 예측** 방법은 **수익은 가능한 낮게** 추정하고 **비용은 가능한 높게** 추정하여 투자의 불확실성을 낮출 수 있다.

② 보수적 예측 방법은 산출된 **기대수익률**의 **상향 조정**을 통해 위험을 관리한다.

③ **위험조정할인율**법은 위험한 대안에 대해 **보다 높은 할인율**을 적용하는 방법이다.

④ **감응도 분석**은 투자 수익률에 영향을 주는 **요인**과 **투자수익률**의 변화 **관계**를 통해 위험을 관리하는 방법이다.

⑤ 포트폴리오는 불필요한 위험이 제거되도록 자산을 관리 또는 구성하는 방법이다.

정답해설
② 보수적 예측 방법은 수익은 가능한 낮게 추정하고 비용은 가능한 높게 추정하는 방법이다. 따라서 보수적 예측 방법은 산출된 기대수익률을 하향 조정하는 방법이다.

▶ 위험의 관리

1. 보수적 예측방법 : 수익은 가능한 낮게, 비용은 가능한 높게 예측하는 방법
2. 위험조정할인율법 : 위험할수록 보다 높은 할인율(요구수익률)을 적용하는 방법
3. 민감도(감응도) 분석 : 원인(투입요소, 투입값)과 결과의 관계를 분석하는 방법

02 부동산 투자의 위험분석에 관한 설명으로 틀린 것은? (단, 위험회피형 투자자라고 가정함)

(28회)

① 부동산 투자에서 일반적으로 위험과 수익은 비례관계에 있다.

② 평균분산결정법은 기대수익률의 평균과 분산을 이용하여 투자대안을 선택하는 방법이다.

③ **보수적 예측**방법은 투자**수익의 추계치를 하향 조정**함으로써, 미래에 발생할 수 있는 위험을 상당수 제거할 수 있다는 가정에 근거를 두고 있다.

④ **위험조정할인율**을 적용하는 방법으로 장래 기대되는 소득을 현재가치로 환산하는 경우, 위험한 투자일수록 **낮은 할인율**을 적용한다.

⑤ **민감도 분석**은 투자효과를 분석하는 모형의 **투입요소**가 변화함에 따라, 그 **결과치**에 어떠한 영향을 주는가를 분석하는 기법이다.

정답해설
④ 위험조정할인율법은 위험한 투자대안일수록 보다 높은 할인율(요구수익률)을 적용하는 방법이다.

03 포트폴리오이론에 따른 포트폴리오 분석에 관한 설명으로 옳은 것은? (26회)

① 인플레이션, 경기변동 등의 **체계적 위험**은 분산투자를 통해 제거가 가능하다.

② 포트폴리오에 편입되는 투자자산 수를 늘림으로써 **체계적 위험**을 줄여나갈 수 있으며, 그 결과로 총 위험은 줄어들게 된다.

③ 2개의 투자자산의 수익률이 서로 다른 방향으로 움직일 경우, 상관계수는 양(+)의 값을 가지므로 **위험분산효과**가 작아진다.

④ 투자자산 간의 상관계수가 1보다 작을 경우, 포트폴리오 구성을 통한 **위험절감효과**가 나타나지 않는다.

⑤ 효율적 프론티어(efficient frontier)와 투자자의 무차별 곡선이 접하는 지점에서 **최적 포트폴리오**가 결정된다.

[정답해설]

⑤ 옳은 지문이다.

[오답해설]

① 인플레이션, 경기변동 등의 체계적 위험은 분산투자를 통해서도 제거될 수 없다.

② 포트폴리오는 비체계적 위험을 감소시킴으로써 투자의 총위험을 감소시키고자 한다.

③ 두 자산의 수익률이 서로 다른 방향으로 움직인다면, 수익률의 측면에서 서로 다른 자산으로 취급한다. 이 경우 상관계수는 음(-)의 값으로 나타나고 위험분산효과는 증가한다.

④ 투자자산 간의 상관계수가 1보다 작다는 것은 최소한 동일한 자산은 아니라는 의미이다. 따라서 이런 자산으로 포트폴리오를 구성한다면 위험절감효과는 나타난다.

▶ **포트폴리오 논점**

1. 모든 위험이 감소되는가?
   ㉠ 시장으로부터 발생되는 체계적 위험은 감소되지 않는다.
   ㉡ 개별자산으로부터 발생되는 비체계적 위험만을 감소시킨다.

2. 자산을 어떻게 구성할 것인가?
   ㉠ 두 자산의 수익률 변화 방향이 반대일 것으로 예상되는 자산끼리 구성
   ㉡ 상관계수는 '-1 ~ +1'의 값으로 표현되는데, '-1'에 가까운 자산끼리 묶어서 투자한다.
   ㉢ 상관계수가 '+1'의 값이라면, 두 자산이 동일함을 의미하기 때문에 포트폴리오를 구성하더라도 위험을 감소시킬 수 없다.

3. 최적의 포트폴리오는?
   ㉠ 최적 포트폴리오는 효율적 전선과 무차별 곡선이 접하는 지점의 포트폴리오이다.

Answer

01 ② 02 ④ 03 ⑤

04 포트폴리오이론에 관한 설명으로 틀린 것은? (30회)

① 분산투자효과는 포트폴리오를 구성하는 투자자산 종목의 수를 늘릴수록 **비체계적 위험**이 감소되어 포트폴리오 전체의 위험이 감소되는 것이다.

② 포트폴리오전략에서 구성자산 간에 수익률이 유사한 방향으로 움직일 경우 **위험 감소의 효과**가 크다.

③ **효율적 프런티어**(효율적 전선)이란 **평균 - 분산 지배원리**에 의해 모든 위험수준에서 최대의 기대수익률을 얻을 수 있는 포트폴리오의 집합을 말한다.

④ **효율적 프런티어**(효율적 전선)의 **우상향에 대한 의미**는 투자자가 높은 수익률을 얻기 위해 많은 위험을 감수하는 것이다.

⑤ 포트폴리오이론은 투자시 여러 종목에 분산투자함으로써 위험을 분산시켜 안정된 수익을 얻으려는 자산투자이론이다.

정답해설

② 구성자산 간에 수익률이 유사한 방향으로 움직인다면, 수익률의 측면에서 서로 유사한 자산으로 취급된다. 따라서 이 경우 위험감소의 효과는 적어진다.

05 포트폴리오이론에 따른 부동산 투자의 포트폴리오 분석에 관한 설명으로 틀린 것은? (평29회)

① **체계적 위험**은 분산투자를 통해서도 회피할 수 없다.

② 위험과 수익은 상충관계에 있으므로 **효율적 투자선**은 우하향하는 곡선이다.

③ 투자자의 무차별곡선과 효율적 투자선의 접점에서 **최적의 포트폴리오**가 선택된다.

④ **비체계적 위험**은 개별적인 부동산의 특성으로 야기되며 분산투자 등으로 회피할 수 있다.

⑤ 포트폴리오 구성자산의 수익률 간 상관계수(ρ)가 '-1'인 경우는 상관계수(ρ)가 '1'인 경우에 비해서 **위험회피효과**가 더 크다.

정답해설

② 효율적 전선 또는 효율적 투자선은 우상향하는 형태로 나타난다. 이는 수익과 위험이 비례관계에 있기 때문이다.

06 포트폴리오이론에 관한 설명으로 틀린 것은? (33회)

① 개별자산의 기대수익률 간 상관계수가 '0'인 두 개의 자산으로 포트폴리오를 구성할 때 포트폴리오의 위험감소효과가 최대로 나타난다.
② 포트폴리오의 기대수익률은 개별자산의 기대수익률을 가중평균하여 구한다.
③ 동일한 자산들로 포트폴리오를 구성하여도 개별자산의 투자비중에 따라 포트폴리오의 기대수익률과 분산은 다를 수 있다.
④ 무차별곡선은 투자자에게 동일한 효용을 주는 수익과 위험의 조합을 나타낸 곡선이다.
⑤ 최적 포트폴리오의 선정은 투자자의 위험에 대한 태도에 따라 달라질 수 있다.

정답해설

① 포트폴리오의 위험감소효과가 최대가 되기 위해서는 상관계수가 '-1'이 되어야 한다.

07 포트폴리오이론에 관한 설명으로 옳은 것은? (단, 위험회피형 투자자를 가정함) (32회)

① 포트폴리오 분산투자를 통해 체계적 위험뿐만 아니라 비체계적 위험도 감소시킬 수 있다.
② 효율적 프론티어(efficient frontier)는 평균 - 분산 지배원리에 의해 동일한 기대수익률을 얻을 수 있는 상황에서 위험을 최대화할 수 있는 포트폴리오의 집합을 말한다.
③ 분산투자효과는 포트폴리오를 구성하는 투자자산 비중을 늘릴수록 체계적 위험이 감소되어 포트폴리오 전체의 위험이 감소되는 것이다.
④ 최적의 포트폴리오는 투자자의 무차별곡선과 효율적 프론티어의 접점에서 선택된다.
⑤ 두 자산으로 포트폴리오를 구성할 경우, 포트폴리오에 포함된 개별자산의 수익률 간 상관계수에 상관없이 분산투자효과가 있다.

정답해설

④ 옳은 지문이다.

오답해설

① 체계적 위험은 감소시킬 수 없다.
② 효율적 프론티어는 평균 - 분산 지배원리에 의해 동일한 기대수익률을 얻을 수 있는 상황에서 위험을 최소화할 수 있는 포트폴리오의 집합을 말한다.
③ 분산투자효과는 비체계적 위험이 감소되어 전체의 위험이 감소되는 것이다.
⑤ 상관계수가 +1이 아닌 경우에 분산투자효과가 있다.

Answer
04 ② 05 ② 06 ① 07 ④

08 **포트폴리오이론에 관한 설명으로 틀린 것은?** (평32회)

① 부동산 투자에 수반되는 총위험은 체계적 위험과 비체계적 위험을 합한 것으로, 포트폴리오를 구성함으로써 제거될 수 있는 위험은 비체계적 위험이다.

② 포트폴리오를 구성하는 자산들의 수익률 간 상관계수가 '1'인 경우에는 포트폴리오를 구성한다고 하더라도 위험은 감소되지 않는다.

③ 효율적 프론티어(efficient frontier)는 모든 위험수준에서 최대의 기대수익률을 올릴 수 있는 포트폴리오의 집합을 연결한 선이다.

④ 무위험자산이 없는 경우의 최적 포트폴리오는 효율적 프론티어(efficient frontier)와 투자자의 무차별곡선이 접하는 점에서 결정되는데, 투자자가 위험선호형일 경우 최적 포트폴리오는 위험기피형에 비해 저위험 - 고수익 포트폴리오가 된다.

⑤ 위험자산으로만 구성된 포트폴리오와 무위험자산을 결합할 때 얻게 되는 직선의 기울기가 커질수록 기대초과수익률(위험프리미엄)이 커진다.

정답해설

④ 투자자가 위험선호형이라면 높은 위험을 선택한다. 따라서 고위험 - 고수익 포트폴리오가 최적 포트폴리오가 된다.

제4절 화폐의 시간가치(6계수)

01 화폐의 시간가치 계산에 관한 설명으로 틀린 것은?

① 주택마련을 위해 은행으로부터 원리금균등분할상환방식으로 **주택구입자금을 대출**한 가구가 매월 상환할 금액을 산정하는 경우 저당상수를 사용한다.

② 현재 **10억원**인 주택이 매년 5%씩 가격이 상승한다고 가정할 때, 일시불의 미래가치계수를 사용하여 **10년 후**의 주택가격을 산정할 수 있다.

③ 정년퇴직자가 매월 **연금**형태로 받는 퇴직금을 일정기간 **적립한 후**에 달성되는 금액을 산정할 경우 연금의 미래가치계수를 사용한다.

④ 10년 후에 **1억원**이 될 것으로 예상되는 토지의 **현재가치**를 계산할 경우 일시불의 현재가치계수를 사용한다.

⑤ 연금의 미래가치계수는 저당상수의 **역수**이다.

정답해설

⑤ 연금의 현재가치계수는 저당상수의 역수이다.

> ▶**6계수의 역수 관계**
>
> 1. 연금의 현가계수 (역수) 저당상수
> 2. 연금의 내가계수 (역수) 감채기금계수

02 6계수의 활용에 관한 설명으로 옳은 것은?

① 매월 **연금**형태로 납입하는 적금의 **만기 금액**을 계산하기 위해서는 연금의 현재가치계수를 사용한다.

② 은행으로부터 **주택구입자금을 대출**한 가구가 매월 상환할 금액을 산정하는 경우에 감채기금계수를 활용한다.

③ 연금의 미래가치계수의 **역수**는 저당상수이다.

④ **매월 말 100만원**씩 10년간 들어올 것으로 예상되는 임대료 수입의 **현재가치**를 계산하기 위해서는 저당상수의 역수를 활용한다.

⑤ 5년 후 주택구입에 필요한 자금 **3억원을 만들기 위해서** 매기 적립해야 할 금액을 계산한다면, 연금의 현재가치계수의 역수를 활용한다.

Answer

08 ④ / 01 ⑤ 02 ④

정답해설
④ 옳은 지문이다.

오답해설
① 연금의 미래가치계수를 사용한다.
② 저당상수를 활용한다.
③ 연금의 미래가치계수의 역수는 감채기금계수이다.
⑤ 5년 후 주택구입에 필요한 자금 3억원을 만들기 위해서 매기 적립해야 할 금액은 감채기금계수(= 연금의 미래가치계수의 역수)를 활용하여 계산한다.

> **▶ 저당상수와 감채기금계수**
> 1. 저당상수
>   ㉠ 대출의 매기 원리금상환액을 계산하는 수식
>   ㉡ 연금의 현재가치계수의 역수
>   ㉢ 대출금액 × 저당상수 ⇨ 원리금상환액
> 2. 감채기금계수
>   ㉠ 기금을 만들기 위한 매기 적립액을 계산하는 수식
>   ㉡ 연금의 미래가치계수의 역수
>   ㉢ 목표금액(기금) × 감채기금계수 ⇨ 매기 적립액

03 화폐의 시간가치와 관련한 설명으로 옳은 것은? (29회)

① **잔금비율**과 **상환비율**의 합은 '0'이 된다.
② 연금의 현재가치계수와 감채기금계수는 **역수**관계에 있다.
③ **원금균등상환방식**으로 **주택저당대출**을 받은 경우 저당대출의 매기간 원리금상환액은 저당상수를 이용하여 계산한다.
④ 원금에 대한 이자뿐만 아니라 이자에 대한 이자도 함께 계산하는 것은 단리방식이다.
⑤ 현재 **5억원**인 주택가격이 매년 전년대비 5%씩 상승한다고 가정할 때, **5년 후**의 주택가격은 일시불의 미래가치계수를 사용하여 계산할 수 있다.

정답해설
⑤ 옳은 지문이다.

오답해설
① 잔금비율과 상환비율의 합은 '1'이 된다.
② 연금의 현재가치계수의 역수는 저당상수이다.
③ 대출금액에 저당상수를 곱하여 산정한 원리금상환액은 원금균등상환방식이 아니라 원리금균등상환방식의 원리금상환액이다.
④ 이자에 대한 이자를 모두 고려하는 이자계산방식은 복리방식이다.

04 화폐의 시간가치에 관한 설명으로 옳은 것을 모두 고른 것은? (30회)

> ㉠ 은행으로부터 주택구입자금을 대출한 가구가 매월 상환할 금액을 산정하는 경우 감채기금계수를 사용한다.
> ㉡ 연금의 현재가치계수와 저당상수는 역수관계이다.
> ㉢ 연금의 미래가치란 매 기간마다 일정 금액을 불입해 나갈 때, 미래의 일정시점에서의 원금과 이자의 총액을 말한다.
> ㉣ 일시불의 현재가치계수는 할인율이 상승할수록 작아진다.

① ㉠   ② ㉡, ㉢   ③ ㉠, ㉡, ㉣
④ ㉡, ㉢, ㉣   ⑤ ㉠, ㉡, ㉢, ㉣

정답해설
④ 옳은 지문은 ㉡, ㉢, ㉣이다.

오답해설
㉠ 감채기금계수가 아니라 저당상수를 사용한다.

05 화폐의 시간가치 계산에 관한 설명으로 옳은 것은? (32회)

① 현재 **10억원**인 아파트가 매년 2%씩 가격이 상승한다고 가정할 때, **5년 후** 아파트 가격을 산정하는 경우 연금의 미래가치계수를 사용한다.
② **원리금균등상환방식**으로 **담보대출**을 받은 가구가 매월 상환할 금액을 산정하는 경우, 일시불의 현재가치계수를 사용한다.
③ 연금의 현재가치계수에 감채기금계수를 곱하면 일시불의 현재가치계수이다.
④ **임대기간 동안 월임대료**를 모두 적립할 경우, 이 금액의 **현재시점가치**를 산정한다면 감채기금계수를 사용한다.
⑤ 나대지에 투자하여 5년 후 8억원에 매각하고 싶은 투자자는 **현재 이 나대지의 구입금액**을 산정하는 경우, 저당상수를 사용한다.

정답해설
③ 옳은 지문이다. 연금의 현재가치계수($\frac{(1+r)^n - 1}{r \cdot (1+r)^n}$)에 감채기금계수($\frac{r}{(1+r)^n - 1}$)를 곱하면 일시불의 현재가치계수이다.

오답해설
① 일시불의 미래가치계수를 사용한다.
② 저당상수를 사용한다.
④ 연금의 현재가치계수를 사용한다.
⑤ 일시불의 현재가치계수를 사용한다.

Answer
03 ⑤   04 ④   05 ③

제5절 투자의 현금흐름 분석

01 부동산 투자의 현금흐름 추정에 관한 설명으로 틀린 것은? (30회)

① 순영업소득은 유효총소득에서 **영업경비**를 **차감**한 소득을 말한다.
② 영업경비는 부동산 운영과 직접 관련 있는 경비로, 광고비, 전기세, 수선비가 이에 해당된다.
③ 세전현금흐름은 지분투자자에게 귀속되는 세전소득을 말하는 것으로, 순영업소득에 **부채서비스액**(원리금상환액)을 **가산**한 소득이다.
④ 세전지분복귀액은 자산의 순매각금액에서 **미상환 저당잔액**을 **차감**하여 지분투자자의 몫으로 되돌아오는 금액을 말한다.
⑤ 부동산 투자에 대한 대가는 보유시 대상부동산의 운영으로부터 나오는 소득이득과 처분시의 자본이득의 형태로 나타난다.

정답해설
③ 세전현금흐름은 순영업소득에 부채서비스액(원리금상환액)을 차감한 소득이다.

▶ **보유기간 현금흐름(영업현금흐름) 분석**

1. 가능총소득 : 임대단위 수 × 단위당 임대료 ⇨ 가능총소득
2. 유효총소득 : 가능 − 공실·불량부채 + 기타소득 ⇨ 유효총소득
3. 순영업소득 : 유효 − 영업경비 ⇨ 순영업소득
4. 세전현금수지 : 순 − 부채서비스액(원 + 이자) ⇨ 세전현금수지
5. 세후현금수지 : 세전 − 영업소득세 ⇨ 세후현금수지
         ↳(순 + 대체충당금 − 이자비용 − 감가상각비) × 세율

▶ **기간말 현금흐름(지분복귀액) 분석**

1. 순매도소득 : 매도가격 − 매도경비 ⇨ 순매도소득
2. 세전지분복귀액 : 순 − 미상환저당잔금 ⇨ 세전지분복귀액
3. 세후지분복귀액 : 세전 − 자본소득세 ⇨ 세후지분복귀액

02 다음에 제시된 항목 중 순영업소득을 산정하기 위해 필요한 항목은 모두 몇 개인가?

- 임대단위 면적
- 원리금상환액
- 회수불가능한 임대료
- 관리인의 개인적 업무비
- 영업소득세
- 유지 · 수선비
- 임대주택 재산세

① 2개
② 3개
③ 4개
④ 5개
⑤ 6개

정답해설

③ 임대단위 면적, 유지 · 수선비, 회수불가능한 임대료(불량부채), 임대주택 재산세(영업경비 항목) 등 총 4개가 순영업소득 산정을 위해 요구된다.

▶ **영업경비 항목의 분석**

1. 영업경비에 포함되는 항목
   ㉠ 유지 · 수선비, 관리비, 전기 · 수도 · 가스요금, 화재보험료
   ㉡ 임대부동산에 대한 재산세 등
2. 영업경비에 제외되는 항목
   ㉠ 공실 및 불량부채, 부채서비스액, 영업소득세, 자본이득세(양도소득세)
   ㉡ 관리인의 개인적 업무비, 감가상각비 등

03 수익성 부동산의 장래 현금흐름에 관한 설명으로 틀린 것은? (기출 묶음)

① 투자에 따른 현금흐름은 **영업현금흐름**과 **매각현금흐름**으로 나누어 예상할 수 있다.
② 유효총소득은 잠재(가능)총소득에 공실 및 불량부채에 대한 손실과 기타 수입을 반영한 것이다.
③ 세전현금흐름은 순영업소득에서 **부채서비스액**(debt service)을 **차감**하여 계산한다.
④ **영업소득세**를 계산하기 위해서는 건물의 **감가상각비**를 알아야 한다.
⑤ **영업경비**에는 임대소득에 대한 **소득세**가 포함되어야 한다.

정답해설

⑤ 영업경비에는 소득세가 포함되지 않는다.

| Answer |
01 ③   02 ③   03 ⑤

04 부동산 투자분석의 현금흐름 계산에서 (가) 순영업소득과 (나) 세전지분복귀액을 산정하는 데 각각 필요한 항목을 모두 고른 것은? (29회)

㉠ 기타 소득	㉡ 매도비용
㉢ 취득세	㉣ 미상환저당잔금
㉤ 재산세	㉥ 양도소득세

① (가) - ㉢　　　　　　　　　(나) - ㉣
② (가) - ㉠, ㉤　　　　　　　(나) - ㉡, ㉣
③ (가) - ㉠, ㉤　　　　　　　(나) - ㉡, ㉥
④ (가) - ㉠, ㉢, ㉤　　　　　(나) - ㉡, ㉥
⑤ (가) - ㉠, ㉢, ㉤　　　　　(나) - ㉡, ㉣, ㉥

정답해설

② 옳은 묶음이다.
1. 순영업소득 계산과정에 포함되는 항목은 ㉠ 기타 소득, ㉤ 재산세이다. 재산세는 영업경비에 해당하는 항목이다.
   - 가능총소득 − 공실·불량부채 + ㉠ 기타 소득 ⇨ 유효총소득
   - 유효총소득 − 영업경비(㉤ 재산세) ⇨ 순영업소득
2. 세전지분복귀액 계산 과정에 포함되는 항목은 ㉡ 매도비용, ㉣ 미상환저당잔금이다.
   - 매도가격 − ㉡ 매도비용 ⇨ 순매도소득
   - 순매도소득 − ㉣ 미상환저당잔금 ⇨ 세전지분복귀액

05 다음은 투자 예정 부동산의 향후 1년 동안 예상되는 현금흐름이다. 연간 세후현금흐름은?

(평31회)

• 단위 면적당 월 임대료 : 20,000원/m²	• 임대면적 : 100m²
• 공실손실상당액 : 임대료의 10%	• 영업경비 : 유효총소득의 30%
• 부채서비스액 : 연 600만원	• 영업소득세 : 세전현금흐름의 20%

① 4,320,000원　　　　② 6,384,000원　　　　③ 7,296,000원
④ 9,120,000원　　　　⑤ 12,120,000원

정답해설

③ 세후현금흐름은 7,296,000원이다.
1. 가능총소득 : 20,000원/m² × 100m² × 12월 = 24,000,000원
2. 유효총소득 : 24,000,000원 × [1 − 0.1(공실)] = 21,600,000원
3. 순영업소득 : 21,600,000원 × [1 − 0.3(영업경비)] = 15,120,000원
4. 세전현금수지 : 15,120,000원 − 6,000,000원(부채서비스액) = 9,120,000원
5. 세후현금수지 : 9,120,000원 × [1 − 0.2(영업소득세)] = 7,296,000원

제6절 | 투자분석기법(할인법)

01 다음 부동산 투자 타당성 분석방법 중 할인기법이 아닌 것은? (22회)

> ㉠ 순현가(net present value)법
> ㉡ 회수기간(payback period)법
> ㉢ 내부수익률(internal rate of return)법
> ㉣ 수익성지수(profitability index)법
> ㉤ 회계적 수익률(accounting rate of return)법

① ㉠, ㉤   ② ㉡, ㉢
③ ㉡, ㉣   ④ ㉡, ㉤
⑤ ㉢, ㉣

정답해설

④ ㉡ 회수기간법과 ㉤ 회계적 수익률법은 화폐의 시간가치를 고려하지 않는 비할인법이다. 현가회수기간법은 할인법이지만, 단순회수기간법은 비할인법이다.

02 부동산 투자의 할인현금흐름기법(DCF)과 관련된 설명으로 틀린 것은?

① 할인현금흐름기법이란 부동산 투자로부터 발생하는 현금흐름을 **일정한 할인율**로 **할인**하는 투자의사결정기법이다.
② 순현재가치(NPV)는 투자자의 **요구수익률**로 **할인**한 현금유입의 현가에서 현금유출의 현가를 뺀 값이다.
③ 수익성지수(PI)는 투자로 인해 발생하는 현금유입의 현가를 현금유출의 현가로 나눈 비율이다.
④ 내부수익률(IRR)은 투자로부터 발생하는 현재와 미래 현금흐름의 **순현재가치를 '1'로 만드는 할인율**을 말한다.
⑤ 내부수익률법은 투자안의 **내부수익률**(IRR)을 투자자의 **요구수익률**과 비교하여 투자를 결정하는 방법이다.

정답해설

④ 내부수익률(IRR)은 순현가를 '0'으로 만드는 할인율 또는 수익성지수를 '1'로 만드는 할인율이다.

> ▶ 할인법의 의사결정(상호 독립적 투자안)
> 1. 순현가법
>   ㉠ 순현가 : 수익현가 − 비용현가
>   ㉡ 의사결정 : 순현가가 '0'보다 큰 대안을 선택
> 2. 수익성지수법
>   ㉠ 수익성지수 : 수익현가 ÷ 비용현가
>   ㉡ 의사결정 : 수익성지수가 '1'보다 큰 대안을 선택
> 3. 내부수익률법
>   ㉠ 내부수익률 : '순현가 = 0' 또는 '수익성지수 = 1'이 되는 할인율
>   ㉡ 의사결정 : 내부수익률이 요구수익률보다 큰 대안을 선택

03 부동산 투자에 관한 설명으로 틀린 것은? (33회)

① 투자자는 부동산의 자산가치와 운영수익의 극대화를 위해 효과적인 자산관리 운영전략을 수립할 필요가 있다.
② 금리상승은 투자자의 요구수익률을 상승시키는 요인이다.
③ 동일 투자자산이라도 개별투자자가 위험을 기피할수록 요구수익률이 높아진다.
④ 민감도분석을 통해 미래의 투자환경 변화에 따른 투자가치의 영향을 검토할 수 있다.
⑤ 순현재가치는 투자자의 내부수익률로 할인한 현금유입의 현가에서 현금유출의 현가를 뺀 값이다.

정답해설

⑤ 할인법은 투자자의 요구수익률을 할인율로 사용한다. 따라서 순현재가치는 투자자의 요구수익률로 할인한 현금유입의 현가에서 현금유출의 현가를 뺀 값이다.

04 부동산 투자 타당성 분석기법에 관한 설명으로 틀린 것은? (평29회)

① 수익성지수는 투자개시시점에서의 순현가와 현금지출의 현재가치비율이다.
② 내부수익률법은 화폐의 시간가치를 고려한다.
③ 동일한 투자안에 대해서 **복수의 내부수익률**이 존재할 수 있다.
④ **내부수익률**은 순현가가 '0'이 되는 할인율이다.
⑤ 순현가법에 적용되는 **할인율**은 **요구수익률**이다.

정답해설

① 수익성지수(PI)란 현금유입의 현가합을 현금유출의 현가합으로 나눈 값을 말한다.

05 부동산 투자분석에 관한 설명으로 틀린 것은? (평30회)

① **순현재가치**는 장래 예상되는 현금유입의 현재가치를 현금유출의 현재가치로 차감한 금액이다.

② 내부수익률은 장래 예상되는 **현금유입의 현재가치와 현금유출의 현재가치를 같게 하는 할인율**이다.

③ **회수기간법**은 투자안 중에서 **회수기간이 가장 단기인 투자안을 선택**하는 방법이다.

④ 순현가법, 내부수익률법, 수익성지수법은 현금흐름을 할인하여 투자분석을 하는 방법이다.

⑤ **순현재가치가 '1'보다 큰 경우나 내부수익률이 요구수익률보다 큰 경우**에는 투자하지 않는다.

정답해설

⑤ 순현가법은 순현가가 '0'보다 큰 경우에 투자가 이루어진다. 내부수익률법은 내부수익률이 요구수익률보다 큰 경우에 투자가 이루어진다. 따라서 모두 투자는 이루어진다.

06 부동산 투자의 할인현금흐름기법(DCF)과 관련된 설명으로 틀린 것은? (30회)

① 내부수익률(IRR)은 투자로부터 발생하는 현재와 미래 현금흐름의 순현재가치를 '1'로 만드는 할인율을 말한다.

② 순현재가치(NPV)는 투자자의 **요구수익률로 할인한** 현금유입의 현가에서 현금유출의 현가를 뺀 값이다.

③ 할인현금흐름기법이란 부동산 투자로부터 발생하는 현금흐름을 **일정한 할인율로 할인**하는 투자의사결정기법이다.

④ **수익성지수**(PI)는 투자로 인해 발생하는 **현금유입의 현가를** 현금유출의 현가로 나눈 비율이다.

⑤ **민감도분석**은 모형의 **투입요소**가 변화함에 따라, 그 **결과치**인 순현재가치와 내부수익률이 어떻게 변화하는지를 분석하는 것이다.

정답해설

① 내부수익률(IRR)은 순현재가치를 '0'으로 만드는 할인율 또는 수익성지수를 '1'로 만드는 할인율이다.

07 부동산 투자분석기법에 관한 설명으로 옳은 것을 모두 고른 것은? (29회)

> ㉠ 내부수익률법, 순현재가치법, 수익성지수법은 할인현금흐름기법에 해당한다.
>
> ㉡ **순현재가치**가 '0'이 되는 단일 투자안의 경우 **수익성지수**는 '1'이 된다.
>
> ㉢ **재투자율**로 **내부수익률법**에서는 **요구수익률**을 사용하지만, 순현재가치법에서는 시장 이자율을 사용한다.
>
> ㉣ **회계적 이익률법**에서는 투자안의 이익률이 목표이익률보다 높은 투자안 중에서 **이익률 이 가장 높은 투자안**을 선택하는 것이 합리적이다.
>
> ㉤ 내부수익률법에서는 **내부수익률**과 **실현수익률**을 비교하여 투자 여부를 결정한다.

① ㉠, ㉡   ② ㉠, ㉡, ㉣
③ ㉠, ㉢, ㉤   ④ ㉡, ㉣, ㉤
⑤ ㉠, ㉡, ㉣, ㉤

[정답해설]

② 옳은 지문은 ㉠, ㉡, ㉣이다.

[오답해설]

㉢ 순현가법에서는 재투자율로 투자자의 요구수익률이 사용되고, 내부수익률법에서는 재투자율로 내 부수익률이 사용된다.

㉤ 내부수익률법에서는 내부수익률과 투자자의 요구수익률을 비교하여 투자 여부를 결정한다.

> ▶ **순현가법과 내부수익률법의 비교**
>
> 1. 순현가가 '0'이라면 수익성지수는 '1'이 된다.
> 2. 순현가를 산정하기 위해서는 사전에 할인율이 결정되어야 한다. 투자에서 할인율은 투자자 의 요구수익률을 적용한다.
> 3. 일반적으로 순현가법은 내부수익률법보다 우월한 방법으로 평가된다.
>   ㉠ 순현가법은 재투자율의 가정에서 보다 합리적이다.
>   ㉡ 순현가법은 가치가산의 원칙(부의 극대화)에서 보다 합리적이다.
>   ㉢ 내부수익률은 존재하지 않거나 복수일 수 있다.

08 부동산 투자분석기법에 관한 설명으로 옳은 것은? (32회)

① 부동산 투자분석기법 중 화폐의 시간가치를 고려한 방법에는 순현재가치법, 내부수익률법, 회계적 이익률법이 있다.

② 내부수익률이란 순현가를 '1'로 만드는 할인율이고, 기대수익률은 순현가를 '0'으로 만드는 할인율이다.

③ 어림셈법 중 순소득승수법의 경우 승수값이 작을수록 자본회수기간이 길어진다.

④ 순현가법에서는 재투자율로 시장수익률을 사용하고, 내부수익률법에서는 요구수익률을 사용한다.

⑤ 내부수익률법에서는 내부수익률이 요구수익률보다 작은 경우 해당 투자안을 선택하지 않는다.

정답해설

⑤ 옳은 지문이다.

오답해설

① 회계적 이익률법은 비할인법으로 화폐의 시간가치를 고려하지 않는 방법이다.
② 내부수익률은 순현가를 '0'으로 만드는 할인율이다.
③ 승수는 투자금액의 크기를 의미한다. 따라서 승수값이 작을수록 자본회수기간이 짧아진다.
④ 순현가법은 재투자율로 요구수익률을 사용하고, 내부수익률법은 재투자율로 내부수익률을 사용한다.

chapter
05

09 다음 표와 같은 투자사업들이 있다. 이 사업들은 모두 사업기간이 1년이며, 사업 초기(1월 1일)에 현금지출만 발생하고 사업 말기(12월 31일)에 현금유입만 발생한다고 한다. 할인율이 연 7%라고 할 때 다음 중 틀린 것은? (23회)

사 업	초기 현금지출	말기 현금유입
A	3,000만원	7,490만원
B	1,000만원	2,675만원
C	1,500만원	3,210만원
D	1,500만원	4,815만원

① B와 C의 순현재가치(NPV)는 같다.
② 수익성지수(PI)가 가장 큰 사업은 D이다.
③ 순현재가치(NPV)가 가장 큰 사업은 A이다.
④ 수익성지수(PI)가 가장 작은 사업은 C이다.
⑤ A의 순현재가치(NPV)는 D의 2배이다.

정답해설
⑤ A의 순현가는 4,000이고 D의 순현가는 3,000이다.

사 업	초기 현금지출	말기 현금유입	초기 현금유입 $\left(\dfrac{\text{말기 현금유입}}{1.07}\right)$	순현가	수익성지수
A	3,000만원	7,490만원	7,000	4,000	2.3
B	1,000만원	2,675만원	2,500	1,500	2.5
C	1,500만원	3,210만원	3,000	1,500	2.0
D	1,500만원	4,815만원	4,500	3,000	3.0

10 향후 2년간 현금흐름을 이용한 다음 사업의 수익성지수(PI)는? (단, 연간 기준이며, 주어진 조건에 한함) (31회)

> • 모든 현금의 유입과 유출은 매년 말에만 발생
> • 현금유입은 1년차 1,000만원, 2년차 1,200만원
> • 현금유출은 현금유입의 80%
> • 1년 후 일시불의 현가계수 0.95
> • 2년 후 일시불의 현가계수 0.90

① 1.15   ② 1.20   ③ 1.25
④ 1.30   ⑤ 1.35

정답해설

③ 수익성지수는 1.25이다.
1. 현금유입의 현가: (1,000만원 × 0.95) + (1,200만원 × 0.9) = 2,030만원
2. 현금유출의 현가: (800만원 × 0.95) + (960만원 × 0.9) = 1,624만원
3. 수익성지수(= 현금유입의 현가합/현금유출의 현가합): 2,030만원 / 1,624만원 = 1.25

Answer

09 ⑤   10 ③

01 재무비율에 관한 설명으로 틀린 것은? (평27회)

① **총투자수익률**(ROI)은 순영업소득(NOI)을 총투자액으로 나눈 비율이다.

② **지분투자수익률**(ROE)은 세후현금흐름(ATCF)을 지분투자액으로 나눈 비율이다.

③ 유동비율은 유동자산을 유동부채로 나눈 비율이다.

④ **순소득승수**(NIM)는 총투자액을 순영업소득으로 나눈 값이다.

⑤ **부채감당률**(DCR)이 1보다 작으면 순영업소득으로 원리금 지불능력이 충분하다.

정답해설

⑤ 부채감당률(DCR)이 1보다 작으면 순영업소득으로 원리금 지불능력이 부족함을 의미한다.

02 부동산 투자분석기법 중 비율분석법에 관한 설명으로 틀린 것은? (28회)

① **채무불이행률**은 유효총소득이 **영업경비**와 **부채서비스액**을 감당할 수 있는 능력이 있는지를 측정하는 비율이며, 채무불이행률을 손익분기율이라고도 한다.

② 대부비율은 부동산 가치에 대한 융자액의 비율을 가리키며, 대부비율을 저당비율이라고도 한다.

③ **부채비율**은 부채**에 대한** 지분의 비율이며, **대부비율**이 50%일 경우에는 **부채비율**은 100%가 된다.

④ **총자산회전율**은 투자된 총자산에 대한 총소득의 비율이며, 총소득으로 가능총소득 또는 유효총소득이 사용된다.

⑤ 비율분석법의 한계로는 요소들에 대한 추계산정의 오류가 발생하는 경우에 비율 자체가 왜곡될 수 있다는 점을 들 수 있다.

정답해설

③ 부채비율은 지분(자기자본)에 대한 부채의 비율이다.

▶ 다양한 재무비율

① 부채감당률 = $\dfrac{순영업소득}{부채서비스액}$

② 채무불이행률 = $\dfrac{영업경비 + 부채서비스액}{유효총소득}$

③ 총자산회전율 = $\dfrac{총소득}{부동산의\ 총가치}$

④ 대부비율 = $\dfrac{대출금액}{부동산\ 가격}$, 부채비율 = $\dfrac{부채}{자기자본}$

03 부동산 투자의 분석기법에 관한 설명으로 틀린 것은? (33회)

① 수익률법과 승수법은 투자현금흐름의 시간가치를 반영하여 투자타당성을 분석하는 방법이다.

② 투자자산의 현금흐름에 따라 복수의 내부수익률이 존재할 수 있다.

③ 세후지분투자수익률은 지분투자액에 대한 세후현금흐름의 비율이다.

④ 투자의 타당성은 총투자액 또는 지분투자액을 기준으로 분석할 수 있으며, 총소득승수는 총투자액을 기준으로 분석하는 지표다.

⑤ **총부채상환비율**(DTI)이 높을수록 채무불이행 위험이 높아진다.

정답해설

① 수익률법과 승수법은 비할인법으로 화폐의 시간가치를 고려하지 않는 방법이다.

Answer

01 ⑤   02 ③   03 ①

04 다음 부동산 투자안에 관한 단순회수기간법의 회수기간은? (28회)

기 간	1기	2기	3기	4기	5기
초기 투자액 1억원(유출)					
순현금흐름	3,000만원	2,000만원	2,000만원	6,000만원	1,000만원

• 기간은 연간 기준이며, 회수기간은 월단위로 계산함.
• 초기 투자액은 최초 시점에 전액 투입하고, 이후 각 기간 내 현금흐름은 매월 말 균등하게 발생

① 2년 6개월   ② 3년
③ 3년 6개월   ④ 4년
⑤ 4년 6개월

정답해설

③ 투자회수기간은 3년 6개월이다.
　1. 초기 투자액 : 1억
　2. 투자액을 회수하기 위해 필요한 기간 : 3년 6개월

　　1억 ⇐ 3,000만원(1기) + 2,000만원(2기) + 2,000만원(3기) + 6,000만원(4기) $\times \dfrac{1}{2}$ = 1억

05 비율분석법을 이용하여 산출한 것으로 틀린 것은? (30회)

> - 주택담보대출액 : 1억원
> - 주택담보대출의 연간 원리금상환액 : 500만원
> - 부동산가치 : 2억원
> - 차입자의 연소득 : 1,250만원
> - 가능총소득 : 2,000만원
> - 공실손실상당액 및 대손충당금 : 가능총소득의 25%
> - 영업경비 : 가능총소득의 50%

① 담보인정비율(LTV) = 0.5
② 부채감당률(DCR) = 1.0
③ 총부채상환비율(DTI) = 0.4
④ 채무불이행률(DR) = 1.0
⑤ 영업경비비율(OER, 유효총소득 기준) = 0.8

정답해설

⑤ 영업경비비율(OER) = 영업경비/유효총소득 = 1,000 / 1,500 = 0.66
   1. 가능총소득 : 2,000만
   2. 유효총소득 : 2,000만 − 500만(공실 및 대손) = 1,500만
   3. 순영업소득 : 1,500만 − 1,000만(영업경비) = 500만

오답해설

① 담보인정비율(LTV) = 주택담보대출액 / 부동산의 가치 = 1억 / 2억 = 0.5
② 부채감당률(DCR) = 순영업소득 / 부채서비스액(원리금상환액) = 500 / 500 = 1.0
③ 총부채상환비율(DTI) = 연간 원리금상환액 / 차입자의 연소득 = 500 / 1,250 = 0.4
④ 채무불이행률(DR) = (영업경비 + 부채서비스액) / 유효총소득 = (1,000 + 500) / 1,500 = 1

Answer

04 ③   05 ⑤

06 甲은 시장가치 5억원의 부동산을 인수하고자 한다. 해당 부동산의 부채감당률(DCR)은? (단, 모든 현금유출입은 연말에만 발생하며, 주어진 조건에 한함) (34회)

- 담보인정비율(LTV) : 시장가치의 50%
- 연간 저당상수 : 0.12
- 가능총소득(PGI) : 5,000만원
- 공실손실상당액 및 대손충당금 : 가능총소득의 10%
- 영업경비비율 : 유효총소득의 28%

① 1.08　　　　　　　　　　　② 1.20
③ 1.50　　　　　　　　　　　④ 1.67
⑤ 1.80

정답해설

① 부채감당률(= 순영업소득/부채서비스액)은 1.08이다.
　　1. 순영업소득 : 5,000만 × 0.9 × 0.72 = 3,240만원
　　2. 부채서비스액 : 5억 × 50%(LTV) × 0.12 = 3,000만원

07 다음 자료는 A부동산의 1년간 운영수지이다. A부동산의 세후현금흐름승수는? (34회)

- 총투자액 : 50,000만원
- 지분투자액 : 36,000만원
- 가능총소득(PGI) : 6,000만원
- 공실률 : 15%
- 재산세 : 500만원
- 원리금상환액 : 600만원
- 영업소득세 : 400만원

① 8　　　　　　　　　　　　② 10
③ 12　　　　　　　　　　　　④ 15
⑤ 20

정답해설

② 세후현금흐름승수(= 지분투자금액/세후현금수지)는 10이다.
　　1. 지분투자금액 : 36,000만원
　　2. 세후현금수지 : 3,600만원
　　　1) 순영업소득 : 6,000만 × 0.85 − 500만(재산세) = 4,600만원
　　　2) 세전현금수지 : 4,600만 − 600만(부채서비스액) = 4,000만원
　　　3) 세후현금수지 : 4,000만 − 400만(영업소득세) = 3,600만원

Answer	
06 ①	07 ②

기출모의고사

최근 2년 동안 시행된 공인중개사 시험과 감정평가사 시험의 기출문제입니다.
이미 논점은 확인했으니, 정답을 빠르게 찾는 연습을 하시어요.

— 국승옥 강사 —

01 부동산 투자에 관한 설명으로 옳은 것은? (평34회)

① 부동산 투자는 부동산이 갖고 있는 고유한 특성이 있지만 환금성, 안전성 측면에서 주식 투자와 다르지 않다.

② 부동산은 실물자산이기 때문에 인플레이션 방어 능력이 우수하여 디플레이션과 같은 경기침체기에 좋은 투자대상이다.

③ 부동산은 다른 투자상품에 비하여 거래비용의 부담이 크지만 부동산 시장은 정보의 대칭성으로 인한 효율적 시장이다.

④ 부동산 투자는 부동산의 사회적 · 경제적 · 행정적 위치의 가변성 등으로 인해 부동산 시장의 변화를 면밀히 살펴야 한다.

⑤ 투자의 금융성이란 투자자가 투자자산을 필요한 시기에 손실 없이 현금으로 전환할 수 있는 안전성의 정도를 말한다.

02 부동산 투자에 관한 설명으로 틀린 것은? (중34회)

① 시중금리 상승은 부동산투자자의 요구수익률을 하락시키는 요인이다.

② 기대수익률은 투자로 인해 기대되는 예상수입과 예상지출로부터 계산되는 수익률이다.

③ 정(+)의 레버리지효과는 자기자본수익률이 총자본수익률(종합수익률)보다 높을 때 발생한다.

④ 요구수익률은 투자에 대한 위험이 주어졌을 때, 투자자가 대상부동산에 자금을 투자하기 위해 충족되어야 할 최소한의 수익률이다.

⑤ 부동산투자자는 담보대출과 전세를 통해 레버리지를 활용할 수 있다.

03 부동산 투자와 위험에 관한 설명으로 옳은 것은? (평34회)

① 상업용 부동산 투자는 일반적으로 다른 상품에 비하여 초기투자비용이 많이 들며 투자 비용의 회수기간이 길지만 경기침체에 민감하지 않아 투자위험이 낮다.

② 시장위험이란 부동산이 위치한 입지여건의 변화 때문에 발생하는 위험으로서, 부동산 시장의 수요·공급과 관련된 상황의 변화와 관련되어 있다.

③ 사업위험이란 부동산 사업자체에서 발생하는 수익성 변동의 위험을 말하며 시장위험, 입지위험, 관리·운영위험 등이 있다.

④ 법·제도적 위험에는 소유권위험, 정부정책위험, 정치적 위험, 불가항력적 위험, 유동 성 위험이 있다.

⑤ 위험과 수익 간에는 부(−)의 관계가 성립한다.

04 부동산 투자위험에 관한 설명으로 옳은 것을 모두 고른 것은? (중34회)

㉠ 표준편차가 작을수록 투자에 수반되는 위험은 커진다.

㉡ 위험회피형 투자자는 변이계수(변동계수)가 작은 투자안을 더 선호한다.

㉢ 경기침체, 인플레이션 심화는 비체계적 위험에 해당한다.

㉣ 부동산투자자가 대상부동산을 원하는 시기와 가격에 현금화하지 못하는 경우는 유동성위험에 해당한다.

---

① ㉠, ㉡　　　　　　　　　　　② ㉠, ㉢

③ ㉡, ㉢　　　　　　　　　　　④ ㉡, ㉣

⑤ ㉢, ㉣

05 부동산 투자의 분석기법 및 위험에 관한 설명으로 옳은 것을 모두 고른 것은? (중34회)

> ㉠ 경기침체로 부동산 수익성 악화가 야기하는 위험은 사업위험(business risk)에 해당한다.
> ㉡ 공실률, 부채서비스액은 유효총소득을 산정하는 데 필요한 항목이다.
> ㉢ 위험회피형 투자자의 최적 포트폴리오는 투자자의 무차별곡선과 효율적 프론티어의 접점에서 선택된다.
> ㉣ 포트폴리오를 통해 제거 가능한 체계적인 위험은 부동산의 개별성에 기인한다.
> ㉤ 민감도분석을 통해 투입요소의 변화가 그 투자안의 내부수익률에 미치는 영향을 분석할 수 있다.

① ㉠, ㉡, ㉢   ② ㉠, ㉢, ㉤
③ ㉠, ㉣, ㉤   ④ ㉡, ㉢, ㉣, ㉤
⑤ ㉠, ㉡, ㉢, ㉣, ㉤

06 다음은 시장전망에 따른 자산의 투자수익률을 합리적으로 예상한 결과이다. 이에 관한 설명으로 틀린 것은? (중35회)

시장 전망	발생 확률	예상수익률			
		자산 A	자산 B	자산 C	자산 D
낙관적	25%	6%	10%	9%	14%
정상적	50%	4%	4%	8%	8%
비관적	25%	2%	− 2%	7%	2%
평균(기댓값)		4.0%	4.0%	8.0%	8.0%
표준편차		1.41%	4.24%	0.71%	4.24%

① 자산 A와 자산 B는 동일한 기대수익률을 가진다.
② 낙관적 시장전망에서는 자산 D의 수익률이 가장 높다.
③ 자산 C와 자산 D는 동일한 투자위험을 가진다.
④ 평균−분산 지배원리에 따르면 자산 C는 자산 A보다 선호된다.
⑤ 자산 A, B, C, D로 구성한 포트폴리오의 수익과 위험은 각 자산의 투자비중에 따라 달라진다.

07 부동산 투자분석기법에 관한 설명으로 틀린 것은? (중35회)

① 순현재가치법과 내부수익률법은 화폐의 시간가치를 반영한 투자분석방법이다.
② 복수의 투자안을 비교할 때 투자금액의 차이가 큰 경우, 순현재가치법과 내부수익률법은 분석결과가 서로 다를 수 있다.
③ 하나의 투자안에 있어 수익성지수가 1보다 크면 순현재가치는 0보다 크다.
④ 투자자산의 현금흐름에 따라 복수의 내부수익률이 존재할 수 있다.
⑤ 내부수익률법에서는 현금흐름의 재투자율로 투자자의 요구수익률을 가정한다.

08 부동산 투자의 수익과 위험에 관한 설명으로 틀린 것은? (평35회)

① 다양한 자산들로 분산된 포트폴리오는 체계적 위험을 감소시킨다.
② 위험회피형 투자자는 위험 증가에 따른 보상으로 높은 기대수익률을 요구한다.
③ 동일한 자산들로 구성된 포트폴리오라도 자산들의 구성비중에 따라 포트폴리오의 수익과 위험이 달라진다.
④ 시장상황에 대한 자산가격의 민감도가 높을수록 수익률의 표준편차는 커진다.
⑤ 지분투자수익률은 지분투자자의 투자성과를 나타낸다.

09 투자부동산 A에 관한 투자분석을 위해 관련 자료를 수집한 내용은 다음과 같다. 이 경우 순영업소득은? (단, 주어진 자료에 한하며, 연간 기준임) (평34회)

• 유효총소득 : 360,000,000원	• 직원 인건비 : 80,000,000원
• 대출 원리금상환액 : 50,000,000원	• 감가상각비 : 40,000,000원
• 수도광열비 : 36,000,000원	• 용역비 : 30,000,000원
• 수선유지비 : 18,000,000원	• 재산세 : 18,000,000원
• 공실 · 대손충당금 : 18,000,000원	• 사업소득세 : 3,000,000원

① 138,000,000원
② 157,000,000원
③ 160,000,000원
④ 178,000,000원
⑤ 258,000,000원

10 부동산 투자분석에 관한 내용으로 틀린 것은? (평35회)

① 동일한 현금흐름을 가지는 투자안이라도 투자자의 요구수익률에 따라 순현재가치는 달라질 수 있다.

② 서로 다른 내부수익률을 가지는 두 자산에 동시에 투자하는 투자안의 내부수익률은 각 자산의 내부수익률을 더한 것과 같다.

③ 동일한 투자안에 대해 내부수익률이 복수로 존재할 수 있다.

④ 내부수익률법에서는 내부수익률과 요구수익률을 비교하여 투자의사결정을 한다.

⑤ 투자규모에 차이가 나는 상호배타적인 투자안을 검토할 때, 순현재가치법과 수익성지수법을 통한 의사결정이 달라질 수 있다.

11 화폐의 시간가치에 관한 설명으로 틀린 것은? (평34회)

① 인플레이션, 화폐의 시차선호, 미래의 불확실성은 화폐의 시간가치를 발생시키는 요인이다.

② 감채기금이란 일정기간 후에 일정금액을 만들기 위해 매 기간 납입해야 할 금액을 말한다.

③ 연금의 미래가치란 매 기간마다 일정금액을 불입해 나갈 때, 미래 일정시점에서의 불입금액 총액의 가치를 말한다.

④ 현재가치에 대한 미래가치를 산출하기 위하여 사용하는 이율을 이자율이라 하고, 미래가치에 대한 현재가치를 산출하기 위하여 사용하는 이율을 할인율이라 한다.

⑤ 부동산 경기가 침체하는 시기에 상업용 부동산의 수익이 일정함에도 불구하고 부동산 가격이 떨어지는 것은 할인율이 낮아지기 때문이다.

12 부동산 투자분석에 관한 설명으로 틀린 것은? (중34회)

① 내부수익률은 수익성지수를 0으로, 순현재가치를 1로 만드는 할인율이다.

② 회계적 이익률법은 현금흐름의 시간적 가치를 고려하지 않는다.

③ 내부수익률법에서는 내부수익률과 요구수익률을 비교하여 투자여부를 결정한다.

④ 순현재가치법, 내부수익률법은 할인현금수지분석법에 해당한다.

⑤ 담보인정비율(LTV)은 부동산 가치에 대한 융자액의 비율이다.

13 다음 자료는 A부동산의 1년간 운영수지이다. A부동산의 총투자액은 6억원이며, 투자자는 총 투자액의 40%를 은행에서 대출받았다. 이 경우 순소득승수(㉠)와 세전현금흐름승수(㉡)는? (중35회)

- 가능총소득(PGI) : 7,000만원
- 공실손실상당액 및 대손충당금 : 500만원
- 기타소득 : 100만원
- 부채서비스액 : 1,500만원
- 영업소득세 : 500만원
- 수선유지비 : 200만원
- 용역비 : 100만원
- 재산세 : 100만원
- 직원인건비 : 200만원

① ㉠ : 9.0, ㉡ : 8.0
② ㉠ : 9.0, ㉡ : 9.0
③ ㉠ : 9.0, ㉡ : 10.0
④ ㉠ : 10.0, ㉡ : 8.0
⑤ ㉠ : 10.0, ㉡ : 9.0

14 甲은 아래 조건으로 부동산에 10억원을 투자하였다. 이에 관한 투자분석의 산출값으로 틀린 것은? (중34회)

- 순영업소득(NOI) : 2억원/년
- 원리금상환액 : 2,000만원/년
- 유효총소득승수 : 4
- 지분투자액 : 8억원

① 유효총소득은 2억 5천만원
② 부채비율은 25%
③ 지분환원율은 25%
④ 순소득승수는 5
⑤ 종합환원율은 20%

01 정답해설

④ 옳은 지문이다.

오답해설

① 부동산 투자는 환금성, 안전성 측면에서 주식 투자와 다르다. 부동산은 안전한 자산이나 상대적으로 환금성(유동성)이 좋지 않다. 반면 주식은 환금성(유동성)이 좋으나 상대적으로 안전성이 낮은 자산이다.

② 부동산은 실물자산으로 인플레이션이 발생하는 시기에 좋은 투자대상이 된다.

③ 일반적으로 부동산 시장은 정보의 비대칭성의 특성을 갖는다.

⑤ 지문은 유동성 또는 환금성에 대한 설명이다.

02 정답해설

① 시중금리 상승은 부동산투자자의 요구수익률을 상승시키는 요인이다.

03 정답해설

③ 옳은 지문이다.

오답해설

① 상업용 부동산 투자는 경기침체에 민감하기 때문에 투자 위험이 높다. 또한 상업용 부동산 투자는 초기비용이 높고, 임대차 등을 통해 자본을 회수하기 때문에 회수기간도 긴 특징이 있다.

② 부동산이 위치한 입지여건의 변화 때문에 발생하는 위험은 위치적 위험이다. 부동산 시장의 수요·공급과 관련된 상황의 변화와 관련된 위험은 시장위험이다.

④ 소유권위험, 정부정책위험, 정치적 위험 등은 법·제도적 위험에 해당되나, 불가항력적 위험이나 유동성 위험은 법·제도적 위험이라고 할 수 없다.

⑤ 위험과 수익은 비례 관계 또는 정(+)의 관계를 갖는다.

04 정답해설

④ ㉡, ㉢이 옳은 지문이다.

오답해설

㉠ 표준편차는 위험을 나타내는 지표이다. 따라서 표준편차가 작을수록 투자에 수반되는 위험은 작아진다.

㉢ 경기침체, 인플레이션 심화 등 시장의 위험은 체계적 위험에 해당한다.

05 정답해설
② ㉠, ㉢, ㉤이 옳은 지문이다.

오답해설
㉡ 공실률은 유효총소득(= 가능총소득 − 공실·불량부채 + 기타소득)을 산정하는 데 필요한 항목이나, 부채서비스액은 유효총소득 산정과 관계없다.
㉣ 포트폴리오를 통해 제거 가능한 위험은 비체계적인 위험이다.

06 정답해설
③ 위험을 측정하는 지표는 표준편차이다. 자산 C의 위험(표준편차)은 0.71%이고 자산 D의 위험(표준편차)은 4.24%이다. 즉 동일하지 않다.

07 정답해설
⑤ 내부수익률법에서는 현금흐름의 재투자율로 투자자의 내부수익률을 가정한다.

08 정답해설
① 포트폴리오는 비체계적 위험을 감소시킨다.

09 정답해설
④ 순영업소득은 178,000,000원이다.
   1. 유효총소득 : 360,000,000원
   2. 영업경비 : 182,000,000원
      1) 직원 인건비 : 80,000,000원
      2) 수도광열비 : 36,000,000원
      3) 용역비 : 30,000,000원
      4) 수선유지비 : 18,000,000원
      5) 재산세 : 18,000,000원
      6) 주의 : 감가상각비는 제외된다.
   3. 순영업소득 : 178,000,000원

10 정답해설
② 수익률은 더해지지 않는다. 예로 5% 수익률을 갖는 투자안(A)와 5% 수익률을 갖는 투자안(B)를 결합하여 투자한다고 가정하자. 결합 투자안(A + B)의 수익률은 5%이지, 10%가 되지 않음에 주의해야 한다.

구 분	A	B	A + B
투자금액	100	100	200
수 익	5	5	10
수익률	5%	5%	5%

11 정답해설

⑤ 부동산 가치는 장래 기대수익을 현재가치로 환원한 값이다. 따라서 수익이 일정하다면 현재가치를 위한 할인율이 상승할수록 부동산 가치는 낮아진다. 따라서 경기침체시기에 부동산의 수익이 일정함에도 불구하고 부동산 가격이 떨어지는 것은 할인율이 높아지기 때문이다.

12 정답해설

① 내부수익률은 수익성지수를 1로 만드는 할인율 또는 순현재가치를 0으로 만드는 할인율이다.

13 정답해설

④ 순소득승수(㉠) : 10.0, 세전현금흐름승수(㉡) : 8.0
  1. 현금흐름 분석
    1) 가능총소득 : 7,000만원
    2) 유효총소득 : 7,000만원 − 500만원(공실) + 100만원(기타소득) = 6,600만원
    3) 순영업소득 : 6,600만원 − 600만원(영업경비 : 수선유지비, 용역비, 재산세, 직원인건비)
        = 6,000만원
    4) 세전현금수지 : 6,000만원 − 1,500만원(부채서비스액) = 4,500만원
  2. 순소득승수 : 6억원(투자금액) / 6,000만원(순영업소득) = 10
  3. 세전현금흐름승수 : 36,000만원(지분투자금액) / 4,500만원 = 8

14 정답해설

③ 지분환원율(= 세전현금수지/지분투자금액)은 22.5%(= 1.8억/8억)이다.
  1. 현금흐름 분석
    1) 순영업소득 : 2억원
    2) 세전현금수지 : 2억원 − 2,000만원 = 1.8억원

Chapter 06 금융론

제1절 금융의 이해

01 부동산 금융에 관한 설명으로 틀린 것은? (기출 묶음)

① **부동산 금융**은 부동산을 운용대상으로 하여 필요한 자금을 조달하는 일련의 과정이라 할 수 있다.

② 총부채원리금상환비율(DSR)과 담보인정비율(LTV)은 소득기준으로 채무불이행위험을 측정하는 지표이다.

③ **주택소비금융**(주택담보대출)은 주택을 구입하려는 주택을 담보로 제공하고, 자금을 제공받는 형태의 금융을 말한다.

④ 주택자금융자는 주로 장기융자 형태이므로, 대출기관의 유동성 제약이 발생할 우려가 있어 **주택저당채권의 유동화** 필요성이 있다.

⑤ **한국주택금융공사**는 주택저당채권을 기초로 하여 **주택저당증권**을 **발행**하고 있다.

[정답해설]
② 담보인정비율(LTV)은 담보물의 가격을 기준으로 대출을 평가하는 지표이고, 총부채원리금상환비율(DSR)은 소득을 기준으로 대출을 평가하는 지표이다.

02 주택금융에 관한 설명으로 틀린 것은? (33회)

① 정부는 주택소비금융의 확대와 금리인하, 대출규제의 완화로 주택가격의 급격한 상승에 대처한다.

② 주택소비금융은 주택구입능력을 제고시켜 자가주택 소유를 촉진시킬 수 있다.

③ 주택자금대출의 확대는 주택거래를 활성화 시킬 수 있다.

④ 주택금융은 주택과 같은 거주용 부동산을 매입 또는 임대하는데 필요한 자금조달을 위한 금융상품을 포괄한다.

⑤ 주택도시기금은 국민주택의 건설이나 국민주택규모 이하의 주택 구입에 출자 또는 융자할 수 있다.

[정답해설]
① 주택가격의 급격한 상승에 대처하기 위해서는 투자 수요를 감소시켜야 한다. 따라서 정부는 주택소비금융의 축소와 금리인상 등 대출규제의 강화로 주택가격의 급격한 상승에 대처한다.

03 다음 보기에는 지분금융, 메자닌금융(Mezzanine financing), 부채금융이 있다. 이 중 지분금융 (equity financing)을 모두 고른 것은? (평27회)

> ㉠ 저당금융
> ㉡ 신탁증서금융
> ㉢ 부동산 신디케이트(syndicate)
> ㉣ 자산유동화증권(ABS)
> ㉤ 신주인수권부사채

① ㉢   　　　　　　② ㉡, ㉤
③ ㉢, ㉣   　　　　　④ ㉢, ㉤
⑤ ㉠, ㉢, ㉤

정답해설
① 지분금융은 ㉢ 부동산 신디케이트이다.

▶ **부채금융과 지분금융**
1. **부채금융** : 자금을 빌리는 방식
   ㉠ 채권
   ㉡ 저당금융(대출), 신탁증서금융(대출), 프로젝트금융(대출)
   ㉢ 주택저당증권, 자산유동화증권, 자산담보부기업어음(ABCP)
2. **지분금융** : 자금을 투자받는 방식
   ㉠ 주식(공모)
   ㉡ 신디케이션, 조인트벤처, 부동산투자회사
3. **메자닌 금융** : 부채금융과 지분금융의 중간적 성격
   ㉠ 신주인수권부사채, (주식)전환사채
   ㉡ 후순위 대출

chapter

06

Answer
01 ②　　02 ①　　03 ①

04 부동산 금융의 자금조달방식 중 지분금융(equity financing)에 해당하는 것을 모두 고른 것은?

(31회)

> ㉠ 부동산투자회사(REITs)
> ㉡ 자산담보부기업어음(ABCP)
> ㉢ 공모(public offering)에 의한 증자
> ㉣ 프로젝트금융
> ㉤ 주택상환사채

① ㉠, ㉡

② ㉠, ㉢

③ ㉢, ㉤

④ ㉡, ㉣, ㉤

⑤ ㉠, ㉡, ㉣, ㉤

정답해설

② 지분금융에 해당하는 것은 ㉠ 부동산투자회사, ㉢ 공모에 의한 증자 등이다.

05 메자닌금융(mezzanine financing)에 해당하는 것을 모두 고른 것은? (32회)

> ㉠ 후순위대출
> ㉡ 전환사채
> ㉢ 주택상환사채
> ㉣ 신주인수권부사채
> ㉤ 보통주

① ㉠, ㉡, ㉢

② ㉠, ㉡, ㉣

③ ㉠, ㉢, ㉣

④ ㉡, ㉢, ㉤

⑤ ㉡, ㉣, ㉤

정답해설

② 메자닌금융은 ㉠ 후순위대출, ㉡ 전환사채, ㉣ 신주인수권부사채 등 3개이다.

제2절 대출금액, 대출금리 및 대출잔금

01 A는 연소득이 5,000만원이고 시장가치가 3억원인 주택을 소유하고 있다. 현재 A가 이 주택을 담보로 5,000만원을 대출받고 있을 때, 추가로 대출 가능한 최대금액은?

- 연간 저당상수 : 0.1
- 대출승인조건
  - 담보인정비율(LTV) : 시장가격기준 50% 이하
  - 총부채상환비율(DTI) : 40% 이하
※ 두 가지 대출승인기준을 모두 충족하여야 함

① 5,000만원　　　　　　　　② 7,500만원
③ 1억원　　　　　　　　　　④ 1억 5,000만원
⑤ 2억원

정답해설

③ 추가로 대출 가능한 최대금액은 1억원이다.
  1. 담보인정비율(LTV) 기준 최대 대출가능 금액 : 1.5억
     3억 × 0.5(LTV) = 1.5억
  2. 총부채상환비율(DTI) 기준 최대 대출가능 금액 : 2억
     1) 당해 대출에 지불할 수 있는 원리금상환액
        5,000만원(소득) × 0.4(DTI) = 2,000만원
     2) 대출금액 추정
        2,000만원 ÷ 0.1(저당상수) = 2억
  3. A가 받을 수 있는 최대 대출가능 금액은 담보인정비율과 총부채상환비율을 모두 만족시켜야 한다. 따라서 두 금액 중 보다 작은 금액인 1.5억원이 A가 받을 수 있는 최대 대출가능 금액이 된다.
  4. 추가로 받을 수 있는 최대대출금액 : A는 담보물과 자신의 소득으로 1.5억원까지 대출을 받을 수 있는데, 현재 이미 5,000만원의 대출이 있기 때문에, 추가로 받을 수 있는 최대대출금액은 1억원이 된다.

02 시장가격이 5억원이고 순영업소득이 연 1억원인 상가를 보유하고 있는 A가 추가적으로 받을 수 있는 **최대 대출가능금액**은?

> - 연간 저당상수 : 0.2
> - 대출승인조건(모두 충족하여야 함)
>   - 담보인정비율(LTV) : 시장가격기준 60% 이하
>   - 부채감당률(DCR) : 2 이상
> - 상가의 기존 저당대출금 : 1억원

① 1억원 ② 1억 5천만원

③ 2억원 ④ 2억 5천만원

⑤ 3억원

정답해설

② A가 추가적으로 받을 수 있는 최대 대출가능금액은 150,000,000원이다.

1. 담보인정비율 기준 최대 대출금액 : 3억원

   - 담보인정비율(LTV) = $\dfrac{대출금액}{부동산\ 가치}$, 60% = $\dfrac{대출금액}{5억원}$

   - 대출금액 = 5억 × 0.6(60%) = 3억원

2. 부채감당률 기준 최대 대출금액 : 2억 5천만원

   ㉠ 해당 대출에 지불할 수 있는 원리금상환액

   - 부채감당률(DCR) = $\dfrac{순영업소득}{부채서비스액(원리금상환액)}$, 2.0 = $\dfrac{1억원}{부채서비스액}$

   - 해당 대출의 부채서비스액(원리금상환액) = 1억원 ÷ 2.0 = 5,000만원

   ㉡ 부채감당률 기준 최대 대출가능금액

   - 대출금액 × 저당상수 = 부채서비스액(원리금상환액)

   - 대출금액 × 0.2 = 50,000,000원

   - 대출금액 = 250,000,000원

3. 최대 대출금액 : 1억 5천만원

   두 기준을 모두 만족시키는 최대 대출금액은 2억 5천만원이다. 그러나 상가에 대한 기존 저당대출금이 있으므로 1억 5천만원(= 2억 5천만 − 1억)이다.

03 대출금리 중 변동금리에 대한 설명으로 틀린 것은? (기출 묶음)

① **은행**은 이자율 변화와 예상치 못한 인플레이션 변화에 대응하기 위해 **변동금리상품**을 **판매한다.**

② **변동금리**는 **위험할증률**에 **가산금리**를 결합한 구조이다.

③ 기준금리는 대출금리를 변동시키기 위해 선택된 지표이다.

④ 우리나라 변동금리상품은 **양도성예금증서(CD) 유통수익률**과 자본조달비용지수(**코픽 스,** COFIX)를 **기준**으로 활용하고 있다.

⑤ **가산금리**는 대출기간, 차입자의 신용도 및 담보 유무 등에 따라 달라진다.

정답해설

② 변동금리는 기준금리(기준지표)와 가산금리로 구성되어 있다.

▶ **변동금리**

1. 의미 : 대출기간 동안 대출금리가 변동되는 방식
2. 구조 : 대출금리 = 기준금리 또는 기준지표(CD금리, COFIX) + 가산금리
3. 특징
   ㉠ 대출의 위험이 은행에게서 차입자로 전가된다.
   ㉡ 이자율 조정주기가 짧을수록 위험은 보다 빠르게 전가된다.

04 고정금리대출과 변동금리대출에 관한 설명으로 옳은 것은? (평30회)

① 예상치 못한 인플레이션이 발생할 경우 **대출기관**에게 **유리한 유형**은 **고정금리대출**이다.

② 일반적으로 대출일 기준시 이자율은 변동금리대출이 고정금리대출보다 높다.

③ **시장이자율 하락시** 고정금리대출을 실행한 대출기관은 차입자의 **조기상환**으로 인한 위험이 커진다.

④ 변동금리대출은 시장상황에 따라 이자율을 변동시킬 수 있으므로 기준금리 외에 **가산 금리**는 별도로 고려하지 않는다.

⑤ 변동금리대출의 경우 시장이자율 상승시 **이자율 조정주기가 짧을수록 대출기관에게 불리**하다.

정답해설

③ 옳은 지문이다.

오답해설

⑤ 변동금리대출의 경우 이자율 조정주기가 짧을수록 위험을 보다 빠르게 전가시킬 수 있기 때문에 대출기관에게 유리하다.

Answer

02 ②   03 ②   04 ③

제3절 고정금리 대출의 상환방식

01 고정금리대출의 상환방식을 설명한 것으로 틀린 것은? (기출 묶음)

① 원리금균등상환방식은 매기 지급하는 원리금상환액은 동일하지만, 원리금 중에서 원금과 이자가 차지하는 비중은 상환시기에 따라 달라진다.

② **원리금균등**상환방식은 매기 **이자**지급액은 **감소**하고, 매기 **원금**상환액은 **증가**한다.

③ **원금균등**상환방식의 매기 **원리금**은 일정하게 **감소**한다.

④ 원금균등상환방식은 일정한 경우 **부(負)의 상환**이 발생할 수 있다.

⑤ 체증식상환방식은 미래 소득이 증가할 것으로 기대되는 젊은 계층에 유리한 방식이다.

정답해설
④ 부(−)의 상환은 체증식상환방식에서 나타나는 현상이다.

▶ **상환방식의 특징**
1. 원리금균등상환방식
   ㉠ 매기 원리금상환액의 크기 : 매기 동일
   ㉡ 매기 상환하는 이자의 크기 : 점점 감소
   ㉢ 매기 상환하는 원금의 크기 : 점점 증가
2. 원금균등상환방식
   ㉠ 매기 상환하는 원금의 크기 : 매기 동일
   ㉡ 매기 상환하는 이자의 크기 : 매기 동일금액이 감소
   ㉢ 매기 원리금상환액의 크기 : 매기 동일금액이 감소

▶ **부(負)의 상환**
1. 부(負)의 상환이란 초기에 상환한 금액이 이자도 갚지 못할 정도로 적다면, 갚지 못한 이자액만큼 대출 잔금이 늘어나는 현상이다.
2. 체증식상환방식은 초기에 부(負)의 상환이 나타날 수 있다.

02 주택저당대출방식에 관한 설명으로 **틀린** 것은? (평27회)

① **원금균등**분할상환방식은 대출기간 동안 매기 원금을 균등하게 분할 상환하고 **이자는** 점차적으로 **감소**하는 방식이다.

② **원리금균등**분할상환방식의 원리금은 **대출금에 감채기금계수를 곱하여 산출한다.**

③ **만기일시상환방식**은 만기 이전에는 이자만 상환하다가 만기에 일시로 원금을 상환하는 방식이다.

④ 체증분할상환방식은 원리금상환액 부담을 초기에는 적게 하는 대신 시간이 경과할수록 원리금상환액 부담을 늘려가는 상환방식이다.

⑤ **원리금균등**분할상환방식은 원금이 상환됨에 따라 매기 이자액의 비중은 점차적으로 줄고 매기 **원금**상환액 비중은 점차적으로 **증가**한다.

정답해설

② 원리금균등분할상환방식의 원리금은 대출금에 저당상수(MC)를 곱하여 산출한다.

03 대출상환방식에 관한 설명으로 **옳은** 것을 모두 고른 것은? (단, 대출금액과 기타 대출조건은 동일함) (26회)

> ㉠ 상환 첫 회의 원리금상환액은 원리금균등상환방식이 **원금균등상환방식**보다 크다.
> ㉡ 체증(점증)상환방식의 경우, 미래소득이 감소될 것으로 예상되는 은퇴예정자에게 적합하다.
> ㉢ 원금균등상환방식의 경우, 매기에 상환하는 원리금이 점차적으로 감소한다.
> ㉣ 원리금균등상환방식의 경우, 매기에 상환하는 원금액이 점차적으로 늘어난다.

① ㉠, ㉡   ② ㉠, ㉢   ③ ㉠, ㉣

④ ㉡, ㉣   ⑤ ㉢, ㉣

정답해설

⑤ 옳은 지문은 ㉢, ㉣이다.

오답해설

㉠ 상환 첫 회의 원리금상환액은 원리금균등상환방식이 원금균등상환방식보다 작다.

㉡ 체증(점증)상환방식의 경우 미래소득이 증가될 것으로 예상되는 젊은 소득자에게 적합하다.

> ▶ **상환방식의 비교**
>
> 1. 기초 저당지불액(원금 + 이자) 크기 : 원금균등 > 원리금균등 > 체증식
> 2. 기초 원금 상환액 크기 : 원금균등 > 원리금균등 > 체증식
> 3. 기초 저당 잔금액 크기 : 체증식 > 원리금균등 > 원금균등
> 4. 전체 누적이자액 크기 : 체증식 > 원리금균등 > 원금균등

Answer
01 ④   02 ②   03 ⑤

04 저당상환방법에 관한 설명 중 옳은 것을 모두 고른 것은? (단, 대출금액과 기타 대출조건은 동일함) (29회)

> ⊙ 원금균등상환방식의 경우, 매기간에 상환하는 원리금상환액과 대출잔액이 점차적으로 감소한다.
> ⓒ 원리금균등상환방식의 경우, 매기간에 상환하는 원금상환액이 점차적으로 감소한다.
> ⓒ 점증(체증)상환방식의 경우, 미래소득이 증가될 것으로 예상되는 차입자에게 적합하다.
> ② 대출기간 만기까지 대출기관의 총 이자수입 크기는 '원금균등상환방식 > 점증(체증)상환방식 > 원리금균등상환방식' 순이다.

① ⊙, ⓒ   ② ⊙, ⓒ   ③ ⊙, ②
④ ⓒ, ②   ⑤ ⓒ, ②

[정답해설]
② 옳은 지문은 ⊙, ⓒ이다.

[오답해설]
ⓒ 원리금균등상환방식의 경우, 매기간 상환하는 이자지급액은 점차적으로 감소하고 매기간 상환하는 원금상환액은 점차적으로 증가한다.
② 대출기간 만기까지 대출기관의 총 이자수입 크기는 '점증(체증)상환방식 > 원리금균등상환방식 > 원금균등상환방식'의 순이다.

05 대출상환방식에 관한 설명으로 옳은 것은? (단, 고정금리 기준이다) (32회)

① 원리금균등상환방식의 경우, 매기 상환하는 원금이 점차 감소한다.
② 원금균등상환방식의 경우, 매기 상환하는 원리금이 동일하다.
③ 원금균등상환방식의 경우, 원리금균등상환방식보다 대출금의 가중평균상환기간(duration)이 더 짧다.
④ 점증(체증)상환방식의 경우, 장래 소득이 줄어들 것으로 예상되는 차입자에게 적합하다.
⑤ 만기일시상환방식의 경우, 원금균등상환방식에 비해 대출금융기관의 이자수입이 줄어든다.

[정답해설]
③ 듀레이션(duration)은 원금을 빠르게 회수하는 방법일수록 보다 짧게 측정된다. 따라서 원금균등상환방식의 경우, 원리금균등상환방식보다 대출금의 가중평균상환기간(duration)이 더 짧다.

[오답해설]
① 원리금균등상환방식의 경우, 매기 상환하는 원금이 점차 증가한다.
② 원금균등상환방식의 경우, 매기 상환하는 원리금은 점차 감소한다.
④ 점증(체증)상환방식의 경우, 장래 소득이 증가할 것으로 예상되는 젊은 차입자에게 적합하다.
⑤ 만기일시상환방식은 원금을 가장 천천히 갚는 방식이다. 따라서 만기일시상환방식의 경우, 원금균등상환방식에 비해 대출금융기관의 이자수입이 증가한다.

06 대출상환방식에 관한 설명으로 틀린 것은? (평33회)

① 원금균등분할상환방식은 만기에 가까워질수록 차입자의 원리금상환액이 감소한다.

② 원리금균등분할상환방식은 만기에 가까워질수록 원리금상환액 중 원금의 비율이 높아진다.

③ 대출조건이 동일하다면 대출기간 동안 차입자의 총원리금상환액은 원금균등분할상환방식이 원리금균등분할상환방식보다 크다.

④ 차입자의 소득에 변동이 없는 경우 원금균등상환방식의 총부채상환비율(DTI)은 만기에 가까워질수록 낮아진다.

⑤ 차입자의 소득에 변동이 없는 경우 원리금균등분할상환방식의 총부채상환비율(DTI)은 대출기간 동안 일정하게 유지된다.

> **정답해설**
> ③ 어떤 방식이든 차입자가 지급한 누적원금(총원금)은 대출금액과 동일하다. 따라서 차입자의 총원리금상환액은 차입자의 이자부담의 정도를 의미한다. 차입자의 이자부담의 정도는 원금을 보다 빠르게 상환하는 원금균등분할상환방식이 보다 적다.

> **오답해설**
> ④ 총부채상환비율(DTI)는 원리금 상환액의 크기를 의미한다. 따라서 원금균등상환방식의 DTI(원리금)는 만기에 가까워질수록 낮아진다.
> ⑤ 총부채상환비율(DTI)는 원리금 상환액의 크기를 의미한다. 따라서 원리금균등상환방식의 DTI(원리금)는 일정하게 유지된다.

07 대출조건이 동일할 경우 대출상환방식별 대출채권의 가중평균상환기간(duration)이 짧은 기간에서 긴 기간의 순서로 옳은 것은? (33회)

> ㉠ 원금균등분할상환
> ㉡ 원리금균등분할상환
> ㉢ 만기일시상환

① ㉠ ⇨ ㉡ ⇨ ㉢　　　　　② ㉠ ⇨ ㉢ ⇨ ㉡
③ ㉡ ⇨ ㉠ ⇨ ㉢　　　　　④ ㉡ ⇨ ㉢ ⇨ ㉠
⑤ ㉢ ⇨ ㉡ ⇨ ㉠

> **정답해설**
> ① 듀레이션은 실질을 반영한 상환(회수)기간이다. 따라서 원금을 빠르게 상환하는 방법일수록 듀레이션은 보다 짧아진다. 원금을 빠르게 상환하는 원금균등상환방식이 가장 짧고, 원금을 가장 천천히 갚는 만기일시상환방식이 가장 길다.

Answer			
04 ②	05 ③	06 ③	07 ①

08 A씨는 8억원의 아파트를 구입하기 위해 은행으로부터 4억원을 대출받았다. 은행의 대출조건이 다음과 같을 때, A씨가 2회차에 상환할 원금과 3회차에 납부할 이자액을 순서대로 나열한 것은? (29회)

- 대출금리 : 고정금리, 연 6%
- 대출기간 : 20년
- 저당상수 : 0.087
- 원리금 상환조건 : 원리금균등상환방식, 연 단위 매기간 말 상환

---

① 10,800,000원, 23,352,000원
② 11,448,000원, 22,665,120원
③ 11,448,000원, 23,352,000원
④ 12,134,880원, 22,665,120원
⑤ 12,134,880원, 23,352,000원

정답해설

② 2회차에 상환할 원금은 11,448,000원이고, 3회차에 납부할 이자액은 22,665,120원이다.

구 분	1회차	2회차	3회차
㉠ 원리금상환액 ^{주1)}	34,800,000원	34,800,000원	34,800,000원
㉡ 이자	24,000,000원^{주2)}	23,352000원	22,665,120원^{주5)}
㉢ 원금	10,800,000원	11,448,000원^{주3)}	12,134,880원^{주4)}

주1) 원리금상환액 : 4억 × 0.087(저당상수) = 34,800,000원
주2) 4억 × 0.06 = 24,000,000원
주3) 10,800,000원 × 1.06 = 11,448,000원
주4) 11,448,000원 × 1.06 = 12,134,880원
주5) 34,800,000원 − 12,134,880원 = 22,665,120원

09 A는 아파트를 구입하기 위해 은행으로부터 연초에 4억원을 대출받았다. A가 받은 대출의 조건이 다음과 같을 때, 대출금리(㉠)와 2회차에 상환할 원금(㉡)은? (단, 주어진 조건에 한함) (31회)

- 대출금리 : 고정금리
- 대출기간 : 20년
- 연간 저당상수 : 0.09
- 1회차 원금 상환액 : 1,000만원
- 원리금 상환조건 : 원리금균등상환방식, 매년 말 연단위 상환

---

① ㉠ : 연간 5.5%, ㉡ : 1,455만원
② ㉠ : 연간 6.0%, ㉡ : 1,260만원
③ ㉠ : 연간 6.0%, ㉡ : 1,455만원
④ ㉠ : 연간 6.5%, ㉡ : 1,065만원
⑤ ㉠ : 연간 6.5%, ㉡ : 1,260만원

정답해설

④ 대출금리는 ㉠ 연간 6.5%이고, 2회차에 상환할 원금은 ㉡ 1,065만원이다.

1. 상환 흐름의 정리

구 분	1회차	2회차
원리금상환액 [주1]	3,600만	3,600만
이자	(2,600만) [주2]	2,535만
원금	1,000만	1,065만 [주3]

주1) 원리금상환액 : 4억 × 0.09(저당상수) = 3,600만원
주2) 3,600만 − 1,000만 = 2,600만원
주3) 1,000만 × 1.065 = 1,065만원

2. 대출금리 : 2,600만(1회차 이자) / 4억 = 0.065(6.5%)

chapter 06

10 A는 주택 구입을 위해 연초에 6억원을 대출 받았다. A가 받은 대출 조건이 다음과 같을 때, (㉠) 대출금리와 3회차에 상환할 (㉡) 원리금은? (32회)

> • 대출금리 : 고정금리
> • 대출기간 : 30년
> • 원리금 상환조건 : 원금균등상환방식, 매년 말 연단위로 상환
> • 1회차 원리금 상환액 : 4,400만원

① ㉠: 연 4%, ㉡: 4,240만원
② ㉠: 연 4%, ㉡: 4,320만원
③ ㉠: 연 5%, ㉡: 4,240만원
④ ㉠: 연 5%, ㉡: 4,320만원
⑤ ㉠: 연 6%, ㉡: 4,160만원

정답해설

① 옳은 지문이다.

㉠ 1회차 이자가 2,400만원이다. 따라서 대출금리는 4%(= 2,400만/6억)이다.

구 분	1회차	2회차	3회차
원 금	2,000만원	2,000만원	2,000만원
이 자	(2,400만원)		2,240만원
원금 + 이자	4,400만원		(4,240만원)

㉡ 원금을 2,000만원씩 매년 상환하기 때문에 2회차부터 이자는 80만원(= 2,000만 × 0.04)씩 감소한다. 따라서 3회차 이자는 2,240만원(= 2,400만 − 80만 × 2번)이고, 원리금은 4,240만원이다.

제**4**절 | **주택저당채권 유동화제도**

01 부동산 증권에 관한 설명으로 틀린 것은? (평30회)

① **자산유동화증권(ABS)**은 금융기관 및 기업이 보유하고 있는 매출채권, 부동산저당채권 등 현금흐름이 보장되는 **자산**을 **담보**로 발행하는 **증권**을 의미한다.

② 저당담보부채권(MBB)은 모기지풀에서 발생하는 현금흐름과 관련된 위험을 **투자자**에게 이전하는 채권이다.

③ **주택저당증권(MBS)**은 금융기관 등이 주택자금을 대출하고 취득한 **주택저당채권**을 유동화전문회사 등이 양수하여 이를 **기초**로 발행하는 **증권**을 의미한다.

④ 저당이체증권(MPTS)은 발행기관이 원리금수취권과 주택저당권에 대한 지분권을 모두 **투자자**에게 이전하는 증권이다.

⑤ 다계층증권(CMO)은 저당채권의 발행액을 몇 개의 계층으로 나눈 후 각 계층마다 상이한 이자율을 적용하고 원금이 지급되는 순서를 다르게 정할 수 있다.

정답해설

② MBB증권의 모든 위험은 발행자가 부담한다.

02 모기지(mortgage) 유동화에 관한 설명으로 틀린 것은? (32회)

① MPTS(mortgage pass-through securities)는 **지분형 증권**이다.

② MPTB(mortgage pay-through bond)의 경우, 조기상환위험은 증권**발행자**가 부담하고, 채무불이행위험은 **투자자**가 부담한다.

③ MBB(mortgage backed bond)의 경우, 신용보강을 위한 초과담보가 필요하다.

④ CMO(collateralized mortgage obligation)는 상환우선순위와 만기가 다른 다수의 층(tranche)으로 구성된 증권이다.

⑤ 우리나라의 **모기지 유동화중개기관**으로는 한국주택금융공사가 있다.

정답해설

② MPTB의 경우, 조기상환위험은 투자자가 부담하고, 소유권(채무불이행위험)은 발행자가 부담한다.

▶ 유동화 증권의 특징

구 분	MPTS	MBB	MPTB / CMO
성 격	지분형	채권형	혼합형
소유권	투자자	발행기관	발행기관
원리금 수취권	투자자	발행기관	투자자
조기상환위험	투자자	발행기관	투자자

Answer

10 ① / 01 ② 02 ②

03 저당담보부증권(MBS)에 관련된 설명으로 틀린 것은? (24회)

① **MPTS**(mortgage pass-through securities)는 **지분형 증권**이기 때문에 증권의 수익은 기초자산인 주택저당채권 집합물(mortgage pool)의 현금흐름(저당지불액)에 의존한다.

② **MBB**(mortgage backed bond)의 **투자자**는 최초의 주택저당채권 집합물에 대한 소유권을 갖는다.

③ **CMO**(collateralized mortgage obligation)의 발행자는 주택저당채권 집합물을 가지고 일정한 가공을 통해 위험 - 수익 구조가 다양한 트랜치의 증권을 발행한다.

④ **MPTB**(mortgage pay-through bond)는 MPTS와 MBB를 **혼합한 특성**을 지닌다.

⑤ **CMBS**(commercial mortgage backed securities)란 금융기관이 보유한 **상업용 부동산 모기지**(mortgage)를 **기초**자산으로 하여 발행하는 **증권**이다.

[정답해설]
② MBB는 최초의 주택저당채권 집합물에 대한 소유권을 '발행자'가 갖는다.

04 부동산 금융에 관한 설명으로 틀린 것은? (27회)

① **CMO**(collateralized mortgage obligations)는 트랜치별로 적용되는 이자율과 만기가 다른 것이 일반적이다.

② **MBB**(mortgage backed bond)는 채권형 증권으로 **발행자**는 초과담보를 **제공하는 것**이 일반적이다.

③ **MPTS**(mortgage pass-through securities)의 조기상환위험은 **발행자**가 부담한다.

④ **MBB**(mortgage backed bond)는 주택저당대출 차입자의 채무불이행이 발생하더라도 MBB에 대한 원리금을 **발행자**가 투자자에게 **지급하여야 한다**.

⑤ **2차 저당시장**은 1차 저당시장에 자금을 공급하는 역할을 한다.

[정답해설]
③ MPTS(mortgage pass-through securities)의 조기상환위험은 투자자가 부담한다.

05 부동산 증권에 관한 설명으로 틀린 것은? (평32회)

① MPTS(Mortgage Pass-Through Securities)는 지분을 나타내는 증권으로서 유동화기관의 부채로 표기되지 않는다.

② CMO(Collateralized Mortgage Obligation)동일한 저당풀(mortgage pool)에서 상환 우선순위와 만기가 다른 다양한 증권을 발행할 수 있다.

③ 부동산개발PF ABCP(Asset Backed Commercial Paper)는 부동산개발PF ABS(Asset Backed Securities)에 비해 만기가 길고, 대부분 공모로 발행된다.

④ MPTS(Mortgage Pass-Through Securities)는 주택담보대출의 원리금이 회수되면 MPTS의 원리금으로 지급되므로 유동화기관의 자금관리 필요성이 원칙적으로 제거된다.

⑤ MBB(Mortgage Backed Bond)는 주택저당대출차입자의 채무불이행이 발생하더라도 MBB에 대한 원리금을 발행자가 투자자에게 지급하여야 한다.

정답해설

③ 부동산개발PF ABCP는 일반적으로 3개월 만기로 발행되는 단기 상품이다.

06 부동산 증권에 관한 설명으로 틀린 것은? (평33회)

① 한국주택금융공사는 유동화증권의 발행을 통해 자본시장에서 정책모기지 재원을 조달할 수 있다.

② 금융기관은 주택저당증권(MBS)을 통해 유동성위험을 감소시킬 수 있다.

③ 저당담보부채권(MBB)의 투자자는 채무불이행위험을 부담한다.

④ 저당이체증권(MPTS)은 지분형 증권이며 유동화기관의 부채로 표기되지 않는다.

⑤ 지불이체채권(MPTB)의 투자자는 조기상환위험을 부담한다.

정답해설

③ MBB의 경우, 발행자가 채무불이행위험을 부담한다.

07 자산유동화에 관한 법령에 규정된 내용으로 틀린 것은? (33회)

① 유동화자산이라 함은 자산유동화의 대상이 되는 채권·부동산 기타의 재산권을 말한다.

② 양도인은 유동화자산에 대한 반환청구권을 가지지 아니한다.

③ 유동화자산의 양도는 매매 또는 교환에 의한다.

④ 유동화전문회사는 유한회사로 한다.

⑤ PF 자산담보부 기업어음(ABCP)의 반복적인 유동화는 금융감독원에 등록한 자산유동화계획의 기재내용대로 수행하여야 한다.

정답해설

⑤ 유동화계획에 의해 발행되는 증권은 자산담보부증권(ABS)이다. 우리 수준을 넘는 주제입니다. 따라서 정답만 확인하시고 다른 지문은 연구하지 마십시오.

Answer				
03 ②	04 ③	05 ③	06 ③	07 ⑤

부동산투자회사

01 「부동산투자회사법」상의 규정에 관한 설명으로 틀린 것은? (26회)

① 자기관리 부동산투자회사의 **설립자본금**은 5억원 이상으로 한다.

② **자기관리 부동산투자회사**는 그 설립등기일부터 10일 이내에 대통령령으로 정하는 바에 따라 설립보고서를 작성하여 국토교통부장관에게 제출하여야 한다.

③ **위탁관리 부동산투자회사**는 본점 외의 지점을 설치할 수 있으며, 직원을 고용하거나 상근 임원을 둘 수 있다.

④ 감정평가사 또는 공인중개사로서 해당 분야에 5년 이상 종사한 사람은 **자기관리 부동산투자회사**의 상근 자산운용전문인력이 될 수 있다.

⑤ 위탁관리 부동산투자회사 및 기업구조조정 부동산투자회사의 **설립자본금**은 3억원 이상으로 한다.

정답해설

③ 위탁관리 부동산투자회사는 본점 외에 지점을 설치할 수 없으며, 직원을 고용하거나 상근 임원을 둘 수 없다.

▶ **부동산투자회사법**
1. 회사의 설립
   ① 법인격 : 주식회사
   ② 설립자본금
      ㉠ 자기관리 − 5억 이상
      ㉡ 위탁관리·기업구조조정 − 3억 이상
2. 영업인가 또는 영업의 등록 : 국토교통부장관
3. 자금의 조달
   ① 최저 자본금
      ㉠ 자기관리 − 70억 이상
      ㉡ 위탁관리·기업구조조정 − 50억 이상
   ② 주식의 공모 및 분산, 현물출자
      ㉠ 주식 총수의 30% 이상을 일반의 청약에 제공하여야 한다.
      ㉡ 주주 1인은 주식 총수의 50%를 초과하여 주식을 소유하지 못한다.
      ㉢ 최저 자본금 이상을 갖추기 전에는 현물출자로 신주를 발행할 수 없다.
4. 자산의 운영
   ① 총자산 80% 이상 : 부동산, 부동산증권, 현금으로 구성
   ② 총자산 70% 이상 : 부동산으로 구성
5. 수익의 배당과 자금 차입
   ① 배당 : 원칙적으로 이익배당 한도의 90% 이상을 주주에게 배당
   ② 차입 : 필요한 경우 자금을 차입하거나 사채를 발행할 수 있다.

6. 현물출자
   ① 현물출자에 의한 설립을 할 수 없다.
   ② 최저 자본금 이상을 갖추기 전에는 현물출자로 신주를 발행할 수 없다.
7. 기업구조조정 부동산투자회사의 특례
   ① 주식의 공모 및 분산규정 배제
   ② 자산의 처분에 관한 규정, 자산의 구성규정 배제

02 우리나라의 부동산투자회사제도에 관한 설명으로 틀린 것은? (평29회)

① 자기관리 부동산투자회사의 **설립자본금**은 5억원 이상이다.
② 부동산투자회사는 발기설립의 방법으로 하여야 하며, **현물출자**에 의한 설립이 가능하다.
③ **위탁관리 부동산투자회사**는 자산의 투자·운용업무를 자산관리회사에 위탁하여야 한다.
④ 부동산투자회사는 최저자본금 준비기간이 끝난 후에는 매 분기 말 현재 총자산의 100분의 80 이상을 부동산, 부동산 관련 증권 및 현금으로 구성하여야 한다.
⑤ 부동산투자회사의 상근 임원은 다른 회사의 상근 임직원이 되거나 다른 사업을 하여서는 아니 된다.

정답해설
② 부동산투자회사의 설립은 발기설립의 방법으로 하여야 하며, 현물출자에 의한 설립을 할 수 없다.

03 부동산투자회사법령상 부동산투자회사에 관한 설명으로 옳은 것은? (평27회)

① 영업인가를 받은 날부터 6개월이 지난 자기관리 부동산투자회사의 **자본금**은 70억원 이상이 되어야 한다.
② 위탁관리 부동산투자회사 및 기업구조조정 부동산투자회사의 **설립자본금**은 10억원 이상으로 한다.
③ 자기관리 부동산투자회사의 **설립자본금**은 3억원 이상으로 한다.
④ 영업인가를 받은 날부터 6개월이 지난 위탁관리 부동산투자회사 및 기업구조조정 부동산투자회사의 **자본금**은 100억원 이상이 되어야 한다.
⑤ 부동산투자회사는 부동산 등 자산의 운용에 관하여 회계처리를 할 때에는 국토교통부가 정하는 **회계처리기준**에 따라야 한다.

정답해설
① 영업인가를 받은 날부터 6개월이 지난 자기관리 부동산투자회사의 자본금은 70억원(위탁관리 부동산투자회사 및 기업구조조정 부동산투자회사 : 50억원) 이상이 되어야 한다(「부동산투자회사법」 제10조).

| Answer |
01 ③   02 ②   03 ①

오답해설

② 위탁관리 부동산투자회사 및 기업구조조정 부동산투자회사의 설립자본금은 3억원 이상으로 한다 (「부동산투자회사법」 제6조 제2항).

③ 자기관리 부동산투자회사의 설립자본금은 5억원 이상으로 한다(동법 제6조 제1항).

④ 영업인가를 받은 날부터 6개월이 지난 위탁관리 부동산투자회사 및 기업구조조정 부동산투자회사의 자본금은 50억원 이상이 되어야 한다(동법 제10조 제2호).

⑤ 부동산투자회사는 부동산 등 자산의 운용에 관하여 회계처리를 할 때에는 금융위원회가 정하는 회계처리기준에 따라야 한다(동법 제25조의2 제1항).

04 우리나라의 부동산투자회사에 관한 설명으로 틀린 것은? (22회)

① 영업인가를 받거나 등록을 한 날부터 6개월이 지난 자기관리 부동산투자회사의 **최저자본금**은 70억원 이상이 되어야 한다.

② 부동산투자회사는 주식회사로 하며, 그 상호에 부동산투자회사라는 명칭을 사용하여야 한다.

③ 영업인가를 받거나 등록을 한 날부터 6개월이 지난 위탁관리 부동산투자회사 및 기업구조조정 부동산투자회사의 **최저자본금**은 각각 50억원 이상이 되어야 한다.

④ **기업구조조정 부동산투자회사**는 자산운용전문인력을 포함한 임직원을 상근으로 두고 자산의 투자 · 운용을 직접 수행하는 회사이다.

⑤ 부동산투자회사는 「부동산투자회사법」에서 특별히 정한 경우를 제외하고는 「상법」의 적용을 받는다.

정답해설

④ 기업구조조정 부동산투자회사는 명목상의 회사로 직원을 고용하거나 상근인 임원을 둘 수 없다.

05 우리나라 부동산투자회사(REITs)에 관한 설명 중 틀린 것은? (26회)

① 자기관리 부동산투자회사의 **설립자본금**은 5억원 이상으로 한다.

② 위탁관리 부동산투자회사 및 기업구조조정 부동산투자회사의 **설립자본금**은 3억원 이상으로 한다.

③ 감정평가사 또는 공인중개사로서 해당 분야에 5년 이상 종사한 사람은 **자기관리 부동산투자회사**의 자산운용전문인력이 될 수 있다.

④ 위탁관리 부동산투자회사는 본점 외의 지점을 설치할 수 없다.

⑤ 부동산투자회사는 현물출자에 의한 설립이 가능하다.

정답해설

⑤ 부동산투자회사는 상법에도 불구하고 현물출자에 의한 설립을 할 수 없다.

06 부동산투자회사법령상 부동산투자회사에 관한 설명으로 틀린 것은? (27회)

① 부동산투자회사는 자기관리, 위탁관리, 기업구조조정 부동산투자회사로 구분할 수 있다.

② 자기관리 부동산투자회사의 설립자본금은 3억원 이상으로 한다.

③ 감정평가사 또는 공인중개사로서 해당 분야에 5년 이상 종사한 사람은 자기관리 부동산투자회사의 상근 자산운용전문인력이 될 수 있다.

④ 위탁관리 부동산투자회사는 본점 외의 지점을 설치할 수 없으며 직원을 고용하거나 상근 임원을 둘 수 없다.

⑤ 영업인가를 받거나 등록을 한 날부터 6개월이 지난 기업구조조정 부동산투자회사의 자본금은 50억원 이상이 되어야 한다.

정답해설

② 자기관리 부동산투자회사의 설립자본금은 5억원 이상으로 한다(부동산투자회사법 제6조 제1항).

07 부동산투자회사법상 위탁관리 부동산투자회사에 관한 설명으로 틀린 것은? (30회)

① 주주 1인당 주식소유의 한도가 제한된다.

② 주주를 보호하기 위해서 직원이 준수해야 할 내부통제기준을 제정하여야 한다.

③ 자산의 투자·운용을 자산관리회사에 위탁하여야 한다.

④ 주요 주주의 대리인은 미공개 자산운용정보를 이용하여 부동산을 매매하거나 타인에게 이용하게 할 수 없다.

⑤ 설립자본금은 3억원 이상으로 한다.

정답해설

② 직원이 준수해야 할 내부통제기준을 제정해야 할 의무는 실질형 회사인 자기관리 부동산투자회사에게 있다.

chapter

06

Answer

04 ④　05 ⑤　06 ②　07 ②

제6절 | 기타 부동산 관련 금융제도

01 프로젝트 파이낸싱(PF)에 관한 설명으로 틀린 것은?

① 프로젝트 파이낸싱은 부동산을 담보로 대출하는 것이 아니라 **사업성을 기초로** 자금을 조달하는 방식이다.

② 프로젝트 금융은 **비소구 또는 제한적 소구 금융**이다.

③ 대출기관은 자금의 관리를 위해 자금관리계정 또는 **에스크로우 계정**을 운영한다.

④ **금융기관**은 **부외금융효과**(off-balance effect)를 누릴 수 있어 채무수용능력이 제고된다.

⑤ 일반대출과 비해 발생 가능한 위험이 크고 절차가 복잡하기 때문에 금융기관은 **높은 이자 및 수수료**를 요구한다.

> 정답해설
>
> ④ 부외금융효과(off-balance effect)는 사업자에게 나타나는 효과이다. 따라서 사업자는 부외금융효과를 누릴 수 있어 채무수용능력이 제고된다.

> ▶ **프로젝트 대출의 특징**
> 1. 비소구 금융 또는 제한적 소구 금융
> 2. 사업주의 부외 금융효과(사업주 회계장부에 기록되지 않는 금융)
> 3. 에스크로 계좌 활용 : 공사비에 우선 지출한다.
> 4. 시행사와 시공사의 사업포기 각서
> 5. 개발이 진행되면서 만들어지는 개발사업지의 담보신탁

02 프로젝트 파이낸싱(PF)에 의한 부동산 개발에 관한 설명으로 틀린 것은? (평28회)

① PF는 부동산 **개발로 인해 발생하는 현금흐름을 담보**로 개발에 필요한 자금을 조달한다.

② 일반적으로 PF의 자금관리는 부동산신탁회사가 **에스크로(Escrow) 계정**을 관리하면서 사업비의 공정하고 투명한 자금집행을 담당한다.

③ 일반적으로 PF의 차입금리는 기업 **대출금리보다 높다.**

④ PF는 위험부담을 위해 여러 이해관계자가 계약관계에 따라 참여하므로, 일반개발사업에 비해 **사업진행이 신속하다.**

⑤ PF의 금융구조는 **비소구 금융**이 원칙이나, **제한적 소구 금융**의 경우도 있다.

> 정답해설
>
> ④ PF는 위험부담을 위해 여러 이해관계자가 계약관계에 따라 참여하므로, 일반개발사업에 비해 사업진행이 신속하지 못하다.

03 프로젝트 사업주(sponsor)가 특수목적회사인 프로젝트회사를 설립하여 특정 프로젝트 수행에 필요한 자금을 금융회사로부터 대출받는 방식의 프로젝트 파이낸싱(PF)에 관한 설명으로 옳은 것을 모두 고른 것은? (단, 프로젝트 사업주가 프로젝트회사를 위해 보증이나 담보제공을 하지 않음) (평29회)

> ㉠ 일정한 요건을 갖춘 프로젝트회사는 **법인세 감면**을 받을 수 있다.
> ㉡ 프로젝트 **사업주의 재무상태표에 해당 부채가 표시되지 않는다.**
> ㉢ 금융회사는 담보가 없어 위험이 높은 반면 대출이자율을 높게 할 수 있다.
> ㉣ 프로젝트회사가 파산하더라도 금융회사는 프로젝트 사업주에 대해 원리금상환을 청구할 수 없다.

① ㉠, ㉡, ㉢
② ㉠, ㉡, ㉣
③ ㉠, ㉢, ㉣
④ ㉡, ㉢, ㉣
⑤ ㉠, ㉡, ㉢, ㉣

정답해설
⑤ 모두 옳은 지문이다.

04 프로젝트 금융에 관한 설명으로 틀린 것은? (27회)

① 특정 프로젝트로부터 향후 일정한 현금흐름이 예상되는 경우, 사전 계약에 따라 **미래에 발생할 현금흐름과 사업자체자산을 담보**로 자금을 조달하는 금융기법이다.
② 일반적으로 기업대출보다 금리 등이 높아 사업이 성공할 경우 해당 금융기관은 **높은 수익을 올릴 수 있다.**
③ 프로젝트 금융의 자금은 건설회사 또는 시공회사가 **자체계좌**를 통해 직접 관리한다.
④ 프로젝트 금융이 부실화될 경우 해당 금융기관의 부실로 이어질 수 있다.
⑤ **비소구 또는 제한적 소구 금융**의 특징을 가지고 있다.

정답해설
③ 프로젝트 금융의 경우 대출기관은 현금흐름을 통제하기 위해서 에스크로 계좌(escrow account)을 운영한다.

05 사업주(sponsor)가 특수목적회사인 프로젝트 회사를 설립하여 프로젝트 금융을 활용하는 경우에 관한 설명으로 옳은 것은? (단, 프로젝트 회사를 위한 별도의 보증이나 담보 제공은 없음) (29회)

① 프로젝트 금융의 상환재원은 사업주의 모든 자산을 기반으로 한다.
② 사업주의 재무상태표에 해당 부채가 표시된다.
③ 해당 프로젝트가 부실화되더라도 대출기관의 채권회수에는 영향이 없다.
④ 일정한 요건을 갖춘 프로젝트 회사는 법인세 감면을 받을 수 있다.
⑤ 프로젝트 사업의 자금은 차주가 임의로 관리한다.

정답해설
④ 옳은 지문이다.

오답해설
① 프로젝트 금융의 상환재원은 프로젝트의 현금흐름에 기반한다.
② 사업주의 재무상태표에 해당 부채가 표시되지 않는데, 이를 부외금융효과라고 한다.
③ 해당 프로젝트의 현금흐름을 통해 상환되기 때문에 프로젝트가 부실화되면 대출기관은 대출을 상환받지 못할 수 있다.
⑤ 프로젝트 사업의 자금은 차주가 임의로 관리하지 못하도록 위탁계좌(에스크로우 계좌)를 통해 관리한다.

06 주택연금(주택담보노후연금) 관련 법령상 주택연금의 보증기관은? (33회)

① 한국부동산원   ② 신용보증기금
③ 주택도시보증공사   ④ 한국토지주택공사
⑤ 한국주택금융공사

정답해설
⑤ 한국주택금융공사이다.

07 한국주택금융공사의 업무가 아닌 것은?

① 주택저당채권 유동화   ② 주택저당채권 보유
③ 주택저당채권의 평가 및 실사   ④ 주택담보노후연금 보증
⑤ 주택도시기금 관리 및 운용

정답해설
⑤ 국민주택기금은 현재 '주택도시기금'으로 변경되었다. 주택도시기금은 국토교통부장관이 법령에 따라 운영한다.

08 한국주택금융공사법에 의한 주택담보노후연금에 관한 설명으로 <u>틀린</u> 것은? (평28회)

① 단독주택, 다세대주택, 상가주택 등이 연금의 대상주택이 된다.

② 연금수령 중 담보주택이 주택재개발, 주택재건축이 되더라도 계약을 유지할 수 있다.

③ 연금의 방식에는 주택소유자가 선택하는 일정기간 동안 노후생활자금을 매월 지급받는 방식이 있다.

④ 가입자와 그 배우자는 종신거주, 종신지급이 보장되며, 가입자는 보증료를 납부해야 한다.

⑤ 연금의 방식에는 주택소유자가 생존해 있는 동안 노후생활자금을 매월 지급받는 방식이 있다.

정답해설

① 연금가입의 대상주택은 주택법상 주택 및 지방자치단체에 신고된 노인복지주택이다. 따라서 상가주택은 대상이 될 수 없다.

▶ **주택연금의 가입 조건**

1. 연령 : 주택소유자 또는 배우자가 만 55세 이상

2. 주택
   ㉠ 주택법상 주택, 지방자치단체에 신고된 노인주택, 주거목적 오피스텔
   ㉡ 부부기준 1주택을 소유한 자

3. 일반적인 지급 방식
   ㉠ 종신지급방식 : 사망할 때까지 연금을 지급받는 방식
   ㉡ 확정기간방식 : 가입자가 정한 기간 동안에 연금을 지급받는 방식

4. 기말 자산 처리
   ㉠ 주택가격 > 대출잔액 : 남은 금액은 상속인에게 지급한다.
   ㉡ 주택가격 < 대출잔액 : 부족한 금액은 정부가 부담한다.

chapter

06

Answer

05 ④   06 ⑤   07 ⑤   08 ①

09 한국주택금융공사의 주택담보노후연금(주택연금)에 관한 설명으로 틀린 것은? (31회)

① 주택연금은 주택소유자가 주택에 저당권을 설정하고 연금방식으로 **노후생활자금을 대출받는 제도**이다.

② 주택연금은 수령기간이 경과할수록 **대출잔액**이 **누적**된다.

③ 주택소유자(또는 배우자)가 **생존하는 동안** 노후생활자금을 매월 **지급받는 방식**으로 연금을 받을 수 있다.

④ 담보주택의 대상으로 **업무용으로 사용하는 오피스텔**도 포함된다.

⑤ 한국주택금융공사는 주택연금 **담보주택의 가격하락에 대한 위험**을 부담할 수 있다.

> 정답해설
> ④ 주거목적의 오피스텔이 담보주택의 대상에 포함된다.

10 한국주택금융공사법령에 의한 주택담보노후연금제도에 관한 설명으로 틀린 것은? (평29회)

① 주택소유자와 그 배우자 모두 55세 이상이어야 이용할 수 있다.

② 연금지급방식으로 주택소유자가 선택하는 일정한 기간 동안 노후생활자금을 매월 지급받는 방식이 가능하다.

③ 주택담보노후연금보증을 받은 사람은 담보주택의 소유권등기에 한국주택금융공사의 동의 없이는 제한물권을 설정하거나 압류 등의 목적물이 될 수 없는 재산임을 부기등기하여야 한다.

④ 주택담보노후연금을 받을 권리는 양도하거나 압류할 수 없다.

⑤ 한국주택금융공사는 주택담보노후연금보증을 받으려는 사람에게 소유주택에 대한 저당권 설정에 관한 사항을 설명하여야 한다.

> 정답해설
> ① 주택소유자 또는 주택소유자의 배우자가 만 55세 이상이어야 한다.

최근 2년 동안 시행된 공인중개사 시험과 감정평가사 시험의 기출문제입니다.
이미 논점은 확인했으니, 정답을 빠르게 찾는 연습을 하시어요.

－ 국승옥 강사 －

01 부동산 금융 및 투자에 관한 설명으로 틀린 것은? (평34회)

① 부동산 금융은 부동산의 매입이나 매각, 개발 등과 관련하여 자금이나 신용을 조달하거나 제공하는 것을 말한다.

② 부동산의 특성과 관련하여 분할거래의 용이성과 생산의 장기성으로 인해 부동산 금융은 부동산의 거래나 개발 등에서 중요한 역할을 하게 된다.

③ 부동산 투자에서 지분투자자가 대상 부동산에 가지는 권한을 지분권이라 하고, 저당투자자가 대상 부동산에 가지는 권한을 저당권이라 한다.

④ 부동산보유자는 보유부동산의 증권화를 통해 유동성을 확보할 수 있다.

⑤ 부동산 금융이 일반금융과 다른 점으로는 담보기능과 감가상각 및 차입금 이자에 대한 세금감면이 있다.

02 고정금리대출의 상환방식에 관한 설명으로 옳은 것을 모두 고른 것은? (중35회)

⊙ 만기일시상환대출은 대출기간 동안 차입자가 원금만 상환하기 때문에 원리금상환구조가 간단하다.

ⓛ 체증식분할상환대출은 대출기간 초기에는 원리금상환액을 적게 하고 시간의 경과에 따라 늘려가는 방식이다.

ⓒ 원리금균등분할상환대출이나 원금균등분할상환대출에서 거치기간이 있을 경우, 이자지급총액이 증가하므로 원리금지급총액도 증가하게 된다.

ⓔ 대출채권의 가중평균상환기간(duration)은 원금균등분할상환대출에 비해 원리금균등분할상환대출이 더 길다.

① ⊙, ⓛ   ② ⊙, ⓒ
③ ⓛ, ⓒ   ④ ⓛ, ⓒ, ⓔ
⑤ ⊙, ⓛ, ⓒ, ⓔ

03 부동산금융에 관한 설명으로 옳은 것은? (평35회)

① (생략)

② 금융기관은 위험을 줄이기 위해 부채감당률이 1보다 작은 대출안의 작은 순서대로 대출을 실행한다.

③ 대출수수료와 조기상환수수료를 차입자가 부담하는 경우, 차입자의 실효이자율은 조기상환시점이 앞당겨질수록 하락한다.

④ 대출조건이 동일할 경우 대출채권의 듀레이션(평균회수기간)은 원리금균등분할상환방식이 원금균등분할상환방식보다 더 길다.

⑤ 고정금리방식의 대출에서 총상환액은 원리금균등분할상환방식이 원금균등분할상환방식보다 더 작다.

04 주택금융의 상환방식에 관한 설명으로 틀린 것은? (평34회)

① 만기일시상환방식은 대출만기 때까지는 원금상환이 전혀 이루어지지 않기에 매월 내는 이자가 만기 때까지 동일하다.

② 원금균등분할상환방식은 대출 초기에 대출원리금의 지급액이 가장 크기에 차입자의 원리금지급 부담도 대출 초기에 가장 크다.

③ 원리금균등분할상환방식은 매기의 대출원리금이 동일하기에 대출 초기에는 대체로 원금상환 부분이 작고 이자지급 부분이 크다.

④ 점증상환방식은 초기에 대출이자를 전부 내고, 나머지 대출원금을 상환하는 방식으로 부의 상환(negative amortization)이 일어날 수 있다.

⑤ 원금균등분할상환방식이나 원리금균등분할상환방식에서 거치기간을 별도로 정할 수 있다.

05 주택저당담보부채권(MBB)에 관한 설명으로 옳은 것은? (중35회)

① 유동화기관이 모기지 풀(mortgage pool)을 담보로 발행하는 지분성격의 증권이다.

② 차입자가 상환한 원리금은 유동화기관이 아닌 MBB 투자자에게 직접 전달된다.

③ MBB 발행자는 초과담보를 제공하지 않는 것이 일반적이다.

④ MBB 투자자 입장에서 MPTS(mortgage pass-through securities)에 비해 현금흐름이 안정적이지 못해 불확실성이 크다는 단점이 있다.

⑤ MBB 투자자는 주택저당대출의 채무불이행위험과 조기상환위험을 부담하지 않는다.

06 저당담보부증권(MBS)의 가격변동에 관한 설명으로 옳은 것은? (중34회)

① 투자자들이 가까운 시일에 채권시장 수익률의 하락을 예상한다면, 가중평균상환기간 (duration)이 긴 저당담보부증권일수록 그 가격이 더 크게 하락한다.

② 채무불이행위험이 없는 저당담보부증권의 가격은 채권시장 수익률의 변동에 영향을 받지 않는다.

③ 자본시장 내 다른 투자수단들과 경쟁하므로, 동일위험수준의 다른 투자수단들의 수익률이 상승하면 저당담보부증권의 가격은 상승한다.

④ 채권시장 수익률이 상승할 때 가중평균상환기간이 긴 저당담보부증권일수록 그 가격의 변동 정도가 작다.

⑤ 고정이자를 지급하는 저당담보부증권은 채권시장 수익률이 상승하면 그 가격이 하락한다.

07 부동산투자회사법령상 부동산투자회사에 관한 내용으로 틀린 것은? (평35회)

① 영업인가를 받거나 등록을 한 날부터 최저자본금준비기간이 지난 자기관리 부동산투자회사의 최저자본금은 70억원 이상이 되어야 한다.

② 최저자본금준비기간이 끝난 후에는 매 분기 말 현재 총자산의 100분의 80 이상을 부동산, 부동산 관련 증권 및 현금으로 구성하여야 한다. 이 경우 총자산의 100분의 70 이상은 부동산(건축 중인 건축물을 포함한다)이어야 한다.

③ 부동산투자회사는 부동산 등 자산의 운용에 관하여 회계처리를 할 때에는 금융감독원이 정하는 회계처리기준에 따라야 한다.

④ 부동산투자회사의 상근 임원은 다른 회사의 상근 임직원이 되거나 다른 사업을 하여서는 아니 된다.

⑤ 위탁관리 부동산투자회사란 자산의 투자·운용을 자산관리회사에 위탁하는 부동산투자회사를 말한다.

08 부동산투자회사법령상 자기관리 부동산투자회사가 상근으로 두어야 하는 자산운용 전문인력의 요건에 해당하는 사람을 모두 고른 것은? (중35회)

> ㉠ 감정평가사로서 해당 분야에 3년을 종사한 사람
> ㉡ 공인중개사로서 해당 분야에 5년을 종사한 사람
> ㉢ 부동산투자회사에서 3년을 근무한 사람
> ㉣ 부동산학 석사학위 소지자로서 부동산의 투자·운용과 관련된 업무에 3년을 종사한 사람

① ㉠, ㉡   ② ㉠, ㉢
③ ㉡, ㉣   ④ ㉡, ㉢, ㉣
⑤ ㉠, ㉡, ㉢, ㉣

09 부동산투자회사법상 '자기관리 부동산투자회사(REITs, 이하 "회사"라 한다)에 관한 설명으로 틀린 것은? (중34회)

① 국토교통부장관은 회사가 최저자본금을 준비하였음을 확인한 때에는 지체 없이 주요 출자자(발행주식 총수의 100분의 5를 초과하여 주식을 소유하는 자)의 적격성을 심사하여야 한다.

② 최저자본금준비기간이 지난 회사의 최저자본금은 70억원 이상이 되어야 한다.

③ 주요 주주는 미공개 자산운용정보를 이용하여 부동산을 매매하거나 타인에게 이용하게 하여서는 아니 된다.

④ 회사는 그 자산을 투자·운용할 때에는 전문성을 높이고 주주를 보호하기 위하여 자산관리회사에 위탁하여야 한다.

⑤ 주주총회의 특별결의에 따른 경우, 회사는 해당 연도 이익배당한도의 100분의 50 이상 100분의 90 미만으로 이익배당을 정한다.

10 프로젝트 금융에 관한 설명으로 옳은 것은? (평34회)

① 기업 전체의 자산 또는 신용을 바탕으로 자금을 조달하고, 기업의 수익으로 원리금을 상환하거나 수익을 배당하는 방식의 자금조달기법이다.

② 프로젝트 사업주는 기업 또는 개인일 수 있으나, 법인은 될 수 없다.

③ 프로젝트 사업주는 대출기관으로부터 상환청구를 받지는 않으나, 이러한 방식으로 조달한 부채는 사업주의 재무상태표에는 부채로 계상된다.

④ 프로젝트 회사가 파산 또는 청산할 경우, 채권자들은 프로젝트 회사에 대해 원리금상환을 청구할 수 없다.

⑤ 프로젝트 사업주의 도덕적 해이를 방지하기 위해 금융기관은 제한적 소구금융의 장치를 마련해두기도 한다.

11 프로젝트 파이낸싱(PF)에 관한 설명으로 틀린 것은? (평35회)

① 사업주의 대차대조표에 부채로 표시되어 사업주의 부채비율에 영향을 미친다.

② 프로젝트 자체의 수익성과 향후 현금흐름을 기초로 개발에 필요한 자금을 조달한다.

③ 대출기관은 시행사에게 원리금상환을 요구하고, 시행사가 원리금을 상환하지 못하면 책임준공의 의무가 있는 시공사에게 채무상환을 요구할 수 있다.

④ 금융기관은 부동산개발사업의 사업주와 자금공여 계약을 체결한다.

⑤ 프로젝트 파이낸싱의 구조는 비소구금융이 원칙이나, 제한적 소구금융의 경우도 있다.

12 한국주택금융공사의 주택담보노후연금(주택연금)에 관한 설명으로 옳은 것은? (중35회)

① 주택소유자와 그 배우자의 연령이 보증을 위한 등기시점 현재 55세 이상인 자로서 소유하는 주택의 기준가격이 15억원 이하인 경우 가입할 수 있다.

② 주택소유자가 담보를 제공하는 방식에는 저당권 설정 등기 방식과 신탁 등기 방식이 있다.

③ 주택소유자가 생존해 있는 동안에만 노후생활자금을 매월 연금 방식으로 받을 수 있고, 배우자에게는 승계 되지 않는다.

④ 「주택법」에 따른 준주택 중 주거목적으로 사용되는 오피스텔의 소유자는 가입할 수 없다.

⑤ 주택담보노후연금(주택연금)을 받을 권리는 양도·압류할 수 있다.

01 정답해설
② 부동산은 분할거래가 쉽지 않다(분할거래의 비용이성).

02 정답해설
④ 옳은 지문은 ⓒ, ⓒ, ⓔ이다.
ⓒ 거치기간은 원금을 갚지 않고 이자만 내는 기간을 말한다. 따라서 거치기간이 설정되어 있다면 이자지급총액은 증가한다.
ⓔ 가중평균상환기간(duration)은 원금을 천천히 상환할수록 보다 길어진다. 상대적으로 원금을 천천히 상환하는 원리금균등분할상환대출이 더 길다.

오답해설
㉠ 만기일시상환대출은 대출기간 동안 이자만 상환하다가 만기에 원금을 일시에 갚는 구조이다.

03 정답해설
④ 듀레이션(평균회수기간)은 상대적으로 원금을 천천히 갚는 원리금균등분할상환방식이 보다 길다.

오답해설
② 금융기관은 위험을 줄이기 위해 부채감당률이 1보다 큰 대안에 대출을 실행한다.
③ 실효이자율이란 차입자가 실질적으로 부담하는 정도를 의미한다. 대출을 받는 경우, 대출금리 이외에 대출수수료와 조기상환수수료가 있다면 차입자의 실질적인 부담, 즉 실효이자율은 상승한다.
⑤ 대출의 총상환액은 원금을 천천히 갚는 원리금균등분할상환방식이 보다 많다.

04 정답해설
④ 점증상환방식은 원금과 이자를 동시에 상환하면서 그 금액을 점점 증가시키는 방법이다.

05 정답해설
⑤ 옳은 지문이다. 투자자가 부담하지 않는다는 것은 발행자가 부담함을 의미한다.

오답해설
① MBB는 채권형 증권이다.
② MPTS에 대한 설명이다. 차입자가 상환한 원리금은 유동화기관이 아닌 MPTS 투자자에게 직접 전달된다.
③ MBB 발행자는 초과담보를 제공하는 것이 일반적이다.
④ 투자자 입장에서 MBB의 현금흐름이 MPTS에 비해 보다 안정적이다.

06 정답해설

⑤ 채권의 수익률과 채권의 가격은 반비례 관계에 있다. 따라서 채권시장 수익률이 상승하면 그 가격이 하락한다. 다른 지문들은 우리 수준을 넘어선 지문으로, 정답의 내용만 정확히 확인하시어요.

07 정답해설

③ 회계처리기준은 금융위원회가 정한다.

08 정답해설

③ ㉡, ㉣이 자산운영 전문인력이 될 수 있다.

▶ **자기관리 부동산투자회사의 자산운용 전문인력**
1. 감정평가사 또는 공인중개사로서 해당 분야에 5년 이상 종사한 사람
2. 부동산 관련 분야의 석사학위 이상의 소지자로서 부동산의 투자·운용과 관련된 업무에 3년 이상 종사한 사람
3. 부동산투자회사, 자산관리회사, 부동산투자자문회사에서 5년 이상 근무한 사람으로서 부동산의 취득·처분·관리·개발 또는 자문 등의 업무에 3년 이상 종사한 경력이 있는 사람

09 정답해설

④ 위탁관리 부동산투자회사에 대한 설명이다.

10 정답해설

⑤ 옳은 지문이다. 프로젝트 금융은 원칙적으로 비소구 금융이다. 그러나 사업주의 도덕적 해이를 방지하기 위해 금융기관은 제한적 소구금융의 장치를 마련해두기도 한다.

오답해설

① 프로젝트 금융의 상환 재원은 프로젝트 완성 이후에 발생하는 미래현금흐름이다. 따라서 기업 전체의 자산 또는 신용을 바탕으로 자금을 조달하는 방식은 틀린 지문이다.
② 프로젝트 사업주는 기업 또는 개인, 법인 등 모두 될 수 있다.
③ 프로젝트 금융은 사업주의 재무상태표에 부채로 기록되지 않는다. 이를 부외 금융효과라고 한다.
④ 프로젝트 회사가 파산 또는 청산할 경우, 채권자들은 프로젝트 회사에 대해 원리금상환을 청구할 수 있다.

11 정답해설

① 사업주의 대차대조표에 부채로 표시되지 않는다.

12 정답해설

② 옳은 지문이다.

오답해설

① 주택소유자와 배우자 모두 55세 이상이 아니라, 주택소유자 또는 그 배우자가 55세 이상인 경우 가입할 수 있다. 또한 12억 이하인 주택이 가입대상이다.
③ 종신지급방식의 경우 주택연금은 배우자에게 승계된다.
④ 주거목적으로 사용되는 오피스텔의 소유자도 가입할 수 있다.
⑤ 주택연금을 받을 권리는 양도·압류할 수 없다.

Chapter 07

개발론 등

제1절 | 부동산 개발의 이해

01 부동산 개발의 개념에 관한 설명으로 틀린 것은?

① 「부동산개발업의 관리 및 육성에 관한 법률」상 부동산 개발은 **시공을 담당하는 행위**를 **포함**한다.
② 부동산 개발은 온전하게 운용할 수 있는 부동산을 생산하기 위한 토지와 개량물의 결합이다.
③ 부동산 개발이란 인간에게 생활, 일, 쇼핑, 레저 등의 공간을 제공하기 위한 토지, 노동, 자본 및 기업가적 능력의 결합과정이다.
④ 부동산 개발은 토지조성활동과 건축활동을 포함한다.
⑤ 부동산 개발은 토지 위에 건물을 지어 이익을 얻기 위해 일정 면적의 토지를 이용하는 과정이다.

정답해설
① 「부동산개발업의 관리 및 육성에 관한 법률」상 부동산 개발의 개념에는 시공을 담당하는 행위가 포함되지 않는다.

▶ 개발의 정의
1. 부동산 개발이란 토지의 유용성을 증가시키기 위하여 토지를 조성하고 건축물을 건축하거나 공작물을 등을 설치하는 행위를 말한다.
2. 부동산 개발업에는 시공을 담당하는 행위가 제외된다.

02 부동산 개발업의 관리 및 육성에 관한 법률상 부동산 개발에 해당하지 않는 행위는? (평31회)

① 토지를 건설공사의 수행으로 조성하는 행위
② 토지를 형질변경의 방법으로 조성하는 행위
③ 시공을 담당하는 행위
④ 건축물을 건축기준에 맞게 용도변경하는 행위
⑤ 공작물을 설치하는 행위

정답해설
③ 시공을 담당하는 행위는 부동산 개발에서 제외된다.

03 워포드(L. Wofford)의 부동산 개발 7단계의 순서로 올바르게 나열한 것은? (26회)

㉠ 사업구상	㉡ 마케팅
㉢ 예비타당성 분석	㉣ 부지확보
㉤ 금융	㉥ 건설
㉦ 타당성 분석	

① ㉠ - ㉡ - ㉢ - ㉣ - ㉦ - ㉤ - ㉥
② ㉠ - ㉡ - ㉢ - ㉦ - ㉤ - ㉣ - ㉤
③ ㉠ - ㉢ - ㉡ - ㉦ - ㉣ - ㉤ - ㉥
④ ㉠ - ㉢ - ㉣ - ㉦ - ㉤ - ㉥ - ㉡
⑤ ㉠ - ㉣ - ㉢ - ㉤ - ㉦ - ㉥ - ㉡

정답해설
④ 옳은 연결이다.

▶ **워포드의 개발의 단계**

1. 아이디어 단계
2. 예비적 타당성 분석 : 개발사업으로부터 예상되는 수입과 비용을 개략적으로 분석
3. 부지 모색 및 확보
4. 타당성 분석 : 사업의 실행 가능성을 구체적이고 세부적으로 분석
5. 금융
6. 건설
7. 마케팅

Answer
01 ①   02 ③   03 ④

04 부동산 개발의 위험에 관한 설명으로 틀린 것은? (28회)

① 워포드(L. Wofford)는 부동산 개발 위험을 법률위험, 시장위험, 비용위험으로 구분하고 있다.

② 부동산 개발사업의 추진에는 많은 시간이 소요되므로, 개발사업기간 동안 다양한 **시장위험**에 노출된다.

③ 부동산 개발사업의 진행과정에서 행정의 변화에 의한 사업 인·허가 지연 위험은 시행사 또는 시공사가 **스스로 관리할 수 있는 위험**에 해당한다.

④ **법률위험**을 최소화하기 위해서는 **이용계획이 확정된 토지를 구입**하는 것이 유리하다.

⑤ 예측하기 어려운 시장의 불확실성은 부동산 개발사업에 영향을 주는 **시장위험**요인이 된다.

정답해설

③ 행정의 변화에 의한 사업 인·허가 지연 위험은 시행사 또는 시공사가 스스로 관리할 수 없는 위험이다.

▶ **워포드의 개발의 위험**

1. 법률적 위험 : 공법관계와 사법관계의 구별
2. 시장위험
3. 비용위험

05 부동산 개발의 위험에 관한 설명으로 틀린 것은? (23회)

① 부동산 개발사업은 그 과정에 내포되어 있는 불확실성으로 인해 위험요소가 존재한다.

② 부동산 개발사업의 위험은 법률적 위험(legal risk), 시장위험(market risk), 비용위험(cost risk) 등으로 분류할 수 있다.

③ **토지이용계획이 확정된 토지를 구입**하는 것은 **법률적 위험** 부담을 줄이기 위한 방안 중 하나이다.

④ 개발사업부지에 **군사시설보호구역이 일부 포함되어 사업이 지연**되었다면 이는 **시장위험**분석을 소홀히 한 결과이다.

⑤ 공사기간 중 이자율의 변화, 시장침체에 따른 공실의 장기화 등은 **시장위험**으로 볼 수 있다.

정답해설

④ 시장위험이 아니라 법적 위험을 소홀히 한 결과라고 할 수 있다.

06 다음은 부동산 개발과정에 내재하는 위험에 관한 설명이다. ( ) 안에 들어갈 내용으로 옳게 연결된 것은? (평28회)

> • (㉠)은 정부의 정책이나 **용도지역제**와 같은 **토지이용규제**의 변화로 인해 발생하기도 한다.
> • (㉡)은 **개발된 부동산이 분양이나 임대가 되지 않거나**, 계획했던 가격 이하나 임대료 이하로 매각되거나 임대되는 경우를 말한다.
> • (㉢)은 인플레이션이 심할수록, 개발기간이 연장될수록 더 커진다.

① ㉠: 법률적 위험, ㉡: 시장위험, ㉢: 비용위험
② ㉠: 법률적 위험, ㉡: 관리위험, ㉢: 시장위험
③ ㉠: 사업위험,   ㉡: 계획위험, ㉢: 비용위험
④ ㉠: 계획위험,   ㉡: 시장위험, ㉢: 비용위험
⑤ ㉠: 시장위험,   ㉡: 계획위험, ㉢: 사업위험

정답해설
① ㉠은 법률적 위험, ㉡은 시장위험, ㉢은 비용위험이다.

07 부동산 개발사업시 분석할 내용에 관한 설명으로 틀린 것은? (25회)

① **민감도 분석**은 시장에 공급된 부동산이 **시장에서 일정기간 동안 소비되는 비율**을 조사하여 해당 부동산 시장의 추세를 파악하는 것이다.
② 시장분석은 특정 부동산에 관련된 시장의 수요와 공급 상황을 분석하는 것이다.
③ **시장성 분석**은 부동산이 **현재나 미래의 시장상황에서 매매 또는 임대될 수 있는 가능성**을 조사하는 것이다.
④ **예비적 타당성 분석**은 개발사업으로 예상되는 수입과 비용을 **개략적**으로 계산하여 수익성을 검토하는 것이다.
⑤ 인근지역분석은 부동산 개발에 영향을 미치는 환경요소의 현황과 전망을 분석하는 것이다.

정답해설
① 흡수율 분석에 대한 내용이다.

> ▶ **시장성 분석과 관련된 문구**
> 1. 매매 또는 임대될 수 있는 가능성을 분석한다.
> 2. 매매 또는 임대될 수 있는지 여부를 분석한다.
> 3. 분양될 수 있는 가능성을 분석한다.

Answer
04 ③   05 ④   06 ①   07 ①

08 부동산 개발의 타당성 분석과 관련하여 다음의 설명에 해당하는 (   )에 알맞은 용어는?

(31회)

> • (㉠) : 특정 부동산이 가진 경쟁력을 중심으로 해당 부동산이 **분양될 수 있는 가능성**을 분석하는 것
> • (㉡) : 타당성 분석에 활용된 **투입요소**의 변화가 그 **결과치**에 어떠한 영향을 주는가를 분석하는 기법

① ㉠: 경제성 분석, ㉡: 민감도 분석
② ㉠: 경제성 분석, ㉡: SWOT 분석
③ ㉠: 시장성 분석, ㉡: 흡수율 분석
④ ㉠: 시장성 분석, ㉡: SWOT 분석
⑤ ㉠: 시장성 분석, ㉡: 민감도 분석

정답해설

⑤ ㉠ 개발이 완료된 부동산이 시장에서 매매·임대될 가능성 또는 분양 가능성을 분석하는 것은 시장성 분석이다. 시장성 분석, ㉡ 투입요소의 변화가 그 결과치에 어떠한 영향을 주는가를 분석하는 기법은 민감도 분석이다.

09 개발의 타당성 분석 유형을 설명한 것이다. (   )에 들어갈 내용으로 옳게 연결된 것은?

(평33회)

> • (㉠)은 부동산이 현재나 미래의 시장상황에서 매매 또는 임대될 수 있는 가능성을 분석하는 것이다.
> • (㉡)은 개발업자가 대상 부동산에 대해 수립한 사업안들 중에서 최유효이용을 달성할 수 있는 방식을 판단할 수 있도록 자료를 제공해주는 것이다.
> • (㉢)은 주요 변수들의 초기 투입값을 변화시켜 적용함으로써 낙관적 또는 비관적인 상황에서 발생할 수 있는 수익성 및 부채상환능력 등을 예측하는 것이다.

① ㉠: 시장성 분석, ㉡: 민감도 분석, ㉢: 투자분석
② ㉠: 민감도 분석, ㉡: 투자분석, ㉢: 시장성 분석
③ ㉠: 투자분석, ㉡: 시장성 분석, ㉢: 민감도 분석
④ ㉠: 시장성 분석, ㉡: 투자분석, ㉢: 민감도 분석
⑤ ㉠: 민감도 분석, ㉡: 시장성 분석, ㉢: 투자분석

정답해설

④ 옳은 연결이다.

제2절 **개발의 방식**

01 토지취득방식에 따라 개발방식을 분류할 때, 다음에서 설명하는 개발방식은? (26회)

> • 택지가 개발되기 전 토지의 위치·지목·면적·등급·이용도 및 기타 사항을 고려하여, 택지가 개발된 후 개발된 **토지를** 토지소유자에게 **재분배**하는 방식이다.
> • 도시개발사업에서 이 방식을 많이 활용한다.
> • 이 방식에 따라 개발된 토지의 재분배 설계시 평가식이나 면적식을 적용할 수 있다.

① 환지방식   ② 단순개발방식
③ 매수방식   ④ 혼합방식
⑤ 수용방식

정답해설
① 환지방식에 대한 설명이다.

02 부동산 개발사업의 분류상 다음 (   )에 들어갈 내용으로 옳은 것은? (31회)

> 토지소유자가 조합을 설립하여 농지를 택지로 개발한 후 **보류지(체비지·공공시설 용지)**를 제외한 개발토지 전체를 토지소유자에게 배분하는 방식
> • 개발 형태에 따른 분류 : (㉠)
> • 토지취득방식에 따른 분류 : (㉡)

① ㉠: 신개발방식, ㉡: 수용방식   ② ㉠: 재개발방식, ㉡: 환지방식
③ ㉠: 신개발방식, ㉡: 혼용방식   ④ ㉠: 재개발방식, ㉡: 수용방식
⑤ ㉠: 신개발방식, ㉡: 환지방식

정답해설
⑤ 제시된 내용은 ㉠ 신개발방식, ㉡ 환지방식을 설명하고 있다. 개발론에서 설명하고 있는 개발방식은 새로운 개발, 즉 신개발을 가정한 방식이다.

> ▶**환지방식의 체비지**
> 1. 도시개발사업을 환지방식으로 시행하는 경우에는 사업시행자가 환지하지 않고 남겨놓은 토지를 보류지(保留地)라고 한다.
> 2. 체비지는 보류지 중 공동시설 설치 등을 위해 필요한 토지를 제외한 부분으로, 사업시행자가 사업경비에 충당하기 위해 남겨놓은 토지이다.

Answer
08 ⑤   09 ④ / 01 ①   02 ⑤

03 토지개발방식으로서 수용방식과 환지방식의 비교에 관한 설명으로 틀린 것은? (평32회)

① 수용방식은 환지방식에 비해 종전 토지소유자에게 개발이익이 귀속될 가능성이 큰 편이다.
② 수용방식은 환지방식에 비해 사업비의 부담이 큰 편이다.
③ 수용방식은 환지방식에 비해 기반시설의 확보가 용이한 편이다.
④ 환지방식은 수용방식에 비해 사업시행자의 개발토지 매각부담이 적은 편이다.
⑤ 환지방식은 수용방식에 비해 종전 토지소유자의 재정착이 쉬운 편이다.

정답해설
① 종전 토지소유자에게 개발이익이 귀속되는 방식은 환지방식이다.

04 민간의 부동산 개발사업방식에 관한 설명으로 틀린 것은? (24회)

① **자체개발사업**은 불확실하거나 위험도가 큰 부동산 개발사업에 대한 **위험을 토지소유자와 개발업자 간에 분산**할 수 있는 장점이 있다.
② **컨소시엄** 구성방식은 **출자회사 간 상호 이해조정**이 필요하다.
③ **사업위탁방식**은 토지소유자가 개발업자에게 사업시행을 의뢰하고, 개발업자는 사업시행에 대한 **수수료를 취하는 방식**이다.
④ **지주공동사업**은 토지소유자와 개발업자가 부동산 개발을 공동으로 시행하는 방식으로서, 일반적으로 **토지소유자는 토지를 제공하고 개발업자는 개발의 노하우를 제공하여 서로의 이익을 추구한다.**
⑤ **토지신탁형**은 토지소유자로부터 **형식적인 소유권을 이전** 받은 신탁회사가 토지를 개발·관리·처분하여 그 수익을 수익자에게 돌려주는 방식이다.

정답해설
① 자체개발사업이 아니라 지주공동사업의 장점이다.

> ▶ **위탁(수탁)방식과 신탁방식**
> 1. 사업위탁형
>   ㉠ 개발업자에게 개발사업을 위탁하는 방식이다.
>   ㉡ 위탁수수료의 문제가 발생한다.
> 2. 사업신탁형
>   ㉠ 신탁회사에 신탁기간 동안 형식적으로 토지소유권이 이전된다.
>   ㉡ 개발에 필요한 자금은 신탁회사가 조달한다.

05 부동산 개발방식에 대한 설명으로 옳은 것은?

① 토지소유자가 건설업자에게 시공을 맡기고, 건설에 소요된 비용을 분양수입금으로 지급하는 방식은 **공사비 대물 변제형**이다.

② 지주공동사업은 자기자금과 관리능력이 충분하다면 **이익측면에서 유효한 방식**이다.

③ 토지신탁방식에서 건설에 필요한 자금은 **신탁회사가** 조달한다.

④ 사업신탁방식은 토지소유자와 수탁업자 간에 **수수료 문제가** 발생할 수 있다.

⑤ 컨소시엄방식은 토지소유자가 토지를 제공하고 개발업자가 건물을 건축하여 그 기여도에 따라 **토지와 건물의 지분을 나누어 갖는 방식**이다.

정답해설

③ 옳은 지문이다.

오답해설

① 공사비 분양금 지급형이다.

② 자기자금과 관리능력이 충분하다면 이익측면에서 유효한 방식은 자체개발사업이다.

④ 사업위탁형에 대한 설명이다.

⑤ 등가교환방식에 대한 설명이다.

06 부동산 개발에 관한 설명으로 틀린 것은? (32회)

① 부동산 개발사업 진행시 행정의 변화에 따른 사업의 인·허가 지연위험은 사업시행자가 **스스로 관리할 수 없는 위험**이다.

② 공영(공공)개발은 공공성과 공익성을 위해 택지를 조성한 후 분양 또는 임대하는 토지개발방식을 말한다.

③ 환지방식은 택지가 개발되기 전 토지의 위치·지목·면적 등을 고려하여 택지개발 후 개발된 **토지를** 토지소유자에게 **재분배하는 방식**을 말한다.

④ 부동산 개발은 미래의 불확실한 수익을 근거로 개발을 진행하기 때문에 위험성이 수반된다.

⑤ 흡수율 분석은 재무적 사업타당성 분석에서 사용했던 주요변수들의 **투입값을 낙관적, 비관적** 상황으로 적용하여 수익성을 예측하는 것을 말한다.

정답해설

⑤ 흡수율 분석이 아니라 민감도 분석(= 감응도 분석, 낙비쌍관법)에 대한 내용이다.

Answer

03 ①　04 ①　05 ③　06 ⑤

07 민간의 부동산 개발방식에 관한 설명으로 틀린 것은? (26회)

① 자체개발사업에서는 사업시행자의 주도적인 사업추진이 가능하나 사업의 **위험성이 높을 수 있어 위기관리능력이 요구된다.**

② 토지소유자가 제공한 토지에 개발업자가 공사비를 부담하여 부동산을 개발하고, 개발된 부동산을 제공된 **토지가격과 공사비의 비율에 따라 나눈다**면, 이는 등가교환방식에 해당된다.

③ 토지신탁(개발)방식과 사업수탁방식은 형식의 차이가 있으나, **소유권을 이전**하고 사업주체가 토지소유자가 된다는 점이 동일하다.

④ 개발사업에 있어서 사업자금 조달 또는 상호 기술보완 등 필요에 따라 **법인 간에 컨소시엄을 구성**하여 사업을 추진한다면, 이는 컨소시엄 구성방식에 해당된다.

⑤ 토지소유자가 사업을 시행하면서 건설업체에 공사를 발주하고 공사비의 지급은 분양수입금으로 지급한다면, 이는 **분양금 공사비 지급(청산)형** 사업방식에 해당된다.

> 정답해설

③ 신탁방식과 수탁방식은 형식적으로 유사한 측면이 있으나, 수탁방식과 달리 신탁방식은 형식적으로 토지소유권이 이전된다는 점에서 차이가 있다.

08 부동산 개발사업의 방식에 관한 설명 중 ㉠과 ㉡에 해당하는 것은? (29회)

> ㉠ 토지소유자가 토지소유권을 유지한 채 개발업자에게 사업시행을 맡기고 개발업자는 사업시행에 따른 수수료를 받는 방식
> ㉡ 토지소유자로부터 형식적인 토지소유권을 이전받은 신탁회사가 사업주체가 되어 개발·공급하는 방식

① ㉠: 사업위탁(수탁)방식 ㉡: 등가교환방식
② ㉠: 사업위탁(수탁)방식 ㉡: 신탁개발방식
③ ㉠: 등가교환방식 ㉡: 합동개발방식
④ ㉠: 자체개발방식 ㉡: 신탁개발방식
⑤ ㉠: 자체개발방식 ㉡: 합동개발방식

> 정답해설

② ㉠ 개발업자에게 수수료를 지급하고 사업을 부탁하는 방식은 사업위탁(수탁)방식이다. ㉡ 토지소유자로부터 형식적인 토지소유권을 이전받은 신탁회사가 사업주체가 되는 방식은 신탁개발방식이다.

09 민자투자사업방식에 대한 설명으로 옳은 것은?

① 민간개발은 민간이 자본과 기술을 제공하고 공공기관이 인·허가 등 행정적인 부분을 담당하는 상호 보완적인 개발을 말한다.

② BTO(build－transfer－operate)는 사업시행자가 시설의 준공과 함께 소유권을 국가 또는 지방자치단체로 이전하고, 해당 시설을 국가나 지방자치단체에 **임대하여 수익을 내는 방식**이다.

③ 도로 등 **대부분의 기반시설**은 BTL 방식을 활용한다.

④ BOT(build－operate－transfer)는 사업시행자가 시설을 준공하여 소유권을 보유하면서 시설의 수익을 가진 후 일정기간 경과 후 **시설소유권을 국가 또는 지방자치단체에 귀속시키는 방식**이다.

⑤ 최근 우리나라에서는 **학교건물**, **기숙사**, 도서관, 군인아파트 등의 개발에 활용되고 있는 방식은 BTO 방식이다.

[정답해설]

④ 옳은 지문이다.

[오답해설]

① 민간투자사업에 대한 설명이다.
② BTL(build－transfer－lease) 방식에 대한 설명이다.
③ 도로 등 대부분의 기반시설은 BTO 방식을 활용한다.
⑤ 최근 우리나라에서는 학교건물, 기숙사, 도서관, 군인아파트 등의 개발에 활용되고 있는 방식은 BTL 방식이다.

> ▶ **BTO 방식과 BTL 방식**
>
> 1. BTO 방식
>   ㉠ 민간이 사회간접시설을 건설(B)하고, 소유권을 주무관청에 양도(T)한 후, 일정기간 시설에 대한 운영권(O)을 통해 개발비용을 회수하는 방식
>   ㉡ 도로, 철도 등 대다수 기반시설에 활용하는 방식
> 2. BTL 방식
>   ㉠ 민간이 사회간접시설을 건설(B)하고, 소유권을 주무관청에 양도(T)한 후, 정부 등에 그 시설을 임차(L)하는 방식
>   ㉡ 학교, 건물, 기숙사, 도서관, 군인아파트 등 건물에 주로 활용하는 방식

| Answer |
| 07 ③   08 ②   09 ④ |

10 민간투자사업의 추진방식에 관한 설명으로 틀린 것은? (평30회)

① 사회기반시설의 준공과 동시에 해당 시설의 소유권이 국가 또는 지방자치단체에 귀속되며, 사업시행자에게 일정기간의 **시설관리운영권을 인정하는 방식**을 BTO 방식이라고 한다.

② 사회기반시설의 준공과 동시에 해당 시설의 소유권이 국가 또는 지방자치단체에 귀속되며, 사업시행자에게 일정기간의 시설관리운영권을 인정하되, 그 시설을 국가 또는 지방자치단체 등이 협약에서 정한 기간 동안 **임차하여 사용·수익하는 방식**을 BTL 방식이라고 한다.

③ 사회기반시설의 준공 후 일정기간 동안 사업시행자에게 해당 시설의 소유권이 인정되며 그 기간이 만료되면 시설**소유권이 국가 또는 지방자치단체에 귀속되는 방식**을 BOT 방식이라고 한다.

④ BTO 방식은 **초등학교 교사** 신축사업에 적합한 방식이다.

⑤ BTL 방식은 사업시행자가 **최종 수요자에게 사용료를 직접 부과하기 어려운 경우** 적합한 방식이다.

정답해설

④ 건물 등에 주로 적용되는 방식은 BTL 방식이다.

11 다음에서 설명하는 내용을 모두 충족하는 민간투자사업방식은? (26회)

> • 시설의 준공과 함께 시설의 소유권이 정부 등에 귀속되지만, 사업시행자가 정해진 기간 동안 시설에 대한 운영권을 가지고 수익을 내는 방식이다.
> • 도로, 터널 등 시설이용자로부터 이용료를 징수할 수 있는 사회기반시설 건설의 사업방식으로 활용되고 있다.

① BOT(build-operate-transfer) 방식

② BTO(build-transfer-operate) 방식

③ BLT(build-lease-transfer) 방식

④ BTL(build-transfer-lease) 방식

⑤ BOO(build-own-operate) 방식

정답해설

② 제시된 내용은 BTO(build-transfer-operate) 방식에 대한 설명이다.

12 정부는 사회간접자본시설 등을 확충하기 위해 민간투자사업방식을 활용하고 있다. 다음 설명에 해당하는 민간투자사업방식은? (17회)

> • 민간이 개발한 시설의 소유권을 준공과 동시에 공공에 귀속시킨다. 사업시행자인 민간은 일정기간 시설관리 운영권을 가지며, 공공은 그 시설을 임차하여 사용한다.
> • 최근 우리나라에서는 학교 건물, 기숙사, 도서관, 군인아파트 등의 개발에 활용하고 있다.

① BOT(build operate transfer) 방식   ② BTO(build transfer operate) 방식
③ BLT(build lease transfer) 방식   ④ BTL(build transfer lease) 방식
⑤ BOO(build own operate) 방식

정답해설
④ 제시된 내용은 BTL(build transfer lease) 방식에 대한 설명이다.

13 부동산 개발에 관한 설명으로 옳은 것은? (24회)

① 공공개발: 제2섹터 개발이라고도 하며, 민간이 자본과 기술을 제공하고 공공기관이 인·허가 등 행정적인 부분을 담당하는 상호 보완적인 개발을 말한다.
② BTL(build-transfer-lease): 사업시행자가 시설을 준공하여 소유권을 보유하면서 시설의 수익을 가진 후 일정기간 경과 후 시설소유권을 **국가 또는 지방자치단체에 귀속시키는** 방식이다.
③ BTO(build-transfer-operate): 사업시행자가 시설의 준공과 함께 소유권을 국가 또는 지방자치단체로 이전하고, 해당 시설을 **국가나 지방자치단체에 임대**하여 수익을 내는 방식이다.
④ BOT(build-operate-transfer): 시설의 준공과 함께 시설의 소유권이 국가 또는 지방자치단체에 귀속되지만, 사업시행자가 **정해진 기간 동안 시설에 대한 운영권을 가지고 수익을** 내는 방식이다.
⑤ BOO(build-own-operate): 시설의 준공과 함께 사업시행자가 **소유권과 운영권을 갖는** 방식이다.

정답해설
⑤ BOO(build-own-operate) 방식은 시설의 준공과 함께 사업시행자가 소유권과 운영권을 갖는 방식이다.

오답해설
① 공공·민간합동개발(제3섹터)에 대한 설명이다.
② BOT 방식에 대한 설명이다.
③ BTL 방식에 대한 설명이다.
④ BTO 방식에 대한 설명이다.

Answer			
10 ④	11 ②	12 ④	13 ⑤

14 민간투자사업의 유형이 옳게 짝지어진 것은? (32회)

> ㉠ 민간사업자가 자금을 조달하여 시설을 건설하고, 일정기간 소유 및 운영을 한 후 사업종료 후 국가 또는 지방자치단체 등에게 시설의 소유권을 이전하는 방식
> ㉡ 민간사업자가 자금을 조달하여 시설을 건설하고 일정기간 동안 타인에게 임대하고, 임대기간 종료 후 국가 또는 지방자치단체 등에게 시설의 소유권을 이전하는 방식
> ㉢ 민간사업자가 자금을 조달하여 시설을 건설하고, 준공과 함께 민간사업자가 당해 시설의 소유권과 운영권을 갖는 방식

〈보기〉

a. BTO(build−transfer−operate) 방식
b. BOT(build−operate−transfer) 방식
c. BTL(build−transfer−lease) 방식
d. BLT(build−lease−transfer) 방식
e. BOO(build−own−operate) 방식
f. ROT(rehabilitate−operate−transfer) 방식

① ㉠−a, ㉡−c, ㉢−e ② ㉠−a, ㉡−d, ㉢−e
③ ㉠−b, ㉡−c, ㉢−f ④ ㉠−b, ㉡−d, ㉢−e
⑤ ㉠−b, ㉡−d, ㉢−f

정답해설
④ 옳은 연결이다.

제3절	**개발론 계산 문제**

01 다음은 각 산업별·도시별 고용자 수에 대한 통계이다. A도시에 특화되어 있는 산업과 그 입지계수는?

산업구분	A도시	B도시	전 국
제조업	300명	1,200명	4,000명
금융업	200명	300명	1,000명
부동산업	500명	1,500명	5,000명
합 계	1,000명	3,000명	10,000명

① 제조업, 0.75

② 금융업, 2.00

③ 부동산업, 1.50

④ 제조업, 1.25

⑤ 특화되어 있는 산업이 없다.

정답해설

② 특화되어 있는 산업은 금융업(입지계수 = 2.00)이다.

산업구분	A도시 산업구성비	전국 평균 산업구성비	입지계수
제조업	300명/1,000명 = 30%	4,000명/10,000명 = 40%	30%/40% = 0.75
금융업	200명/1,000명 = 20%	1,000명/10,000명 = 10%	20%/10% = 2.00
부동산업	500명/1,000명 = 50%	5,000명/10,000명 = 50%	50%/50% = 1.00

▶ **입지계수(LQ)**

1. 입지계수(LQ) = $\dfrac{\text{X산업의 특정지역 구성비}}{\text{X산업의 전국 구성비}}$

2. 입지계수(LQ) > 1 : 기반산업

Answer

14 ④ / 01 ②

02 다음은 각 도시별·산업별 고용자 수를 나타낸 표이다. 섬유산업의 입지계수가 높은 도시 순으로 나열된 것은? (21회)

(단위 : 수)

구 분	섬유산업	전자산업	전체산업
A도시	250	150	400
B도시	250	250	500
C도시	500	600	1,100
전 국	1,000	1,000	2,000

① A > B > C ② A > C > B

③ B > C > A ④ C > A > B

⑤ C > B > A

정답해설

① 섬유산업의 입지계수가 높은 도시 순은 A > B > C가 된다.

1. A도시의 섬유산업의 입지계수 : $LQ = \dfrac{250}{400} \bigg/ \dfrac{1,000}{2,000} = \dfrac{0.625}{0.5} = 1.25$

2. B도시의 섬유산업의 입지계수 : $LQ = \dfrac{250}{500} \bigg/ \dfrac{1,000}{2,000} = \dfrac{0.5}{0.5} = 1$

3. C도시의 섬유산업의 입지계수 : $LQ = \dfrac{500}{1,100} \bigg/ \dfrac{1,000}{2,000} = \dfrac{0.45}{0.5} = 0.9$

제**4**절 부동산 관리

01 부동산 관리에 관한 설명으로 틀린 것은?

① 위생관리, 설비관리, 보안관리, 보전관리 등은 모두 **기술적 관리**이다.

② 토지의 경계를 측량하는 것은 **기술적 관리**이다.

③ 인력관리(인사관리, 노무관리), 손익분기점 관리는 **경제적 관리**에 해당한다.

④ **법률적 측면의 부동산 관리**는 부동산의 유용성을 보호하기 위하여 법률상의 제반 조치를 취함으로써 법적인 보장을 확보하려는 것이다.

⑤ 건물과 부지의 부적응을 개선시키는 관리는 **경제적 관리**이다.

정답해설

⑤ 기술적 관리에 대한 내용이다.

> ▶ **관리의 복합적 측면**
>
> 1. 기술적 관리
>   ㉠ 토지의 경계확정 및 측량
>   ㉡ 건물의 위생·보안·보전시설 관리 등
>   ㉢ 건물과 부지의 부적응 개선
> 2. 경제적 관리
>   ㉠ 순수익 관리, 손익분기점 관리
>   ㉡ 인사관리, 노무관리 등의 인력관리
> 3. 법률적 관리
>   ㉠ 임대차 계약 및 예약
>   ㉡ 권리관계의 조정, 각종 인허가 신고 등

chapter

07

Answer

02 ① / 01 ⑤

02 다음의 업무를 모두 수행하는 부동산 관리의 유형은? (30회)

> • **포트폴리오** 관리 • **부동산 투자**의 위험 관리
> • 재투자 · 재개발 과정분석 • 임대마케팅 시장분석

① 재산관리(property management)
② 시설관리(facility management)
③ 자산관리(asset management)
④ 건설사업관리(construction management)
⑤ 임대차관리(leasing management)

정답해설
③ 제시된 내용은 모두 자산관리에 대한 설명이다.

> ▶ **시설관리, 재산관리, 자산관리**
> 1. 시설관리 : 시설의 유지 및 보수를 목적으로 하는 관리
> 2. 재산관리(부동산관리)
> 3. 자산관리
>   ㉠ 다양한 방법으로 자산의 가치를 증가시키고자 하는 관리
>   ㉡ 포트폴리오, 매입 및 매각, 프로젝트 대출, 재개발, 리모델링 등

03 부동산 관리와 생애주기에 관한 설명으로 틀린 것은? (평33회)

① 자산관리(Asset Management)란 소유자의 부를 극대화시키기 위하여 대상 부동산을 포트폴리오 관점에서 관리하는 것을 말한다.
② 시설관리(Facility Management)란 각종 부동산시설을 운영하고 유지하는 것으로 시설 사용자나 건물주의 요구에 단순히 부응하는 정도의 소극적이고 기술적인 측면의 관리를 말한다.
③ 생애주기상 노후단계는 물리적 · 기능적 상태가 급격히 악화되기 시작하는 단계로 리모델링을 통하여 가치를 올릴 수 있다.
④ 재산관리(Property Management)란 부동산의 운영수익을 극대화하고 자산가치를 증진시키기 위한 임대차관리 등의 일상적인 건물운영 및 관리뿐만 아니라 부동산 투자의 위험관리와 프로젝트 파이낸싱 등의 업무를 하는 것을 말한다.
⑤ 건물의 이용에 의한 마멸, 파손, 노후화, 우발적 사고 등으로 사용이 불가능할 때까지의 기간을 물리적 내용연수라고 한다.

정답해설
④ 투자의 위험관리와 프로젝트 파이낸싱 등의 업무는 자산관리(Asset Management)의 내용이다.

04 부동산 관리방식에 관한 설명으로 틀린 것은? (평30회)

① 자기관리방식은 소유자가 직접 관리하는 방식으로 단독주택이나 소형빌딩과 같은 **소규모 부동산**에 주로 적용된다.

② 위탁관리방식은 부동산관리 전문업체에 위탁해 부동산을 관리하는 방식으로 **대형 건물**의 관리에 유용하다.

③ 혼합관리방식은 관리업무 모두를 위탁하지 않고 필요한 부분만 따로 위탁하는 방식이다.

④ 자기관리방식은 전문성 결여의 가능성이 높으나 **신속하고 종합적인 운영관리**가 가능하다.

⑤ 위탁관리방식은 관리업무의 전문성과 효율성을 제고할 수 있으며 **기밀유지의 장점**이 있다.

정답해설

⑤ 기밀유지에 유리한 방식은 자기관리방식이다.

> **▶ 자가관리, 위탁관리, 혼합관리**
>
> 1. 자가관리의 장점
>   ㉠ 관리업무에 대한 강한 지시 및 통제
>   ㉡ 신속하고 종합적인 업무처리 가능
>   ㉢ 기밀 유지 및 보안 측면에서 유리
> 2. 혼합관리의 장점과 단점
>   ㉠ 장점 : 자가관리에서 위탁관리로 이행하는 과도기에 유용한 방식
>   ㉡ 단점 : 관리의 책임소재가 불분명

05 다음 설명에 모두 해당하는 부동산 관리방식은? (27회)

> • 소유자의 의사능력 및 지휘통제력이 발휘된다.
> • 업무의 기밀유지에 유리하다.
> • 업무행위의 안일화를 초래하기 쉽다.
> • 전문성이 낮은 경향이 있다.

① 외주관리   ② 혼합관리
③ 신탁관리   ④ 위탁관리
⑤ 직접관리

정답해설

⑤ 제시된 내용은 직접관리에 대한 설명이다.

Answer
02 ③   03 ④   04 ⑤   05 ⑤

06 다음 설명에 모두 해당하는 부동산 관리방식은? (33회)

> • 관리의 전문성과 효율성을 제고할 수 있다.
> • 건물설비의 고도화에 대응할 수 있다.
> • 전문업자의 관리서비스를 받을 수 있다.
> • 대형건물의 관리에 더 유용하다.
> • 기밀유지에 어려움이 있다.

① 자치관리방식   ② 위탁관리방식
③ 공공관리방식   ④ 조합관리방식
⑤ 직영관리방식

정답해설
② 제시된 내용은 위탁관리방식에 대한 설명이다.

07 부동산 관리에 관한 설명으로 틀린 것은? (평27회)

① 자산관리(Asset Management)는 부동산 자산을 **포트폴리오**(Portfolio) 관점에서 관리하는 자산·부채의 종합관리를 의미한다.
② 재산관리(Property Management)는 시설사용자나 사용과 관련한 타부문의 요구에 단순히 부응하는 정도의 **소극적이고 기술적인 측면을 중시**하는 부동산 관리를 의미한다.
③ 대상 건물의 기능을 유지하기 위해서 **건물에 대해 수리 및 점검**을 하는 등의 관리는 기술적 측면의 관리에 해당한다.
④ 위탁관리방식은 전문업자를 이용함으로써 합리적이고 편리하며, 전문화된 관리와 서비스를 받을 수 있다는 장점이 있다.
⑤ **기밀유지 측면**에서는 자가관리방식이 위탁관리방식보다 유리하다.

정답해설
② 시설사용자나 사용과 관련한 타부문의 요구에 단순히 부응하는 정도의 소극적이고 기술적인 측면을 중시하는 부동산 관리를 의미하는 것은 시설관리이다.

08 건물의 관리방식에 관한 설명으로 옳은 것은? (평33회)

① 위탁관리방식은 부동산관리 전문업체에 위탁해 관리하는 방식으로 대형건물의 관리에 유용하다.
② 혼합관리방식은 필요한 부분만 일부 위탁하는 방식으로 관리자들 간의 협조가 긴밀하게 이루어진다.
③ 자기관리방식은 관리업무의 타성(惰性)을 방지할 수 있다.
④ 위탁관리방식은 외부 전문가가 관리하므로 기밀 및 보안 유지에 유리하다.
⑤ 혼합관리방식은 관리문제 발생시 책임소재가 명확하다.

[정답해설]
① 옳은 지문이다.

[오답해설]
② 혼합관리방식은 문제가 발생하는 경우, 관리의 책임소재가 불분명한 단점이 있다. 즉 관리자들 간의 협조가 반드시 긴밀하다고 할 수 없다.
③ 관리업무의 타성(惰性)이란 관리업무의 게으름을 의미한다. 자기관리방식은 관리업무의 타성이 나타날 수 있다는 단점이 있다.
④ 기밀 및 보안 유지에 유리한 방식은 자기관리방식이다.
⑤ 혼합관리방식은 관리문제 발생시 책임소재가 불명확하다.

09 부동산 관리에 관한 설명으로 틀린 것은? (26회)

① **법률적 측면의 부동산 관리**는 부동산의 유용성을 보호하기 위하여 법률상의 제반 조치를 취함으로써 법적인 보장을 확보하려는 것이다.
② **시설관리**(facility management)는 부동산 시설을 운영하고 유지하는 것으로 시설사용자나 기업의 요구에 따르는 소극적 관리에 해당한다.
③ 자기(직접)관리방식은 전문(위탁)관리방식에 비해 **기밀유지에 유리하고 의사결정이 신속**한 경향이 있다.
④ 임차부동산에서 발생하는 **총수입(매상고)의 일정 비율**을 임대료로 지불한다면, 이는 임대차의 유형 중 비율임대차에 해당한다.
⑤ **경제적 측면의 부동산 관리**는 대상 부동산의 물리적·기능적 하자의 유무를 판단하여 필요한 조치를 취하는 것이다.

[정답해설]
⑤ 기술적 관리에 대한 설명이다. 기술적 측면의 부동산 관리는 대상 부동산의 물리적·기능적 하자의 유무를 판단하여 필요한 조치를 취하는 것이다.

Answer			
06 ②	07 ②	08 ①	09 ⑤

제5절 부동산 마케팅

01 부동산 마케팅에 관한 설명으로 틀린 것은?

① **공급자 중심의 마케팅**으로서 시장을 선점하거나 틈새시장을 점유하는 마케팅은 **시장점유 마케팅**이다.

② **포지셔닝**(Positioning)은 목표시장에서 고객의 욕구를 파악하여 경쟁 제품과 **차별성**을 가지도록 제품 개념을 정하고 소비자의 지각 속에 적절히 **위치**시키는 것이다.

③ 공급자와 소비자 간의 **장기적·지속적 상호작용**을 중시하는 마케팅은 **관계 마케팅**이다.

④ **고객점유 마케팅** 전략은 AIDA(Attention, Interest, Desire, Action) **원리**를 적용하여 소비자의 욕구를 충족시키기 위한 마케팅 전략이다.

⑤ **STP**란 시장세분화(Segmentation), 표적시장 설정(Targeting), 촉진(Promotion)을 표상하는 약자이다.

정답해설

⑤ STP는 시장세분화(Segmentation), 표적시장 설정(Targeting), 포지셔닝(Positioning)을 표상하는 약자이다.

▶STP 전략

1. S(Segmentation) : 특성에 따라 수요자 집단을 세분하는 단계
2. T(Targetting) : 세분된 시장에서 목표시장을 선택하는 단계
3. P(Positioning) : 차별화 또는 경쟁적 위치의 설정하는 단계

02 부동산 마케팅 전략에 관한 설명으로 틀린 것은? (33회)

① 시장점유 전략은 수요자 측면의 접근으로 목표시장을 선점하거나 점유율을 높이는 것을 말한다.

② 적응가격 전략이란 동일하거나 유사한 제품으로 다양한 수요자들의 구매를 유입하고, 구매량을 늘리도록 유도하기 위하여 가격을 다르게 하여 판매하는 것을 말한다.

③ 마케팅믹스란 기업의 부동산 상품이 표적시장에 도달하기 위해 이용하는 마케팅에 관련된 여러 요소들의 조합을 말한다.

④ 시장세분화 전략이란 수요자 집단을 인구·경제적 특성에 따라 세분하고, 세분된 시장에서 상품의 판매지향점을 분명히 하는 것을 말한다.

⑤ 고객점유 전략은 소비자의 구매의사결정 과정의 각 단계에서 소비자와의 심리적인 접점을 마련하고 전달하려는 정보의 취지와 강약을 조절하는 것을 말한다.

정답해설

① 시장점유 전략은 공급자 측면의 마케팅 전략이다.

03 부동산 마케팅 전략에 관한 설명으로 옳은 것은? (평30회)

① 시장점유 마케팅 전략은 **AIDA 원리**에 기반을 두면서 소비자의 욕구를 파악하여 마케팅 효과를 극대화하는 전략이다.

② 고객점유 마케팅 전략은 **공급자 중심**의 마케팅 전략으로 표적시장을 선정하거나 틈새시장을 점유하는 전략이다.

③ 관계 마케팅 전략은 생산자와 소비자의 **지속적인 관계**를 통해서 마케팅효과를 도모하는 전략이다.

④ **STP 전략**은 시장세분화(Segmentation), 표적시장 선정(Targeting), 판매촉진(Promotion)으로 구성된다.

⑤ **4P−Mix 전략**은 제품(Product), 가격(Price), 유통경로(Place), 포지셔닝(Positioning)으로 구성된다.

[정답해설]

③ 관계 마케팅 전략은 생산자와 소비자의 지속적인 관계를 통해서 마케팅효과를 도모하는 전략이다.

[오답해설]

① 고객점유 마케팅 전략에 대한 설명이다.

② 시장점유 마케팅 전략에 대한 설명이다.

④ STP의 'P'는 판매촉진(promotion)이 아니라 포지셔닝(positioning)이다.

⑤ 4P의 'P'는 포지셔닝(positioning)이 아니라 판매촉진(promotion)이다.

▶ 4P MIX

1. P(제품, product) : 차별화된 아파트 설계, 디지털화, 실개천 설치
2. P(가격, price) : 가격수준 정책(시가, 저가, 고가), 가격신축성 정책(단일가격, 신축가격)
3. P(유통경로, place) : 직접 판매, 분양대행사 활용, 중개업소 활용
4. P(촉진, promotion) : 광고, 홍보, 인적판매, 경품, 추첨 등

chapter

07

Answer

01 ⑤   02 ①   03 ③

04 부동산 마케팅 전략에 관한 설명으로 옳은 것은? (32회)

① **바이럴 마케팅**(viral marketing) 전략은 SNS, 블로그 등 다양한 매체를 통해 해당 브랜드나 제품에 대해 입소문을 내게 하여 마케팅효과를 극대화시키는 것이다.

② 분양성공을 위해 아파트 브랜드를 고급스러운 이미지로 고객의 인식에 각인시키도록 하는 노력은 STP 전략 중 **시장세분화**(Segmentation) 전략에 해당한다.

③ 아파트 분양 모델하우스 방문고객 대상으로 추첨을 통해 자동차를 경품으로 제공하는 것은 4P Mix 전략 중 **유통경로**(Place) 전략에 해당한다.

④ 아파트의 차별화를 위해 커뮤니티 시설에 헬스장, 골프연습장을 설치하는 방안은 4P Mix 전략 중 **가격**(Price) 전략에 해당한다.

⑤ 고객점유 마케팅 전략에서 **AIDA의 원리**는 주의(Attention) − 관심(Interest) − 결정(Decision) − 행동(Action)의 과정을 말한다.

정답해설
① 옳은 지문이다.

오답해설
② STP 전략 중 포지셔닝(Positioning) 전략이다.
③ 4P Mix 전략 중 판매촉진(Promotion) 전략이다.
④ 4P Mix 전략 중 제품(Product) 전략이다.
⑤ AIDA의 원리는 주의(Attention) − 관심(Interest) − 욕망(Desire) − 행동(Action)이다.

05 부동산 마케팅에 관한 설명으로 틀린 것은? (평33회)

① STP란 시장세분화(Segmentation), 표적시장(Target market), 포지셔닝(Positioning)을 말한다.

② 마케팅믹스 전략에서의 4P는 유통경로(Place), 제품(Product), 가격(Price), 판매촉진(Promotion)을 말한다.

③ 노벨티(novelty) 광고는 개인 또는 가정에서 이용되는 실용적이며 장식적인 물건에 상호·전화번호 등을 표시하는 것으로 분양광고에 주로 활용된다.

④ 관계 마케팅 전략은 공급자와 소비자 간의 장기적·지속적인 상호작용을 중요시하는 전략을 말한다.

⑤ AIDA 원리에 따르면 소비자의 구매의사결정은 행동(Action), 관심(Interest), 욕망(Desire), 주의(Attention)의 단계를 순차적으로 거친다.

정답해설
⑤ AIDA 원리는 주의(Attention), 관심(Interest), 욕망(Desire), 행동(Action)의 순차적 단계를 말한다.

06 부동산 마케팅에 관한 설명으로 틀린 것은? (32회)

① 부동산 시장이 공급자 우위에서 **수요자 우위의 시장**으로 전환되면 마케팅의 중요성이 더욱 증대된다.

② STP전략이란 고객집단을 세분화(Segmentation)하고 표적시장을 선정(Targeting)하여 효과적으로 판매촉진(Promotion)을 하는 전략이다.

③ 경쟁사의 가격을 추종해야 할 경우 4P Mix의 가격전략으로 시가전략을 이용한다.

④ 관계 마케팅 전략이란 고객과 공급자 간의 지속적인 관계를 유지하여 마케팅효과를 도모하는 전략이다.

⑤ 시장점유 마케팅 전략이란 부동산 시장을 점유하기 위한 전략으로 4P Mix전략, STP전략이 있다.

정답해설

② STP전략은 고객집단의 세분화(Segmentation), 표적시장의 선정(Targeting) 및 포지셔닝(Positioning)이다.

07 부동산 마케팅 전략에 관한 설명으로 틀린 것은? (24회)

① **4P에 의한 마케팅 믹스 전략**의 구성요소는 제품(product), 유통경로(place), 판매촉진(promotion), 가격(price)이다.

② 다른 아파트와 차별화되도록 '혁신적인 내부구조로 설계된 아파트'는 제품(product) 전략의 예가 될 수 있다.

③ **표적시장**(target market)은 세분화된 시장 중 가장 좋은 시장기회를 제공해 줄 수 있는 특화된 시장이다.

④ **유통경로**(place) 전략은 고객행동변수 및 고객특성변수에 따라 시장을 나누어서 몇 개의 세분시장으로 구분하는 것이다.

⑤ **포지셔닝**(positioning)은 목표시장에서 고객의 욕구를 파악하여 경쟁 제품과 차별성을 가지도록 제품 개념을 정하고 소비자의 지각 속에 적절히 위치시키는 것이다.

정답해설

④ 고객행동변수 및 고객특성변수에 따라 시장을 나누어서 몇 개의 세분시장으로 구분하는 것은 시장세분화(Segmentation) 전략이다.

chapter
07

Answer
04 ①   05 ⑤   06 ②   07 ④

08 부동산 마케팅 4P[가격(price), 제품(product), 유통경로(place), 판매촉진(promotion)]전략과 다음 부동산 마케팅 활동의 연결이 옳은 것은? (27회)

> ㉠ 아파트 단지 내 자연친화적 실개천 설치
> ㉡ 부동산 중개업소 적극 활용
> ㉢ 시장분석을 통한 적정 분양가 책정
> ㉣ 주택청약자 대상 경품추첨으로 가전제품 제공

① ㉠ : 제품   ㉡ : 판매촉진   ㉢ : 가격   ㉣ : 유통경로
② ㉠ : 유통경로 ㉡ : 판매촉진   ㉢ : 가격   ㉣ : 제품
③ ㉠ : 유통경로 ㉡ : 제품   ㉢ : 가격   ㉣ : 판매촉진
④ ㉠ : 제품   ㉡ : 유통경로   ㉢ : 가격   ㉣ : 판매촉진
⑤ ㉠ : 제품   ㉡ : 유통경로   ㉢ : 판매촉진 ㉣ : 가격

정답해설
④ ㉠ : 제품, ㉡ : 유통경로, ㉢ : 가격, ㉣ : 판매촉진

09 부동산 마케팅에서 4P 마케팅 믹스(Marketing Mix) 전략의 구성요소를 모두 고른 것은? (31회)

> ㉠ Product(제품)   ㉡ Place(유통경로)
> ㉢ Pride(긍지)   ㉣ Price(가격)
> ㉤ Public Relations(홍보)   ㉥ Promotion(판매촉진)

① ㉠, ㉡, ㉢, ㉥   ② ㉠, ㉡, ㉣, ㉤
③ ㉠, ㉡, ㉣, ㉥   ④ ㉡, ㉢, ㉣, ㉤
⑤ ㉢, ㉣, ㉤, ㉥

정답해설
③ 4P 마케팅 믹스(Marketing Mix) 전략의 구성요소는 ㉠ Product(제품), ㉡ Place(유통경로), ㉣ Price(가격), ㉥ Promotion(판매촉진) 등이다.

10 부동산 마케팅 전략에 관한 설명으로 틀린 것은? (25회)

① 마케팅 믹스의 가격관리에서 시가정책은 위치, 방위, 층, 지역 등에 따라 다른 가격으로 판매하는 정책이다.

② 시장세분화는 상품계획이나 광고 등 여러 판매촉진활동을 전개하기 위해 소비자를 몇 개의 다른 군집으로 나누는 것을 말한다.

③ 부동산 마케팅 믹스 전략은 4P(Place, Product, Price, Promotion)를 구성요소로 한다.

④ 마케팅 믹스는 기업이 표적시장에 도달하기 위해 이용하는 마케팅요소의 조합이다.

⑤ 마케팅 믹스에서 촉진관리는 판매유인과 직접적인 인적판매 등이 있으며, 이러한 요소를 혼합하여 전략을 구사하는 것이 바람직하다.

정답해설

① 동일한 부동산을 위치, 방위, 층 등 제품의 특성에 따라 다른 가격을 부여하는 것을 가격신축성 정책이라고 한다.

> ▶ **가격 신축성 정책**
> 1. 신축 가격 : 동일한 아파트라도 위치, 층, 방위 등 부동산이 가진 특성에 따라 가격을 신축적으로 높이거나 낮추는 전략
> 2. 단일 가격 : 동일한 아파트에 동일한 가격을 책정하는 전략

> 최근 2년 동안 시행된 공인중개사 시험과 감정평가사 시험의 기출문제입니다.
> 이미 논점은 확인했으니, 정답을 빠르게 찾는 연습을 하시어요.
>
> － 국승옥 강사 －

01 부동산 개발사업의 위험에 관한 설명이다. (   )에 들어갈 내용으로 옳은 것은? (평34회)

> • (㉠)은 추정된 토지비, 건축비, 설계비 등 개발비용의 범위 내에서 개발이 이루어져야 하는데, 인플레이션 및 예상치 못한 개발기간의 장기화 등으로 발생할 수 있다.
> • (㉡)은 용도지역제와 같은 토지이용규제의 변화와 관계기관 인허가 승인의 불확실성 등으로 야기될 수 있다.
> • (㉢)은 개발기간 중 이자율의 변화, 시장침체에 따른 공실의 장기화 등이 원인일 수 있다.

① ㉠: 시장위험, ㉡: 계획위험, ㉢: 비용위험
② ㉠: 시장위험, ㉡: 법률위험, ㉢: 비용위험
③ ㉠: 비용위험, ㉡: 계획위험, ㉢: 시장위험
④ ㉠: 비용위험, ㉡: 법률위험, ㉢: 시장위험
⑤ ㉠: 비용위험, ㉡: 법률위험, ㉢: 계획위험

02 다음 설명에 모두 해당하는 부동산 개발방식은? (평34회)

> • 사업부지를 소유하고 있는 토지소유자가 개발이 완료된 후 개발업자나 시공사에게 공사대금을 완공된 일부의 건물로 변제하고, 나머지는 분양하거나 소유하는 형태이다.
> • 토지소유자는 대상 부지의 소유권을 소유한 상태에서 개발사업이 진행되도록 유도할 수 있고, 그 결과 발생되는 부동산가치의 상승분을 취득할 수 있는 이점이 있다.

① 공영개발방식   ② 직접개발방식
③ 대물교환방식   ④ 토지신탁방식
⑤ BTL사업방식

03 부동산 개발방식에 관한 설명으로 옳은 것을 모두 고른 것은? (평35회)

> ㉠ : 토지소유자와의 약정에 의해 수익증권을 발행하고 수익증권의 소유자에게 수익을 배당하는 방식
>
> ㉡ : 원래의 토지소유자에게 사업 후 사업에 소요된 비용 등을 제외하고 면적비율에 따라 돌려주는 방식
>
> ㉢ : 공익성이 강하고 대량공급이 가능한 택지개발사업에서 주로 수행하는 방식

① ㉠ : 신탁방식,   ㉡ : 환지방식,   ㉢ : 공영개발방식
② ㉠ : 신탁방식,   ㉡ : 수용방식,   ㉢ : 공영개발방식
③ ㉠ : 사업위탁방식, ㉡ : 환지방식, ㉢ : 민간개발방식
④ ㉠ : 사업위탁방식, ㉡ : 수용방식, ㉢ : 민간개발방식
⑤ ㉠ : 컨소시엄방식, ㉡ : 수용방식, ㉢ : 민관협력개발방식

04 사회기반시설에 대한 민간투자법령상 BOT(build−operate−transfer) 방식에 대한 내용이다. ( )에 들어갈 내용을 〈보기〉에서 옳게 고른 것은? (중34회)

> 사회기반시설의 (㉠)에 일정 기간 동안 (㉡)에게 해당 시설의 소유권이 인정되며 그 기간이 만료되면 (㉢)이 (㉣)에 귀속되는 방식이다.

〈보기〉

a. 착공 후   b. 준공 후
c. 사업시행자   d. 국가 또는 지방자치단체
e. 시설소유권   f. 시설관리운영권

① ㉠ − a, ㉡ − c, ㉢ − e, ㉣ − d
② ㉠ − a, ㉡ − c, ㉢ − e, ㉣ − c
③ ㉠ − a, ㉡ − d, ㉢ − f, ㉣ − c
④ ㉠ − b, ㉡ − c, ㉢ − e, ㉣ − d
⑤ ㉠ − b, ㉡ − d, ㉢ − f, ㉣ − c

chapter

07

05 다음에서 설명하는 민간투자 사업방식은? (평35회)

> • 시설의 소유권은 시설의 준공과 함께 정부 등에 귀속
> • 사업시행자는 일정기간의 시설관리 운영권을 획득
> • 사업시행자는 시설의 최종수요자로부터 이용료를 징수하여 투자비를 회수
> • SOC시설 소유권을 민간에 넘기는 것이 부적절한 경우에 주로 사용

① BOT(build-operate-transfer) 방식
② BTO(build-transfer-operate) 방식
③ BLT(build-lease-transfer) 방식
④ LBO(lease-build-operate) 방식
⑤ BOO(build-own-operate) 방식

06 부동산 관리방식을 관리주체에 따라 분류할 때, 다음 설명에 모두 해당하는 방식은? (중35회)

> • 소유와 경영의 분리가 가능하다.
> • 대형건물의 관리에 더 유용하다.
> • 관리에 따른 용역비의 부담이 있다.
> • 전문적이고 체계적인 관리가 가능하다.

① 직접관리　　　　　　　　② 위탁관리
③ 자치관리　　　　　　　　④ 유지관리
⑤ 법정관리

07 부동산 관리방식에 따른 해당 내용을 옳게 묶은 것은? (중34회)

> ㉠ 소유자의 직접적인 통제권이 강화된다.
> ㉡ 관리의 전문성과 효율성을 높일 수 있다.
> ㉢ 기밀 및 보안 유지가 유리하다.
> ㉣ 건물설비의 고도화에 대응할 수 있다.
> ㉤ 대형건물의 관리에 더 유용하다.
> ㉥ 소유와 경영의 분리가 가능하다.

① 자기관리방식 - ㉠, ㉡, ㉢, ㉣
② 자기관리방식 - ㉠, ㉢, ㉤, ㉥
③ 자기관리방식 - ㉡, ㉢, ㉣, ㉥
④ 위탁관리방식 - ㉠, ㉢, ㉣, ㉤
⑤ 위탁관리방식 - ㉡, ㉣, ㉤, ㉥

08 부동산 관리의 위탁관리방식에 관한 설명으로 틀린 것은? (평35회)

① 신뢰도가 높은 업체를 선정하는 것이 중요하다.
② 관리업무의 전문성과 효율성을 제고할 수 있다.
③ 오피스빌딩과 같은 대형건물의 관리에 유용하다.
④ 관리환경 변화에 대한 예측과 적응에 유리하다.
⑤ 자기관리방식보다 기밀유지 측면에서 유리하다.

09 부동산 마케팅활동에 관한 설명으로 틀린 것은? (평35회)

① 시장세분화란 부동산시장에서 마케팅활동을 수행하기 위하여 구매자의 집단을 세분화하는 것이다.
② 세분시장은 그 규모와 구매력 등의 특성이 측정될 수 있어야 한다.
③ 세분시장은 개념적으로 구분될 수 있으며 마케팅 믹스 요소에 대해 동일하게 반응한다.
④ 표적시장이란 세분화된 시장 중 가장 효과적인 성과가 기대되어 마케팅활동의 수행대상이 되는 시장을 말한다.
⑤ 포지셔닝은 표적시장에서 고객의 욕구를 파악하여 경쟁제품과 차별화된 자사제품의 개념을 정해 이를 소비자의 지각 속에 적절히 위치시키는 것이다.

10 부동산 마케팅에 관한 설명으로 틀린 것은? (중34회)

① 부동산 마케팅은 부동산 상품을 수요자의 욕구에 맞게 상품을 개발하고 가격을 결정한 후 시장에서 유통, 촉진, 판매를 관리하는 일련의 과정이다.

② STP전략은 대상 집단의 시장세분화(segmentation), 표적시장 선정(targeting), 포지셔닝(positioning)으로 구성된다.

③ 시장세분화 전략은 부동산 시장에서 마케팅활동을 수행하기 위하여 수요자의 집단을 세분하는 것이다.

④ 표적시장 전략은 세분화된 시장을 통해 선정된 표적 집단을 대상으로 적합한 마케팅활동을 수행하는 것이다.

⑤ AIDA원리는 주의(attention), 관심(interest), 욕망(desire), 행동(action)의 단계를 통해 공급자의 욕구를 파악하여 마케팅 효과를 극대화하는 시장점유마케팅 전략의 하나이다.

11 부동산 시장 세분화에 관한 설명으로 틀린 것은? (평34회)

① 시장세분화는 가격차별화, 최적의사결정, 상품차별화 등에 기초하여 부동산 시장을 서로 다른 둘 또는 그 이상의 상위시장으로 묶는 과정이다.

② 시장을 세분화하는데 주로 사용되는 기준으로는 지리적 변수, 인구통계학적 변수, 심리적 변수, 행동적 변수 등이 있다.

③ 시장세분화 전략은 세분된 시장을 대상으로 상품의 판매 지향점을 명확히 하는 것을 말한다.

④ 부동산 회사가 세분시장을 평가할 때, 우선해야 할 사항으로 적절한 시장규모와 성장성을 들 수 있다.

⑤ 세분시장에서 경쟁력과 매력도를 평가할 때 기존 경쟁자의 위협, 새로운 경쟁자의 위협, 대체재의 위협, 구매자의 협상력 증가 위협, 공급자의 협상력 증가 위협 등을 고려한다.

01 정답해설
④ 옳은 연결이다.

02 정답해설
③ 대물교환방식 또는 등가교환방식에 대한 설명이다.

03 정답해설
① 옳은 연결이다.

04 정답해설
④ 옳은 연결이다. 사회기반시설의 (준공 후)에 일정 기간 동안 (사업시행자)에게 해당 시설의 소유권이 인정되며 그 기간이 만료되면 (시설소유권)이 (국가 또는 지방자치단체)에 귀속되는 방식이다.

05 정답해설
② 제시된 방식은 BTO 방식이다.

06 정답해설
② 제시된 내용은 모두 위탁관리 방식에 대한 설명이다.

07 정답해설
⑤ 옳은 연결이다.

08 정답해설
⑤ 기밀유지는 자기관리방식이 보다 유리하다.

09 정답해설
③ 세분시장은 개념적으로 구분될 수 있으며 마케팅 믹스 요소에 대해 차별 있고 다양하게 반응한다.

10 정답해설
⑤ AIDA원리는 소비자의 욕구를 파악하여 마케팅 효과를 극대화하는 고객점유마케팅 전략의 하나이다.

11 정답해설
① 시장세분화는 부동산 시장을 둘 이상의 하위시장으로 세분하는 과정이다.

토지 경제와 지리 경제

제1절 | **지대 · 지가이론**

01 다음에서 설명하는 지대이론은?

> • 지대가 발생하는 이유는 **비옥한 토지의 양이** 상대적으로 **희소**하고 토지에 **수확체감**
> **현상**이 있기 때문이다.
> • 경작되고 있는 토지 가운데 생산성이 가장 낮은 토지를 한계지라고 하며, **한계지에**
> **서는 지대가 발생하지 않는다.**
> • 어떤 토지의 지대는 **그 토지의 생산성과 한계지의 생산성과의 차이**에 의해 결정된다.
> • 지대는 토지생산물 **가격의 구성요인(비용)이 되지 않으며** 또한 될 수도 없다.

① 리카도(D. Ricardo)의 차액지대설
② 알론소(W. Alonso)의 입찰지대이론
③ 파레토(V. Pareto)의 경제지대이론
④ 마르크스(K. Marx)의 절대지대설
⑤ 마샬(A. Marshall)의 준지대설

정답해설
① 리카도(D. Ricardo)의 차액지대에 대한 설명이다.

▶ **리카도 차액지대**
1. 의미 : 비옥도에 따른 생산력 차이에 의해 발생하는 지대이다.
2. 근거 : 비옥한 토지의 희소성과 수확체감의 법칙
3. 한계 : 한계지의 지대발생을 설명하지 못한다.

02 다음 중 리카도(D. Ricardo)의 **차액지대론**에 관한 설명으로 옳은 것을 모두 고른 것은? (31회)

> ㉠ 지대 발생의 원인으로 **비옥한 토지의 부족**과 **수확체감의 법칙**을 제시하였다.
> ㉡ 조방적 **한계의 토지**에는 지대가 발생하지 않으므로 **무지대(無地代) 토지가 된다**.
> ㉢ 토지소유자는 **토지 소유**라는 독점적 지위를 이용하여 최열등지에도 지대를 요구한다.
> ㉣ **지대는 잉여**이기에 토지생산물의 가격이 높아지면 지대가 높아지고 토지생산물의 가격이 낮아지면 지대도 낮아진다.

① ㉠, ㉢   ② ㉡, ㉣   ③ ㉠, ㉡, ㉢
④ ㉠, ㉡, ㉣   ⑤ ㉡, ㉢, ㉣

정답해설
④ 옳은 지문은 ㉠, ㉡, ㉣이다.

오답해설
㉢ 절대지대에 관한 설명이다.

03 다음의 내용을 모두 설명하는 지대는?

> • 지대는 토지소유자가 **토지를 소유하고 있다**는 독점적 지위 때문에 받는 수입이므로 최열등지에서도 발생한다.
> • 지대란 토지의 비옥도나 생산력에 관계없이 발생한다.
> • 지대는 **토지의 사유화**로 인해 발생한다.

① 마샬(A. Marshall)의 준지대
② 리카도(D. Ricardo)의 차액지대
③ 알론소(W. Alonso)의 입찰지대
④ 튀넨(J. H. von Thünen)의 위치지대
⑤ 마르크스(K. Marx)의 절대지대

정답해설
⑤ 마르크스(K. Marx)의 절대지대는 토지의 비옥도나 생산력에 관계없이 토지를 소유하고 있다는 사실만으로 토지소유자가 강제적으로 요구하는 지대를 말한다. 즉, 토지소유자가 토지를 소유하고 있다는 독점적 지위 때문에 받는 수입이므로 최열등지(한계지)에서도 발생한다.

> ▶ **마르크스의 절대지대**
> 1. 의미 : 토지소유권제도에 의해 절대적으로 발생하는 지대이다.
> 2. 유용성 : 차액지대가 설명하지 못하는 한계지의 지대발생을 설명할 수 있다.

Answer
01 ①   02 ④   03 ⑤

04 다음 설명에 모두 해당하는 것은? (33회)

> • 서로 다른 지대곡선을 가진 농산물들이 입지경쟁을 벌이면서 각 지점에 따라 가장 높은 지대를 지불하는 농업적 토지이용에 토지가 할당된다.
> • 농산물 생산활동의 입지경쟁과정에서 토지이용이 할당되어 지대가 결정되는데, 이를 입찰지대라 한다.
> • 중심지에 가까울수록 집약 농업이 입지하고, 교외로 갈수록 조방 농업이 입지한다.

① 튀넨(J. H. von Thünen)의 위치지대설
② 마샬(A. Marshall)의 준지대설
③ 리카도(D. Ricardo)의 차액지대설
④ 마르크스(K. Marx)의 절대지대설
⑤ 파레토(V. Pareto)의 경제지대론

정답해설

① 튀넨의 위치지대설에 대한 설명이다.

> ▶ **튀넨의 위치지대**
>
> 1. 의미 : 위치에 따른 수송비 차이에 의해 발생하는 지대이다.
> 2. 가정
>   ㉠ 거리에 따른 곡물가격과 생산비는 동일하다.
>   ㉡ 거리에 따른 수송비에 차이가 있다.
> 3. 위치에 따른 토지이용형태 : 작물의 지대지불능력에 의해 결정된다.

05 알론소(W. Alonso)의 입찰지대이론에 관한 설명으로 틀린 것은? (23회)

① **튀넨의 고립국이론**을 도시공간에 적용하여 **확장·발전**시킨 것이다.
② 운송비는 도심지로부터 멀어질수록 증가하고, 재화의 평균생산비용은 동일하다는 가정을 전제한다.
③ 지대는 기업주의 정상이윤과 투입 생산비를 지불하고 남은 **잉여**에 해당하며, 토지이용자에게는 **최소지불용의액**이라 할 수 있다.
④ 도심지역의 이용 가능한 토지는 외곽지역에 비해 한정되어 있어 토지이용자들 사이에 경쟁이 치열해질 수 있다.
⑤ 교통비 부담이 너무 커서 도시민이 거주하려고 하지 않는 한계지점이 도시의 주거한계점이다.

정답해설

③ 토지이용자에게는 최소지불용의액이 아니라 최대지불가능액(초과이윤 0)이라 할 수 있다.

▶ 알론소의 입찰지대

1. 의미 : 토지이용자의 입찰경쟁에 의해 결정되는 지대이다.
2. 입찰지대
   ㉠ 토지를 입찰에 붙였을 때, 토지 이용자가 지불하고자 하는 최대 금액
   ㉡ 초과이윤이 '0'이 되는 수준의 지대

06 마샬(A. Marshall)의 준지대론에 관한 설명으로 틀린 것은? (24회)

① 한계생산이론에 입각하여 리카도(D. Ricardo)의 지대론을 재편성한 이론이다.
② 준지대는 생산을 위하여 사람이 만든 **기계나 기구들로부터 얻는 소득**이다.
③ 토지에 대한 개량공사로 인해 추가적으로 발생하는 **일시적인 소득**은 준지대에 속한다.
④ 고정생산요소의 공급량은 단기적으로 변동하지 않으므로 다른 조건이 동일하다면 준지대는 고정생산요소에 대한 수요에 의해 결정된다.
⑤ 준지대는 토지 이외의 고정생산요소에 귀속되는 소득으로서, 다른 조건이 동일하다면 **영구적으로 지대의 성격을 가지는 소득**이다.

정답해설

⑤ 준지대는 단기에 공급이 고정된 생산요소에 대한 사용대가를 의미한다. 따라서 준지대는 영구적으로 나타나는 현상이 아니라 공급이 제한된 단기에 나타나는 현상이다.

▶ 마샬의 준지대

1. 의미 : 단기에 공급이 제한된 기계·기구 등의 사용대가를 준지대라고 한다.
2. 특징 : 공급이 제한된 단기에만 나타나는 현상으로 영구적인 성격을 갖는 것은 아니다.

chapter
08

Answer
04 ① 05 ③ 06 ⑤

07 지대이론에 관한 설명으로 옳은 것을 모두 고른 것은? (28회)

> ㉠ 리카도(D. Ricardo)는 지대발생의 원인을 **비옥한 토지의 희소성**과 **수확체감현상**으로 설명하고, 토지의 질적 차이에서 발생하는 임대료의 차이로 보았다.
> ㉡ 마샬(A. Marshall)은 **일시적으로 토지와 유사한 성격을 가지는 생산요소**에 귀속되는 소득을 준지대로 설명하고, **단기적으로 공급량이 일정한 생산요소**에 지급되는 소득으로 보았다.
> ㉢ 튀넨(J. H. von Thünen)은 한계지의 생산비와 우등지의 생산비 차이를 절대지대로 보았다.
> ㉣ 마르크스(K. Marx)는 도시로부터 거리에 따라 **농작물의 재배형태**가 달라진다는 점에 착안하여, 수송비의 차이가 지대의 차이를 가져온다고 보았다.

① ㉠, ㉡　　　　　　　② ㉡, ㉢　　　　　　　③ ㉠, ㉡, ㉣
④ ㉠, ㉢, ㉣　　　　　⑤ ㉡, ㉢, ㉣

정답해설
① 옳은 지문은 ㉠, ㉡이다.

오답해설
㉢ 한계지의 생산비와 우등지의 생산비 차이를 강조한 이론은 리카도의 차액지대이다.
㉣ 수송비의 차이를 강조한 이론은 튀넨의 위치지대이다.

08 지대이론에 관한 설명으로 옳은 것은? (29회)

① 차액지대는 토지의 위치를 중요시하고 비옥도와는 무관하다.
② **준지대**는 토지사용에 있어서 지대의 성질에 준하는 잉여로 영구적 성격을 가지고 있다.
③ 절대지대는 토지의 생산성과 무관하게 토지가 개인에 의해 배타적으로 소유되는 것으로부터 발생한다.
④ **경제지대**는 어떤 생산요소가 다른 용도로 전용되지 않고 현재의 용도에 그대로 사용되도록 지급하는 최소한의 지급액이다.
⑤ 입찰지대는 토지소유자의 노력과 희생 없이 사회 전체의 노력에 의해 창출된 지대이다.

정답해설
③ 옳은 지문이다.

오답해설
① 차액지대는 비옥도를 중요시한다.
② 준지대는 영구적인 것이 아니라 공급이 제한된 단기에만 나타나는 현상이다.
④ 경제지대가 아니라 전용수입(이전수입)에 대한 설명이다.
⑤ 입찰지대는 토지이용자가 지불하고자 하는 최대금액이다.

▶ **파레토 지대(경제지대)**

1. 의미 : 경제지대는 총수입에서 전용(이전)수입을 차감하고 남은 잉여를 말한다.
2. 특징 : 경제지대는 공급이 비탄력적일수록 증가한다.

09 도시공간구조이론 및 지대론에 관한 설명으로 틀린 것은? (26회)

① 해리스(C. Harris)와 울만(E. Ullman)의 다핵이론에서는 상호편익을 가져다주는 활동(들)의 집적지향성(집적이익)을 다핵입지 발생요인 중 하나로 본다.
② 알론소(W. Alonso)의 **입찰지대곡선**은 여러 개의 지대곡선 중 **가장 높은 부분**을 연결한 포락선이다.
③ 헤이그(R. Haig)의 **마찰비용이론**에서는 **교통비**와 지대를 **마찰비용**으로 본다.
④ 리카도(D. Ricardo)의 **차액지대설**에서는 지대발생원인을 농토의 **비옥도에 따른 농작물 수확량의 차이**로 파악한다.
⑤ 마샬(A. Marshall)은 **일시적으로 토지의 성격을 가지는 기계, 기구** 등의 생산요소에 대한 대가를 파레토지대로 정의하였다.

정답해설

⑤ 마샬(A. Marshall)은 단기적으로 토지의 성격을 가지는 기계, 기구 등의 생산요소에 대한 대가를 준지대로 정의하였다.

▶ **헤이그의 마찰비용**

1. 마찰비용은 지대와 교통비로 구성된다.
2. 도시 토지의 가치는 교통비의 절감에 의해 결정된다. 즉 도심에 가까울수록 교통비가 감소하므로 지대는 높고, 이에 따라 지가도 높아진다.

10 다음과 같은 지대이론을 주장한 학자는? (평31회)

- 지대는 자연적 기회를 이용하는 반대급부로 토지소유자에게 지불하는 대가로 보았다.
- 토지지대는 토지이용으로부터 얻는 순소득을 의미하며, 이 순소득을 잉여라고 하였다.
- 토지의 몰수가 아닌 지대의 몰수라고 주장하면서 토지가치에 대한 조세 이외의 모든 조세를 철폐하자고 하였다.

① 리카도(D. Ricardo)
② 알론소(W. Alonso)
③ 헨리 조지(H. George)
④ 마르크스(K. Marx)
⑤ 튀넨(J. H. von Thünen)

정답해설

③ 헨리 조지는 토지단일세를 주장하여 토지에 대한 조세 이외의 모든 조세를 철폐하자고 하였다.

Answer			
07 ①	08 ③	09 ⑤	10 ③

chapter
08

| 제2절 | 도시공간구조이론 |

01 버제스(E. Burgess)의 동심원이론에 대한 설명으로 틀린 것은?

① 동심원이론은 **튀넨의 이론을 도시구조에 적용하였다.**
② 동심원이론에 따르면 **저소득층**일수록 고용기회가 적은 부도심에 주거를 선정하는 경향이 있다.
③ 동심원이론에 의하면 도시는 중심지로 접근할수록 범죄, 빈곤 및 질병 등 도시문제가 늘어나는 경향을 보인다.
④ 동심원이론은 주거지의 공간 분화를 **침입**, **경쟁**, **천이** 등의 과정으로 설명하였다.
⑤ 동심원이론에 의하면 **점이지대**는 고소득층 주거지역보다 도심에 가깝게 위치한다.

정답해설
② 저소득층(노동자 계층)은 고용기회가 많은 지역을 선호하는 경향이 있다.

> ▶ **버제스의 동심원이론**
> 1. 도시는 모든 방향으로 성장하기 때문에 동심원의 구조를 갖는다.
> 2. 시카고시를 대상으로 연구한 실증적·경험적 연구 이론이다.
> 3. 생태학적 분석 또는 도시를 침입, 경쟁, 천이 등의 과정으로 설명하였다.
> 4. 도시는 중심업무지구, 점이지대, 근로자 주택지구, 중산층 주택지구, 통근자 주택지구 등 5개의 지대로 구분된다.

02 다음에서 설명하는 도시공간구조이론은? (23회)

> • 미국의 도시경제학자인 호이트(H. Hoyt)가 주장하였다.
> • 도시공간구조의 성장과 지역분화에 있어 중심업무지구로부터 도매·경공업지구, 저급주택지구, 중급주택지구, 고급주택지구들이 주요 교통노선에 따라 쐐기형(wedge) 지대모형으로 확대 배치된다.
> • **주택가격의 지불능력이 도시주거공간의 유형을 결정하는 중요한 요인**이다.

① 선형이론　　　　② 동심원이론　　　　③ 다핵심이론
④ 중력모형이론　　⑤ 분기점모형이론

정답해설
① 호이트(H. Hoyt)의 선형이론에 대한 설명이다.

▶ **호이트의 선형이론**

1. 주택지는 도심의 주요 간선도로망을 따라 소득계층별로 형성된다.
2. 주택가격의 지불능력, 즉 소득을 강조한 이론이다.
3. 도시의 공간구조는 고소득층이 결정한다고 하였다.

03 다음 내용을 모두 만족시키는 도시공간구조이론은? (29회)

- **유사한 도시활동**은 집적으로부터 발생하는 이익 때문에 **집중**하려는 경향이 있다.
- **서로 다른 도시활동** 중에서는 집적 불이익이 발생하는 경우가 있는데, 이러한 활동은 **상호 분리**되는 경향이 있다.
- 도시활동 중에는 교통이나 입지의 측면에서 특별한 편익을 필요로 하는 기능들이 있다.
- 해리스(C. Harris)와 울만(E. Ullman)이 주장하였다.

① 동심원이론　　　　② 선형이론　　　　③ 다핵심이론
④ 입지지대이론　　　⑤ 최소비용이론

정답해설

③ 해리스(C. Harris)와 울만(E. Ullman)의 다핵심이론에 대한 설명이다.

▶ **다핵심이론**

1. 현대 도시의 내부 구조는 수개의 핵을 중심으로 다양한 형태로 형성된다.
2. 다핵의 발생원인
　㉠ 동종 활동의 집적
　㉡ 이종 활동의 분산
　㉢ 특정 위치의 요구
　㉣ 지대지불능력의 차이

chapter
08

Answer

01 ②　　02 ①　　03 ③

04 도시공간구조이론 및 지대이론에 관한 설명으로 틀린 것은? (32회)

① 버제스(E. Burgess)의 동심원이론에 따르면 중심업무지구와 저소득층 주거지대 사이에 점이지대가 위치한다.

② 호이트(H. Hoyt)의 선형이론에 따르면 도시공간구조의 성장과 분화는 주요 교통축을 따라 부채꼴 모양으로 확대되면서 나타난다.

③ 해리스(C. Harris)와 울만(E. Ullman)의 다핵심이론에 교통축을 적용하여 개선한 이론이 호이트의 선형이론이다.

④ 헤이그(R. Haig)의 마찰비용이론에 따르면 마찰비용은 교통비와 지대로 구성된다.

⑤ 알론소(W. Alonso)의 입찰지대곡선은 도심에서 외곽으로 나감에 따라 가장 높은 지대를 지불할 수 있는 각 산업의 지대곡선들을 연결한 것이다.

정답해설

③ 버제스의 동심원이론에 교통축을 적용하여 개선한 이론이 호이트의 선형이론이다.

05 도시공간구조이론 및 지대이론에 관한 설명으로 틀린 것은? (32회)

① 버제스(E. Burgess)의 동심원이론에 따르면 중심업무지구와 저소득층 주거지대 사이에 **점이지대**가 위치한다.

② 호이트(H. Hoyt)의 선형이론에 따르면 도시공간구조의 성장과 분화는 주요 교통축을 따라 부채꼴 모양으로 확대되면서 나타난다.

③ 해리스(C. Harris)와 울만(E. Ullman)의 다핵심이론에 교통축을 적용하여 개선한 이론이 호이트의 선형이론이다.

④ 헤이그(R. Haig)의 마찰비용이론에 따르면 **마찰비용**은 **교통비**와 지대로 구성된다.

⑤ 알론소(W. Alonso)의 입찰지대곡선은 도심에서 외곽으로 나감에 따라 **가장 높은 지대**를 지불할 수 있는 각 산업의 지대곡선들을 연결한 것이다.

정답해설

③ 해리스(C. Harris)와 울만(E. Ullman)의 다핵심이론은 현대 도시를 설명하는 이론으로 호이트의 선형이론 이후에 나온 이론이다.

06 도시공간구조이론에 관한 설명으로 옳은 것은? (28회)

① 도시공간구조의 변화를 야기하는 요인은 교통의 발달이지 소득의 증가와는 관계가 없다.
② 버제스(E. Burgess)는 도시의 성장과 분화가 주요 교통망에 따라 확대되면서 나타난다고 보았다.
③ 호이트(H. Hoyt)는 도시의 공간구조 형성을 침입, 경쟁, 천이 등의 과정으로 나타난다고 보았다.
④ 동심원이론에 의하면 **중심업무지구**는 내측은 경공업지대로 외측은 불량주거지대로 구성되어 있다.
⑤ 다핵심이론의 핵심요소에는 공업, 소매, 고급주택 등이 있으며, 도시성장에 맞춰 핵심의 수가 증가하고 특화될 수 있다.

정답해설
⑤ 옳은 지문이다.

오답해설
① 교통의 발달과 소득의 변화는 모두 도시구조를 변화시키는 원인이 된다.
② 선형이론에 대한 설명이다.
③ 도시의 공간구조 형성을 침입, 경쟁, 천이 등의 생태학적인 표현을 사용한 이론은 동심원이론이다.
④ 점이지대에 대한 설명이다.

07 다음의 (   ) 안에 들어갈 이론 및 법칙으로 옳게 연결된 것은? (31회)

> ㉠ 두 개 도시의 상거래흡인력은 두 도시의 인구에 비례하고, 두 도시의 분기점으로부터 거리의 제곱에 반비례함
> ㉡ 도시 내부 기능지역이 침입, 경쟁, 천이 과정을 거쳐 중심업무지구, 점이지대, 주거지역 등으로 분화함
> ㉢ 도시공간구조가 교통망을 따라 확장되어 부채꼴 모양으로 성장하고, 교통축에의 접근성이 지가에 영향을 주며 형성됨
> ㉣ 도시공간구조는 하나의 중심이 아니라 몇 개의 분리된 중심이 점진적으로 성장되면서 전체적인 도시가 형성됨

① ㉠: 선형이론, ㉡: 소매인력법칙, ㉢: 동심원이론, ㉣: 다핵심이론
② ㉠: 동심원이론, ㉡: 다핵심이론, ㉢: 선형이론, ㉣: 소매인력법칙
③ ㉠: 다핵심이론, ㉡: 선형이론, ㉢: 소매인력법칙, ㉣: 동심원이론
④ ㉠: 소매인력법칙, ㉡: 다핵심이론, ㉢: 선형이론, ㉣: 동심원이론
⑤ ㉠: 소매인력법칙, ㉡: 동심원이론, ㉢: 선형이론, ㉣: 다핵심이론

정답해설
⑤ ㉠은 소매인력법칙(Reilly), ㉡은 동심원이론(Burgess), ㉢은 선형이론(Hoyt), ㉣은 다핵심이론(Harris & Ullman)에 대한 설명이다.

Answer
04 ③　05 ③　06 ⑤　07 ⑤

제3절 공업입지론

01 다음을 모두 설명하는 입지이론은? (32회)

> • 운송비의 관점에서 특정 공장이 원료지향적인지 또는 시장지향적인지를 판단하기 위해 '**원료지수**(MI : material index)' 개념을 사용한다.
> • 최소운송비 지점, 최소노동비 지점, 집적이익이 발생하는 구역을 종합적으로 고려해서 **최소비용지점**을 결정한다.
> • 최소운송비 지점으로부터 기업이 입지를 바꿀 경우, 이에 따른 추가적인 운송비의 부담액이 동일한 지점을 연결한 것이 **등비용선**이다.

① 베버(A. Weber)의 최소비용이론
② 호텔링(H. Hotelling)의 입지적 상호의존설
③ 뢰쉬(A. Lösch)의 최대수요이론
④ 애플바움(W. Applebaum)의 소비자분포기법
⑤ 크리스탈러(W. Christaller)의 중심지이론

정답해설

① 모두 베버(A. Weber)의 최소비용이론에 대한 내용이다.

02 다음 입지 및 도시공간구조이론에 관한 설명으로 옳은 것을 모두 고른 것은? (33회)

> ㉠ 베버(A. Weber)의 최소비용이론은 산업입지의 영향요소를 운송비, 노동비, 집적이익으로 구분하고, 이 요소들을 고려하여 비용이 최소화되는 지점이 공장의 최적입지가 된다는 것이다.
>
> ㉡ 뢰쉬(A. Lösch)의 최대수요이론은 장소에 따라 수요가 차별적이라는 전제하에 수요측면에서 경제활동의 공간조직과 상권조직을 파악한 것이다.
>
> ㉢ 넬슨(R. Nelson)의 소매입지이론은 특정 점포가 최대 이익을 얻을 수 있는 매출액을 확보하기 위해서는 어떤 장소에 입지하여야 하는가에 대한 원칙을 제시한 것이다.
>
> ㉣ 해리스(C. Harris)와 울만(E. Ullman)의 다핵심이론은 단일의 중심업무지구를 핵으로 하여 발달하는 것이 아니라, 몇 개의 분리된 핵이 점진적으로 통합됨에 따라 전체적인 도시구조가 형성된다는 것이다.

① ㉠, ㉡
② ㉢, ㉣
③ ㉠, ㉡, ㉣
④ ㉡, ㉢, ㉣
⑤ ㉠, ㉡, ㉢, ㉣

정답해설

⑤ 모두 옳은 지문이다.

01 크리스탈러의 중심지이론에 대한 설명으로 옳은 것은?

① 도심으로부터 상업 서비스를 받는 지역을 '**중심지**'라고 한다.

② '**최소요구치**'란 소비자가 재화나 용역을 구입하기 위해 갈 수 있는 최대한의 거리이다.

③ 중심지가 형성되기 위해서는 '**재화의 도달범위**'가 항상 '**최소요구치**' 내에 있어야 한다.

④ 중심지가 하나 이상이 되면 경쟁을 최소화하기 위해 배후지는 정육각형의 형태가 되는 것이 이상적이다.

⑤ **고차 중심지**의 수는 적고, 고차 중심지 상호간의 간격은 좁게 나타난다.

정답해설

④ 옳은 지문이다.

오답해설

① 배후지에 대한 설명이다.

② 재화의 도달범위에 대한 설명이다.

③ 중심지가 형성되기 위해서는 '최소요구치'가 항상 '재화의 도달범위' 내에 있어야 한다.

⑤ 고차 중심지의 수는 적고, 고차 중심지 상호간의 간격은 넓게 분포되어 있다.

▶ **상업입지의 용어 정의**

1. **중심지** : 재화와 서비스를 제공하는 지역(상업도시, 매장, 쇼핑센터)

2. **배후지** : 중심지로부터 재화와 서비스를 제공받는 지역

3. **최소요구치**
   ㉠ 중심지가 존속하기 위해 필요한 최소한의 고객 수
   ㉡ 최소요구치 범위 안에서는 정상이윤만을 획득한다.

4. **최소요구치 범위**
   ㉠ 중심지가 존속하기 위해 필요한 최소한의 수요(고객) 범위

5. **재화의 도달범위**
   ㉠ 중심지 기능이 미치는 한계거리
   ㉡ 수요(고객)이 0이 되는 지점까지를 연결한 범위

02 다음 설명에 모두 해당되는 입지이론은? (33회)

> • 인간정주체계의 분포원리와 상업입지의 계층체계를 설명하고 있다.
> • 재화의 도달거리와 최소요구치와의 관계를 설명하는 것으로 최소요구치가 재화의 도달범위 내에 있을 때 판매자의 존속을 위한 최소한의 상권 범위가 된다.
> • 고객의 다목적 구매행동, 고객의 지역 간 문화적 차이를 반영하지 않았다는 비판이 있다.

① 애플바움(W. Applebaum)의 소비자분포기법
② 레일리(W. Reilly)의 소매중력모형
③ 버제스(E. Burgess)의 동심원이론
④ 컨버스(P. Converse)의 분기점 모형
⑤ 크리스탈러(W. Christaller)의 중심지이론

정답해설
⑤ 크리스탈러의 중심지이론에 대한 설명이다.

03 다음 이론에 관한 설명으로 틀린 것은? (29회)

① **레일리**(W. Reilly)는 **두 중심지가 소비자에게 미치는 영향력**의 크기는 두 중심지의 크기에 반비례하고 거리의 제곱에 비례한다고 보았다.
② 베버(A. Weber)는 운송비·노동비·집적이익을 고려하여 비용이 최소화되는 지점이 공장의 최적입지가 된다고 보았다.
③ **컨버스**(P. Converse)는 경쟁관계에 있는 두 소매시장 간 **상권의 경계지점**을 확인할 수 있도록 소매중력모형을 수정하였다.
④ **허프**(D. Huff)는 소비자가 특정 점포를 이용할 확률은 **소비자와 점포와의 거리, 경쟁점포의 수와 면적**에 의해서 결정된다고 보았다.
⑤ 크리스탈러(W. Christaller)는 재화와 서비스에 따라 중심지가 계층화되며 서로 다른 크기의 도달범위와 최소요구범위를 가진다고 보았다.

정답해설
① 레일리는 두 중심지가 소비자에게 미치는 영향력의 크기는 두 중심지의 크기에 비례하고 거리의 제곱에 반비례한다고 보았다.

Answer
01 ④   02 ⑤   03 ①

04 다음 입지와 도시공간구조에 관한 설명으로 옳은 것을 모두 고른 것은? (31회)

> ⊙ **컨버스**(P. Converse)는 소비자들의 특정 상점의 구매를 설명할 때 실측거리, 시간거리, 매장규모와 같은 **공간요인뿐만 아니라** 효용이라는 **비공간요인도 고려하였다.**
> ⓒ **호이트**(H. Hoyt)는 **저소득층의 주거지**가 형성되는 요인으로 도심과 부도심 사이의 도로, 고지대의 구릉지, 주요 간선도로의 근접성을 제시하였다.
> ⓒ **넬슨**(R. Nelson)은 **특정 점포가 최대 이익을 얻을 수 있는** 매출액을 확보하기 위해서 **어떤 장소에 입지하여야 하는지**를 제시하였다.
> ⓔ **알론소**(W. Alonso)는 단일도심도시의 토지이용형태를 설명함에 있어 **입찰지대의 개념**을 적용하였다.

① ⊙
② ⊙, ⓒ
③ ⓒ, ⓒ
④ ⓒ, ⓔ
⑤ ⓒ, ⓒ, ⓔ

정답해설
④ 옳은 지문은 ⓒ, ⓔ이다.

오답해설
⊙ 허프의 확률 모형에 대한 설명이다.
ⓒ 호이트(H. Hoyt)는 고소득층의 주거지를 중심으로 도시는 주요 간선도로를 따라 부채꼴 모양으로 성장함을 강조했다. 즉 고소득층의 주거지가 형성되는 요인으로 주요 간선도로의 근접성을 제시하였다.

05 허프(D. Huff)모형에 관한 설명으로 옳은 것을 모두 고른 것은? (33회 수정)

> ⊙ 어떤 매장이 고객에게 주는 효용이 클수록 그 매장이 고객들에게 선택될 확률이 더 높아진다는 공리에 바탕을 두고 있다.
> ⓒ 해당 매장을 방문하는 고객의 행동력은 방문하고자 하는 매장의 크기에 비례한다.
> ⓒ 공간(거리)마찰계수는 시장의 교통조건과 매장물건의 특성에 따라 달라지는 값이며, 교통조건이 나빠지면 더 커진다.
> ⓔ 일반적으로 소비자는 가장 가까운 곳에서 상품을 선택하려는 경향이 있다.
> ⓜ 고정된 상권을 놓고 경쟁함으로써 제로섬(zero-sum)게임이 된다는 한계가 있다.

① ⊙, ⓒ
② ⓒ, ⓒ, ⓔ
③ ⓒ, ⓔ, ⓜ
④ ⊙, ⓒ, ⓒ, ⓜ
⑤ ⊙, ⓒ, ⓒ, ⓔ, ⓜ

정답해설
⑤ 모두 옳은 지문이다.

제5절 상업입지 계산 문제

01 A, B 도시 사이에 C도시가 위치한다. 레일리(W. Reilly)의 소매인력법칙을 적용할 경우, C도시에서 A, B 도시로 구매활동에 유인되는 인구의 규모는? (단, C도시의 인구는 모두 구매자이고, A, B 도시에서만 구매하는 것으로 가정하며, 주어진 조건에 한함) (27회)

- A도시 인구 수 : 400,000명
- B도시 인구 수 : 100,000명
- C도시 인구 수 : 50,000명
- C도시와 A도시 간의 거리 : 10km
- C도시와 B도시 간의 거리 : 5km

---

① A : 15,000명   B : 35,000명 ② A : 20,000명   B : 30,000명
③ A : 25,000명   B : 25,000명 ④ A : 30,000명   B : 20,000명
⑤ A : 35,000명   B : 15,000명

정답해설

③ A : 25,000명, B : 25,000명

 1. 각 도시의 구매유인력

  • A도시의 구매유인력 : $\dfrac{400,000}{10^2}$ = 4,000

  • B도시의 구매유인력 : $\dfrac{100,000}{5^2}$ = 4,000

 2. A, B 도시의 구매유인비율

  • A도시의 구매유인비율 : $\dfrac{4,000}{4,000 + 4,000}$ = 0.5(50%)

  • B도시의 구매유인비율 : $\dfrac{4,000}{4,000 + 4,000}$ = 0.5(50%)

 3. A, B 도시로 구매활동에 유인되는 인구의 규모
  • A도시로 유인되는 인구의 규모 : 50,000 × 0.5 = 25,000명
  • B도시로 유인되는 인구의 규모 : 50,000 × 0.5 = 25,000명

▶ **레일리의 소매인력법칙**
1. 고객유인력은 중심지의 크기에 비례하고 거리의 제곱에 반비례한다.
2. 레일리의 고객유인력 : $\dfrac{\text{크기(인구 수, 매장면적)}}{\text{거리}^2}$

Answer

04 ④ 05 ⑤ / 01 ③

02 다음 표는 어느 시장지역 내 거주지 A에서 소비자가 이용하는 쇼핑센터까지의 거리와 규모를 표시한 것이다. 현재 거주지 A지역의 인구가 1,000명이다. 허프(huff)모형에 의한다면, 거주지 A에서 쇼핑센터 1의 이용객 수는? (단, 공간마찰계수는 2이고, 소요시간과 거리의 비례는 동일하며, 다른 조건은 불변이라고 가정함)

구 분	쇼핑센터 1	쇼핑센터 2
쇼핑센터의 면적	1,000m²	1,000m²
거주지 A로부터의 시간거리	5분	10분

① 600명
② 650명
③ 700명
④ 750명
⑤ 800명

정답해설

⑤ 거주지 A에서 쇼핑센터 1의 이용객 수는 800명이다.

1. 쇼핑센터 1의 유인력 : $\dfrac{1,000}{5^2} = 40$

2. 쇼핑센터 2의 유인력 : $\dfrac{1,000}{10^2} = 10$

3. 쇼핑센터 1의 이용객 수 = 1,000명 × $\dfrac{40}{40 + 10}$ = 800명

▶ **허프의 확률모형**

1. 소비자의 구매형태가 근본적으로 상권의 형성에 영향을 준다.
   ㉠ 매장이 클수록 소비자의 효용은 증가한다.
   ㉡ 소비자는 가까운 곳에서 소비를 하려고 한다.

2. 허프의 고객유인력 : $\dfrac{크기(인구 수, 매장면적)}{거리^k}$ (k : 마찰계수)

3. 확률모형을 통해 각 상점의 시장점유율을 간편하게 추계할 수 있다.

03 허프(D. Huff)모형을 활용하여 X지역의 주민이 할인점 A를 방문할 확률과 할인점 A의 월 추정매출액을 순서대로 나열한 것은? (28회)

- X지역의 현재 주민 : 4,000명
- 1인당 월 할인점 소비액 : 35만원
- 공간마찰계수 : 2
- X지역의 주민은 모두 구매자이고, A, B, C 할인점에서만 구매한다고 가정

구 분	할인점 A	할인점 B	할인점 C
면 적	500m²	300m²	450m²
X지역 거주지로부터의 거리	5km	10km	15km

① 80%, 10억 9,200만원
② 80%, 11억 2,000만원
③ 82%, 11억 4,800만원
④ 82%, 11억 7,600만원
⑤ 82%, 12억 400만원

정답해설

② 할인점 A를 방문할 확률 : 80%, 할인점 A의 월 추정매출액 : 11억 2,000만원

1. 유인력 산정

   ㉠ 할인점 A : $\dfrac{500}{5^2} = 20$ ㉡ 할인점 B : $\dfrac{300}{10^2} = 3$ ㉢ 할인점 C : $\dfrac{450}{15^2} = 2$

2. 주민이 할인점 A를 방문할 확률(할인점 A의 유인력 비율) : $\dfrac{20}{20 + 3 + 2} = 0.8(80\%)$

3. 할인점 A의 월 추정매출액

   ㉠ X지역 총 할인점 매출액 : 35만 × 4,000명 = 1,400,000,000원
   ㉡ 할인점 A의 월 추정매출액 : 1,400,000,000원 × 0.8 = 1,120,000,000원

Answer
02 ⑤   03 ②

Chapter 08 토지 경제와 지리 경제 **221**

04 컨버스(P. D. Converse)의 분기점 모형에 기초할 때, A시와 B시의 상권 경계지점은 A시로부터 얼마만큼 떨어진 지점인가? (32회)

- A시와 B시는 동일 직선상에 위치하고 있다.
- A시 인구 : 64만명
- B시 인구 : 16만명
- 시와 B시 사이의 직선거리 : 30km

---

① 5km

② 10km

③ 15km

④ 20km

⑤ 25km

정답해설

④ 상권 경계지점은 A시로부터 20km 떨어진 지점이다.

1. A유인력($\frac{640,000}{a^2}$) = B유인력($\frac{160,000}{b^2}$), $\frac{4}{a^2} = \frac{1}{b^2}$, $a = 2$ $b = 1$

2. 상권 경계지점 : 30km $\times \frac{2}{3}$ = 20km

Answer

04 ④

기출모의고사

최근 2년 동안 시행된 공인중개사 시험과 감정평가사 시험의 기출문제입니다.
이미 논점은 확인했으니, 정답을 빠르게 찾는 연습을 하시어요.

— 국승옥 강사 —

01 다음 설명에 모두 해당하는 것은? (중35회)

- 토지의 비옥도가 동일하더라도 중심도시와의 접근성 차이에 의해 지대가 차별적으로 나타난다.
- 한계지대곡선은 작물의 종류나 농업의 유형에 따라 그 기울기가 달라질 수 있으며, 이 곡선의 기울기에 따라 집약적 농업과 조방적 농업으로 구분된다.
- 가장 높은 지대를 지불하는 농업적 토지이용에 토지가 할당된다.

① 마샬(A. Marshall)의 준지대설
② 헤이그(R. Haig)의 마찰비용이론
③ 튀넨(J. H. von Thünen)의 위치지대설
④ 마르크스(K. Marx)의 절대지대설
⑤ 파레토(V. Pareto)의 경제지대론

02 지대이론에 관한 설명으로 옳은 것은? (34회)

① 튀넨(J. H. von Thünen)의 위치지대설에 따르면, 비옥도 차이에 기초한 지대에 의한 비농업적 토지이용이 결정된다.
② 마샬(A. Marshall)의 준지대설에 따르면, 생산을 위하여 사람이 만든 기계나 기구들로부터 얻은 일시적인 소득은 준지대에 속한다.
③ 리카도(D. Ricardo)의 차액지대설에서 지대는 토지의 생산성과 운송비의 차이에 의해 결정된다.
④ 마르크스(K. Marx)의 절대지대설에 따르면, 최열등지에서는 지대가 발생하지 않는다.
⑤ 헤이그(R. Haig)의 마찰비용이론에서 지대는 마찰비용과 교통비의 합으로 산정된다.

03 입지 및 도시공간구조 이론에 관한 설명으로 틀린 것은? (중35회)

① 호이트(H. Hoyt)의 선형이론은 단핵의 중심지를 가진 동심원 도시구조를 기본으로 하고 있다는 점에서 동심원이론을 발전시킨 것이라 할 수 있다.

② 크리스탈러(W. Christaller)는 중심성의 크기를 기초로 중심지가 고차중심지와 저차중심지로 구분되는 동심원이론을 설명했다.

③ 해리스(C. Harris)와 울만(E. Ullman)은 도시 내부의 토지이용이 단일한 중심의 주위에 형성되는 것이 아니라 몇 개의 핵심지역 주위에 형성된다는 점을 강조하면서, 도시공간구조가 다핵심구조를 가질 수 있다고 보았다.

④ 베버(A. Weber)는 운송비의 관점에서 특정 공장이 원료지향적인지 또는 시장지향적인지를 판단하기 위해 원료지수(material index)개념을 사용했다.

⑤ 허프(D. Huff)모형의 공간(거리)마찰계수는 도로환경, 지형, 주행수단 등 다양한 요인에 영향을 받을 수 있는 값이며, 이 모형을 적용하려면 공간(거리)마찰계수가 정해져야 한다.

04 도시공간구조이론 및 입지이론에 관한 설명으로 옳은 것은? (중34회)

① 버제스(E. Burgess)의 동심원이론에서 통근자지대는 가장 외곽에 위치한다.

② 호이트(H. Hoyt)의 선형이론에 따르면, 도시공간구조의 성장과 분화는 점이지대를 향해 직선으로 확대되면서 나타난다.

③ 해리스(C. Harris)와 울만(E. Ullman)의 다핵심이론에는 중심업무지구와 점이지대가 존재하지 않는다.

④ 뢰쉬(A. Lösch)의 최대수요이론은 운송비와 집적이익을 고려한 특정 사업의 팔각형 상권체계 과정을 보여준다.

⑤ 레일리(W. Reilly)의 소매인력법칙은 특정 점포가 최대이익을 확보하기 위해 어떤 장소에 입지하는가에 대한 8원칙을 제시한다.

05 크리스탈러(W. Christaller)의 **중심지이론**에 관한 설명으로 옳은 것은? (중34회)

① 최소요구범위 − 중심지 기능이 유지되기 위한 최소한의 수요 요구 규모
② 최소요구치 − 중심지로부터 어느 기능에 대한 수요가 0이 되는 곳까지의 거리
③ 배후지 − 중심지에 의해 재화와 서비스를 제공받는 주변지역
④ 도달범위 − 판매자가 정상이윤을 얻을 만큼의 충분한 소비자들을 포함하는 경계까지의 거리
⑤ 중심지 재화 및 서비스 − 배후지에서 중심지로 제공되는 재화 및 서비스

06 베버(A. Weber)의 **최소비용이론**에 관한 설명으로 틀린 것은? (단, 기업은 단일 입지 공장이고, 다른 조건은 동일함) (중34회)

① 최소비용지점은 최소운송비 지점, 최소노동비 지점, 집적이익이 발생하는 구역을 종합적으로 고려해서 결정한다.
② 등비용선(isodapane)은 최소운송비 지점으로부터 기업이 입지를 바꿀 경우, 운송비와 노동비가 동일한 지점을 연결한 곡선을 의미한다.
③ 원료지수(material index)가 1보다 큰 공장은 원료지향적 입지를 선호한다.
④ 제품 중량이 국지원료 중량보다 큰 제품을 생산하는 공장은 시장지향적 입지를 선호한다.
⑤ 운송비는 원료와 제품의 무게, 원료와 제품이 수송되는 거리에 의해 결정된다.

01 정답해설

③ 튀넨의 위치지대설에 대한 내용이다.

02 정답해설

② 옳은 지문이다.

오답해설

① 리카도의 차액지대설에 대한 설명이다.
③ 튀넨의 위치지대설에 대한 설명이다.
④ 절대지대설에 따르면, 최열등지에서도 지대가 발생한다.
⑤ 마찰비용이론에서 마찰비용은 지대와 교통비의 합으로 산정된다.

03 정답해설

② 크리스탈러는 중심지이론을 설명하였다.

04 정답해설

① 옳은 지문이다.

오답해설

② 선형이론에 따르면, 도시공간구조의 성장과 분화는 도로를 따라 부채꼴 모양으로 나타난다.
③ 핵이란 도시 성장의 중심(중심업무지구)을 의미한다. 따라서 다핵심이론에서도 중심업무지구는 존재한다.
④ 운송비와 집적이익은 베버의 최소비용이론의 요소이다.
⑤ 넬슨의 소매입지이론에 대한 설명이다.

05 정답해설

③ 옳은 설명이다.

오답해설

① 최소요구치에 대한 설명이다.
② 재화의 도달범위에 대한 설명이다.
④ 최소요구치범위에 대한 설명이다.
⑤ 중심지 재화 및 서비스 - 중심지에서 배후지로 제공되는 재화 및 서비스

06 정답해설

② 등비용선은 최소운송비 지점으로부터 기업이 입지를 바꿀 경우, 이에 따른 추가적인 운송비의 부담액이 동일한 지점을 연결한 선이다.

제1절 부동산 가치이론

01 부동산 가치와 가격에 관한 설명 중 틀린 것은?

① 가치는 **주관적**인 개념이고, 가격은 **객관적**인 개념이다.

② 가치가 상승하면 가격도 상승하고, 가치가 하락하면 가격도 하락한다.

③ 가치는 일정시점에 **여러 가지로 존재**하지만, 가격은 일정시점에 **하나만 존재**한다.

④ 대상 부동산이 특정한 용도로 사용되었을 때 가질 수 있는 가치는 **교환가치**이다.

⑤ 부동산의 가치는 **장래 기대되는 유·무형의 편익을 현재가치로 환원한 값**이다.

정답해설

④ 사용가치에 대한 설명이다. 교환가치는 매매를 목적으로 부여되는 가치를 의미한다.

▶ **가치와 가격의 구별**

1. **가치(value)** : 장래 기대되는 이익을 현재가치로 환원한 값
   ㉠ 주관적·추상적 개념
   ㉡ 현재의 값
   ㉢ 다양한 가치가 존재(사용가치, 교환가치, 투자가치, 과세가치 등)
2. **가격(price)** : 시장에서 재화가 실제로 거래된 금액
   ㉠ 객관적·구체적 개념
   ㉡ 과거의 값
   ㉢ 일정시점에 하나만 존재

Answer

01 ④

02 부동산 가격이론에서 가치와 가격에 관한 설명 중 틀린 것은?

① 가치는 **주관적·추상적**인 개념이고, 가격은 가치가 시장을 통하여 화폐단위로 구현된 **객관적·구체적**인 개념이다.

② 가치와 가격은 비례 관계에 있다.

③ 수요와 공급의 변동에 따라 **단기**적으로 가치와 가격은 **일치**하게 되고, **장기**적으로 가격은 가치로부터 **괴리되는 현상**을 나타낸다.

④ 부동산 가치는 평가목적에 따라 일정시점에서 **여러 가지가 존재**하나, 부동산 가격은 지불된 금액이므로 일정시점에서 **하나만 존재**한다.

⑤ 부동산의 가치는 **유·무형의 기대이익을 현재가치로 환원한 값**을 의미한다.

정답해설

③ 단기적으로 가치와 가격은 불일치하나, 장기적으로 일치하려는 경향을 보인다.

03 부동산의 가치와 가격에 관한 설명으로 틀린 것은? (평29회)

① 일정시점에서 부동산 가격은 하나밖에 없지만, 부동산 가치는 여러 개 있을 수 있다.

② 부동산 가격은 **장기적 고려하에서 형성된다**.

③ 부동산의 가격과 가치 간에는 오차가 있을 수 있으며, 이는 감정평가 필요성의 근거가 된다.

④ 부동산 가격은 시장경제에서 자원배분의 기능을 수행한다.

⑤ 부동산 가치는 부동산의 소유에서 비롯되는 현재의 편익을 미래가치로 환원한 값이다.

정답해설

⑤ 부동산 가치는 장래 기대되는 편익을 현재가치로 환원한 값으로 정의될 수 있다.

04 부동산 가치에 관한 설명으로 틀린 것은? (23회)

① **사용가치**는 대상 부동산이 시장에서 매도되었을 때 형성될 수 있는 **교환가치**와 유사한 개념이다.

② 투자가치는 투자자가 대상 부동산에 대해 갖는 주관적인 가치의 개념이다.

③ 보험가치는 보험금의 산정과 보상에 대한 기준으로 사용되는 가치의 개념이다.

④ 과세가치는 정부에서 소득세나 재산세를 부과하는 데 사용되는 기준이 된다.

⑤ 공익가치는 어떤 부동산의 보존이나 보전과 같은 공공목적의 비경제적 이용에 따른 가치를 의미한다.

정답해설

① 사용가치는 교환가치와 다른 개념이다. 사용가치는 사용자가 재화를 사용하면서 부여하는 가치이고, 교환가치는 재화의 교환(거래)을 목적으로 형성된 가치이다.

05 부동산의 가치발생요인에 관한 설명으로 틀린 것은? (24회)

① 대상 부동산의 물리적 특성뿐 아니라 토지이용규제 등과 같은 공법상의 제한 및 소유권의 법적 특성도 대상 부동산의 **효용**에 영향을 미친다.

② **유효수요**란 대상 부동산을 구매하고자 하는 욕구로, 지불능력(구매력)을 필요로 하는 것은 아니다.

③ **상대적 희소성**이란 부동산에 대한 수요에 비해 공급이 부족하다는 것이다.

④ **효용**은 부동산의 용도에 따라 주거지는 쾌적성, 상업지는 수익성, 공업지는 생산성으로 표현할 수 있다.

⑤ 부동산의 가치는 가치발생요인들의 상호결합에 의해 발생한다.

정답해설

② 유효수요는 수요 중 구매력을 갖춘 수요를 의미한다.

> ▶ **가치발생요인과 가치형성요인**
>
> 1. 가치발생요인 : 효용, 상대적 희소성, 유효수요
> 2. 가치형성요인 : 일반 요인, 지역 요인, 개별 요인

06 부동산 가치의 발생요인에 관한 설명으로 틀린 것은? (평31회)

① 유효수요는 구입의사와 지불능력을 가지고 있는 수요이다.

② 효용(유용성)은 인간의 필요나 욕구를 만족시킬 수 있는 재화의 능력이다.

③ 효용(유용성)은 부동산의 용도에 따라 주거지는 쾌적성, 상업지는 수익성, 공업지는 생산성으로 표현할 수 있다.

④ 부동산은 용도적 관점에서 대체성이 인정되고 있기 때문에 절대적 희소성이 아닌 상대적 희소성을 가지고 있다.

⑤ **이전성**은 법률적인 측면이 아닌 경제적인 측면에서의 가치발생요인이다.

정답해설

⑤ 일부 학자는 가치발생요인으로 이전성 또는 권리의 이전가능성을 추가하기도 한다. 이전성 또는 권리의 이전가능성은 법률적 측면의 요인이다.

chapter

09

| Answer |
| 02 ③　03 ⑤　04 ①　05 ②　06 ⑤ |

| 제2절 | 지역분석과 개별분석 |

01 감정평가과정상 지역분석과 개별분석에 관한 설명으로 **틀린** 것은? (27회)

① 지역분석을 통해 해당 지역 내 부동산의 **표준적 이용**과 **가격수준**을 파악할 수 있다.
② 동일수급권이란 대상 부동산과 대체·경쟁관계가 성립하는 부동산이 존재하는 권역이다.
③ 대상 부동산의 **최유효이용**을 판정하기 위해 개별분석이 필요하다.
④ 지역분석보다 **개별분석을 먼저 실시**하는 것이 일반적이다.
⑤ 지역분석은 대상지역에 대한 **거시적인 분석**인 반면, 개별분석은 대상 부동산에 대한 **미시적인 분석**이다.

[정답해설]
④ 지역분석을 먼저 진행하고 지역분석의 결과를 기초로 개별분석을 진행한다.

> ▶ **지역분석과 개별분석**
>
> 1. 지역분석
>   ① 의미 : 지역요인을 분석하여 표준적 이용과 지역의 가격수준을 판정하는 과정
>   ② 근거 : 부동성(지리적 위치의 고정성), 적합의 원칙
> 2. 개별분석
>   ① 의미 : 개별요인을 분석하여 최유효이용과 대상의 개별가격을 판정하는 과정
>   ② 근거 : 개별성, 균형의 원칙

02 지역분석과 개별분석에 관한 설명으로 **옳은** 것은? (평30회)

① 지역분석은 일반적으로 개별분석에 선행하여 행하는 것으로 그 지역 내의 **최유효이용**을 판정하는 것이다.
② **인근지역**이란 대상 부동산이 **속한 지역**으로 부동산의 이용이 동질적이고 가치형성요인 중 **개별요인**을 공유하는 지역이다.
③ **유사지역**이란 대상 부동산이 속하지 아니하는 지역으로서 인근지역과 유사한 특성을 갖는 지역이다.
④ 개별분석이란 지역분석의 결과로 얻어진 정보를 기준으로 대상 부동산의 **가격을 표준화·일반화**시키는 작업을 말한다.
⑤ 지역분석시에는 **균형의 원칙**에, 개별분석시에는 **적합의 원칙**에 더 유의하여야 한다.

[정답해설]
③ 옳은 지문이다.

오답해설
① 지역분석은 지역의 표준적 이용을 판정하는 활동이다.
② 인근지역은 지역요인을 공유하는 지역이다.
④ 개별분석은 대상 부동산의 가격을 개별화·구체화시키는 활동이다.
⑤ 지역분석시에는 적합의 원칙에, 개별분석시에는 균형의 원칙에 더 유의하여야 한다.

▶ 지역분석의 대상 지역
1. 인근지역은 감정평가의 대상이 된 부동산이 속한 지역으로서 부동산의 이용이 동질적이고 가치형성요인 중 지역요인을 공유하는 지역이다.
2. 유사지역은 대상 부동산이 속하지 아니하는 지역으로서 인근지역과 유사한 특성을 갖는 지역이다.
3. 동일수급권은 대상 부동산과 대체·경쟁 관계가 성립하고 가치형성에 서로 영향을 미치는 다른 부동산이 존재하는 권역으로, 인근지역과 유사지역을 포함하는 광역적인 권역이다.

03 감정평가과정상 지역분석과 개별분석에 관한 설명으로 틀린 것은? (30회)
① 해당지역 내 부동산의 **표준적 이용**과 **가격수준 파악**을 위해 지역분석이 필요하다.
② 지역분석은 대상 부동산에 대한 **미시적·국지적 분석**인 데 비하여, 개별분석은 대상지역에 대한 **거시적·광역적 분석**이다.
③ **인근지역**이란 대상 부동산이 **속한** 지역으로서 부동산의 이용이 동질적이고 가치형성요인 중 **지역요인**을 공유하는 지역을 말한다.
④ **동일수급권**이란 대상 부동산과 대체·경쟁 관계가 성립하고 가치형성에 서로 영향을 미치는 관계에 있는 다른 부동산이 존재하는 권역을 말하여, 인근지역과 유사지역을 **포함한다.**
⑤ 대상 부동산의 **최유효이용**을 판정하기 위해 개별분석이 필요하다.

정답해설
② 지역분석은 거시적·광역적 분석이고, 개별분석은 미시적·국지적 분석이다.

chapter
09

Answer
01 ④   02 ③   03 ②

04 감정평가 과정상 지역분석 및 개별분석에 관한 설명으로 옳은 것은? (33회)

① 동일수급권(同一需給圈)이란 대상부동산과 대체·경쟁관계가 성립하고 가치 형성에 서로 영향을 미치는 관계에 있는 다른 부동산이 존재하는 권역(圈域)을 말하며, 인근지역과 유사지역을 포함한다.

② 지역분석이란 대상부동산이 속해 있는 지역의 지역요인을 분석하여 대상부동산의 최유효이용을 판정하는 것을 말한다.

③ 인근지역이란 대상부동산이 속한 지역으로서 부동산의 이용이 동질적이고 가치형성요인 중 개별요인을 공유하는 지역을 말한다.

④ 개별분석이란 대상부동산의 개별적 요인을 분석하여 해당 지역 내 부동산의 표준적 이용과 가격수준을 판정하는 것을 말한다.

⑤ 지역분석보다 개별분석을 먼저 실시하는 것이 일반적이다.

정답해설
① 옳은 지문이다.

오답해설
② 지역분석은 표준적이용을 판정한다.
③ 인근지역은 가치형성요인 중 지역요인을 공유하는 지역을 말한다.
④ 개별분석은 최유효이용과 개별적·구체적 가격을 판정한다.
⑤ 개별분석보다 지역분석을 먼저 실시한다.

05 다음은 감정평가과정상 지역분석 및 개별분석과 관련된 내용이다. ( )에 들어갈 용어는?
(32회)

> 지역분석은 해당 지역의 (㉠) 및 그 지역 내 부동산의 가격수준을 판정하는 것이며, 개별분석은 대상 부동산의 (㉡)을 판정하는 것이다. 지역분석의 분석 대상지역 중 (㉢)은 대상 부동산이 속한 지역으로서 부동산의 이용이 동질적이고 가치형성요인 중 지역요인을 공유하는 지역이다.

① ㉠: 표준적이용, ㉡: 최유효이용, ㉢: 유사지역
② ㉠: 표준적이용, ㉡: 최유효이용, ㉢: 인근지역
③ ㉠: 최유효이용, ㉡: 표준적이용, ㉢: 유사지역
④ ㉠: 최유효이용, ㉡: 표준적이용, ㉢: 인근지역
⑤ ㉠: 최유효이용, ㉡: 최유효이용, ㉢: 유사지역

정답해설
② 옳은 연결이다.

06 감정평가과정상 지역분석과 개별분석에 관한 설명으로 틀린 것은? (평32회)

① 지역분석을 통해 해당 지역 내 부동산의 표준적 이용과 가격수준을 파악할 수 있다.

② 지역분석은 개별분석보다 먼저 실시하는 것이 일반적이다.

③ 인근지역이란 대상 부동산이 속한 지역으로서 부동산의 이용이 동질적이고 가치형성 요인 중 개별요인을 공유하는 지역을 말한다.

④ 유사지역이란 대상 부동산이 속하지 아니하는 지역으로서 인근지역과 유사한 특성을 갖는 지역을 말한다.

⑤ 지역분석은 대상지역에 대한 거시적인 분석인 반면, 개별분석은 대상 부동산에 대한 미시적인 분석이다.

[정답해설]
③ 인근지역이란 대상 부동산이 속한 지역으로서 부동산의 이용이 동질적이고 가치형성요인 중 지역요인을 공유하는 지역이다.

chapter
09

Answer
04 ① 05 ② 06 ③

제3절 | **부동산 가격원칙**

01 부동산 가격의 원칙 중 적합의 원칙과 균형의 원칙에 관한 설명으로 옳은 것은?

① 적합의 원칙이란 부동산의 유용성이 최고도로 발휘되기 위해서는 부동산 **구성요소의 결합에 균형**이 있어야 한다는 것을 말한다.

② 균형의 원칙이란 부동산의 유용성이 최고도로 발휘되기 위해서는 부동산이 **외부환경에 적합**하여야 한다는 것을 말한다.

③ 적합의 원칙은 **개별분석**을 하는 경우에 활용되어야 한다.

④ 균형의 원칙에 위배된 부동산은 원가법을 적용하는 경우에 **경제적 감가**를 부여하여야 한다.

⑤ 적합의 원칙은 **외부와의 관계**를 설명하고, 균형의 원칙은 부동산의 **내부 관계**를 설명한다.

정답해설

⑤ 옳은 지문이다.

오답해설

① 균형의 원칙에 대한 설명이다.

② 적합의 원칙에 대한 설명이다.

③ 적합의 원칙은 지역분석에서 활용되고, 균형의 원칙은 개별분석에서 활용된다.

④ 균형의 원칙에 위배된 부동산은 기능적 감가를 부여한다.

> ▶ **적합의 원칙과 균형의 원칙**
>
> 1. 적합의 원칙
>   ㉠ 의미 : 부동산의 유용성이 최고가 되기 위해서는 외부환경과 적합해야 한다.
>   ㉡ 활용 : 지역분석, 경제적 감가 반영의 근거
> 2. 균형의 원칙
>   ㉠ 의미 : 부동산의 유용성이 최고가 되기 위해서는 내부 구성요소에 균형이 있어야 한다.
>   ㉡ 활용 : 개별분석, 기능적 감가 반영의 근거

02 부동산 감정평가에서 가격의 제 원칙에 관한 설명으로 틀린 것은? (23회)

① 부동산 가격의 원칙은 부동산의 가격이 어떻게 형성되고 유지되는지 그 법칙성을 찾아 내어 평가활동의 지침으로 삼으려는 행동기준이다.

② 대체의 원칙은 대체성 있는 2개 이상의 재화가 존재할 때 그 재화의 가격은 서로 관련 되어 이루어진다는 원칙으로, 유용성이 동일할 때는 가장 가격이 싼 것을 선택하게 된다.

③ **균형의 원칙**은 내부적 관계의 원칙인 적합의 원칙과는 대조적인 의미로, 부동산 구성 요소의 결합에 따른 최유효이용을 강조하는 것이다.

④ 기여의 원칙은 부동산의 각 구성요소가 각각 기여하여 부동산 전체의 가격이 형성된다 는 원칙이다.

⑤ 변동의 원칙은 재화의 가격이 그 가치형성요인의 변화에 따라 달라지는 것으로, 부동 산의 가격도 사회적·경제적·행정적 요인이나 부동산 자체가 가지는 개별적 요인에 따라 지속적으로 변동한다는 것을 강조하는 것이다.

정답해설

③ 균형의 원칙은 외부적 원칙인 적합의 원칙과 대비된다.

▶ **대체의 원칙과 기여의 원칙**

1. 대체의 원칙
   ㉠ 의미 : 재화가 유사하다면 가격도 유사해진다.
   ㉡ 근거 : 효용이 유사하다면 보다 싼 재화를 선택하는 소비자의 행동에 근거
   ㉢ 활용 : 감정평가 3방식의 근거, 거래사례비교법의 근거
2. 기여의 원칙
   ㉠ 의미 : 부동산의 가격은 부동산을 구성하는 요소들의 기여도에 의해 결정된다.
   ㉡ 활용 : 추가투자의 적정성을 판단하는 기준

chapter

09

Answer

01 ⑤   02 ③

03 부동산 평가활동에서 부동산 가격의 원칙에 관한 설명으로 틀린 것은? (평32회)

① 예측의 원칙이란 평가활동에서 가치형성요인의 변동추이 또는 동향을 주시해야 한다는 것을 말한다.

② 대체의 원칙이란 부동산의 가격이 대체관계의 유사 부동산으로부터 영향을 받는다는 것을 말한다.

③ **균형의 원칙**이란 부동산의 유용성이 최고도로 발휘되기 위해서는 부동산이 외부환경과 균형을 이루어야 한다는 것을 말한다.

④ 변동의 원칙이란 가치형성요인이 시간의 흐름에 따라 지속적으로 변화함으로써 부동산 가격도 변화한다는 것을 말한다.

⑤ 기여의 원칙이란 부동산의 가격이 대상 부동산의 각 구성요소가 기여하는 정도의 합으로 결정된다는 것을 말한다.

정답해설

③ 균형의 원칙이란 부동산의 유용성이 최고도로 발휘되기 위해서는 부동산이 내부 환경과 균형을 이루어야 한다는 것을 말한다.

04 부동산 가격원칙(혹은 평가원리)에 관한 설명으로 틀린 것은? (26회)

① 최유효이용은 대상 부동산의 물리적 채택가능성, 합리적이고 합법적인 이용, 최고 수익성을 기준으로 판정할 수 있다.

② **균형의 원칙**은 구성요소의 결합에 대한 내용으로, 균형을 이루지 못하는 과잉부분은 원가법을 적용할 때 경제적 감가로 처리한다.

③ **적합의 원칙**은 부동산의 입지와 인근환경의 영향을 고려한다.

④ 대체의 원칙은 부동산의 가격이 대체관계의 유사 부동산으로부터 영향을 받는다는 점에서, 거래사례비교법의 토대가 될 수 있다.

⑤ 예측 및 변동의 원칙은 부동산의 현재보다 장래의 활용 및 변화 가능성을 고려한다는 점에서, 수익환원법의 토대가 될 수 있다.

정답해설

② 부동산의 가치가 최고가 되기 위해서는 내부 구성요소 간의 균형이 있어야 한다. 이를 균형의 원칙이라고 한다. 부동산의 내부에 균형이 없다면 부동산의 가치가 하락되는데, 이를 기능적 감가라고 한다. 따라서 원가법을 적용할 때 균형을 이루지 못한 과잉부분은 기능적 감가로 처리한다.

05 다음 현상을 설명할 수 있는 감정평가이론상 부동산 가격원칙은? (20회)

> 공인중개사 甲은 아파트 매수의뢰자에게 110m²형 아파트에 대해 다음과 같이 설명하였다.
>
> "이 아파트는 1984년에 사용 승인받은 아파트로, 최근에 건축된 유사한 아파트에 비해서 화장실이 1개 적고, 냉·난방비가 많이 듭니다. 그래서 시장에서 선호도가 떨어져 낮은 가격으로 거래되고 있습니다."

① 수익배분(income distribution)의 원칙
② 수익체증체감(increasing and diminishing income)의 원칙
③ 외부성(externality)의 원칙
④ 기회비용(opportunity cost)의 원칙
⑤ 균형(balance)의 원칙

정답해설

⑤ 화장실, 냉·난방비의 문제로 인한 시장 선호도 감소는 내부 구성요소의 불균형으로 발생한 기능적 감가라고 할 수 있다. 따라서 균형의 원칙과 관련이 있다.

06 다음 부동산 현상 및 부동산 활동을 설명하는 감정평가이론상 부동산 가격원칙을 순서대로 나열한 것은? (28회)

> (가) : 복도의 천장 높이를 과대 개량한 전원주택이 냉·난방비 문제로 시장에서 선호도가 떨어진다.
> (나) : 판매시설 입점부지 선택을 위해 후보지역분석을 통해 표준적 사용을 확인한다.

① 균형의 원칙, 적합의 원칙
② 예측의 원칙, 수익배분의 원칙
③ 적합의 원칙, 예측의 원칙
④ 수익배분의 원칙, 균형의 원칙
⑤ 적합의 원칙, 변동의 원칙

정답해설

① (가)는 내부 구성요소의 불균형으로 인한 선호도 감소를 의미한다. 따라서 균형의 원칙과 관계된다. (나)는 지역분석을 하고 있다. 따라서 적합의 원칙과 관계된다.

Answer
03 ③ 04 ② 05 ⑤ 06 ①

제4절 | 감정평가제도

01 기준시점에 대한 설명으로 틀린 것은?

① 기준시점은 대상 물건의 감정평가액을 결정하는 **기준이 되는 날짜**이다.

② 특정 과거시점을 기준시점으로 감정평가하는 것은 소급 평가이다.

③ 기준시점은 원칙적으로 **가격조사를 완료한 날짜**로 한다.

④ 기준시점을 미리 정하였을 때에는 그 날짜에 현장조사가 가능한 경우에만 그 날짜를 기준시점으로 할 수 있다.

⑤ 감정평가에서 기준시점이 중요한 이유는 변동의 원칙으로 설명할 수 있다.

정답해설

④ 기준시점을 미리 정하였을 때에는 그 날짜에 가격조사가 가능한 경우에만 그 날짜를 기준시점으로 할 수 있다.

> **▶ 기준시점 기준**
>
> 1. 기준시점은 대상 물건의 가격조사를 완료한 날짜로 한다.
> 2. 다만, 기준시점을 미리 정하였을 때에는 그 날짜에 가격조사가 가능한 경우에만 기준시점으로 할 수 있다.

02 감정평가에 관한 규칙상 가치에 관한 설명으로 틀린 것은? (평30회)

① 대상 물건에 대한 감정평가액은 시장가치를 기준으로 결정하는 것을 원칙으로 한다.

② 법령에 다른 규정이 있는 경우에는 **시장가치 외의 가치**를 기준으로 감정평가**할 수 있다**.

③ 대상 물건의 특성에 비추어 사회통념상 필요하다고 인정되는 경우에는 **시장가치 외의 가치**를 기준으로 감정평가**할 수 있다**.

④ **시장가치**란 대상 물건이 통상적인 시장에서 충분한 기간 방매된 후 매수인에 의해 제시된 것 중에서 가장 높은 가격을 말한다.

⑤ 감정평가 의뢰인이 요청하여 시장가치 외의 가치로 감정평가하는 경우에는 해당 **시장가치 외의 가치**의 성격과 특징을 **검토하여야 한다**.

정답해설

④ 시장가치는 가장 높은 가격을 의미하는 것이 아니라, 성립될 가능성이 가장 높은 금액이다.

▶ **시장가치 기준**
1. 대상 물건에 대한 감정평가액은 시장가치를 기준으로 결정한다.
2. 시장가치란 통상적인 시장에서 충분한 기간 동안 거래를 위하여 공개된 후 그 대상 물건의 내용에 정통한 당사자 사이에 신중하고 자발적인 거래가 있을 경우 성립될 가능성이 가장 높다고 인정되는 대상 물건의 가액을 말한다.
3. 감정평가법인등은 다음 각 호의 어느 하나에 해당하는 경우에는 대상물건의 감정평가액을 시장가치 외의 가치를 기준으로 결정할 수 있다.
   ㉠ 법령에 다른 규정이 있는 경우
   ㉡ 의뢰인이 요청하는 경우
   ㉢ 감정평가의 목적이나 대상물건의 특성에 비추어 사회통념상 필요하다고 인정되는 경우
4. 감정평가법인등은 시장가치 외의 가치를 기준으로 감정평가할 때에는 다음 각 호의 사항을 검토하여야 한다. 다만, 법령의 규정이 있어서 시장가치 외의 가치를 기준으로 하는 경우에는 그러하지 아니하다.
   ㉠ 해당 시장가치 외의 가치의 성격과 특징
   ㉡ 시장가치 외의 가치를 기준으로 하는 감정평가의 합리성 및 적법성
5. 감정평가법인등은 시장가치 외의 가치를 기준으로 하는 감정평가의 합리성 및 적법성이 결여(缺如)되었다고 판단할 때에는 의뢰를 거부하거나 수임(受任)을 철회할 수 있다.

03 감정평가에 관한 규칙상 시장가치기준에 관한 설명으로 틀린 것은? (33회)
① 대상물건에 대한 감정평가액은 원칙적으로 시장가치를 기준으로 결정한다.
② 감정평가법인등은 법령에 다른 규정이 있는 경우에는 대상물건의 감정평가액을 시장가치 외의 가치를 기준으로 결정할 수 있다.
③ 감정평가법인등은 대상물건의 특성에 비추어 사회통념상 필요하다고 인정되는 경우에는 대상물건의 감정평가액을 시장가치 외의 가치를 기준으로 결정할 수 있다.
④ 감정평가법인등은 감정평가 의뢰인이 요청하여 시장가치 외의 가치를 기준으로 감정평가할 때에는 해당 시장가치 외의 가치의 성격과 특징을 검토하지 않는다.
⑤ 감정평가법인등은 시장가치 외의 가치를 기준으로 하는 감정평가의 합리성 및 적법성이 결여(缺如)되었다고 판단할 때에는 의뢰를 거부하거나 수임(受任)을 철회할 수 있다.

chapter
09

정답해설
④ 감정평가법인등은 시장가치 외의 가치를 기준으로 감정평가할 때에는 해당 시장가치 외의 가치의 성격과 특징을 검토하여야 한다.

Answer
01 ④   02 ④   03 ④

04 감정평가에 관한 규칙에 규정된 내용이 아닌 것은? (27회)

① 감정평가법인등은 감정평가 의뢰인이 요청하는 경우에는 대상물건의 감정평가액을 **시장가치 외의 가치**를 기준으로 결정할 수 있다.

② **시장가치**란 한정된 시장에서 성립될 가능성이 있는 대상물건의 최고가액을 말한다.

③ 감정평가는 기준시점에서의 대상물건의 이용상황(불법적이거나 일시적인 이용은 제외한다) 및 공법상 제한을 받는 상태를 기준으로 한다.

④ **둘 이상의 대상물건**이 일체로 거래되거나 대상물건 상호간에 용도상 불가분의 관계가 있는 경우에는 **일괄**하여 감정평가할 수 있다.

⑤ **하나의 대상물건**이라도 가치를 달리하는 부분은 이를 **구분**하여 감정평가할 수 있다.

정답해설

② '시장가치'란 감정평가의 대상물건이 통상적인 시장에서 충분한 기간 동안 거래를 위하여 공개된 후 그 대상물건의 내용에 정통한 당사자 사이에 신중하고 자발적인 거래가 있을 경우 성립될 가능성이 가장 높다고 인정되는 대상물건의 가액을 말한다.

05 감정평가에 관한 규칙의 내용으로 옳은 것은? (24회)

① 기준시점이란 대상 물건의 감정평가액을 결정하기 위해 현장조사를 완료한 날짜를 말한다.

② 감정평가는 의뢰시점에서의 대상 물건의 이용상황(불법적이거나 일시적인 이용은 제외한다) 및 공법상 제한을 받는 상태를 기준으로 한다.

③ **적산법**이란 대상 물건의 재조달원가에 감가수정을 하여 대상 물건의 가액을 산정하는 감정평가방법을 말한다.

④ **수익분석법**이란 대상 물건이 장래 산출할 것으로 기대되는 순수익이나 미래의 현금흐름을 환원하거나 할인하여 대상 물건의 가액을 산정하는 감정평가방법을 말한다.

⑤ 가치형성요인이란 대상 물건의 경제적 가치에 영향을 미치는 일반요인, 지역요인 및 개별요인 등을 말한다.

정답해설

⑤ 옳은 지문이다.

오답해설

① 기준시점이란 대상 물건의 감정평가액을 결정하는 기준이 되는 날짜로 가격조사를 완료한 날짜로 한다.

② 감정평가는 기준시점을 기준으로 한다.

③ 원가법에 대한 설명이다.

④ 수익환원법에 대한 설명이다.

▶ **현황 기준**

1. 감정평가는 기준시점에서 대상 물건의 (실제)이용상황 및 공법상 제한을 받는 상태를 기준으로 한다. 다만, 불법적이거나 일시적인 이용은 제외한다.
2. 공부상 지목과 실제 이용상황이 다르다면 실제 이용상황을 기준으로 한다.
3. 감정평가법인등은 다음 각 호의 어느 하나에 해당하는 경우에는 기준시점의 가치형성요인 등을 실제와 다르게 가정하거나 특수한 경우로 한정하는 조건을 붙여 감정평가할 수 있다.
   ㉠ 법령에 다른 규정이 있는 경우
   ㉡ 의뢰인이 요청하는 경우
   ㉢ 감정평가의 목적이나 대상물건의 특성에 비추어 사회통념상 필요하다고 인정되는 경우
4. 감정평가법인등은 감정평가조건을 붙일 때에는 감정평가조건의 합리성, 적법성 및 실현가능성을 검토하여야 한다. 다만, 법령의 규정이 있어서 조건을 붙여서 감정평가하는 경우에는 그러하지 아니하다.
5. 감정평가법인등은 감정평가조건의 합리성, 적법성이 결여되거나 사실상 실현 불가능하다고 판단할 때에는 의뢰를 거부하거나 수임을 철회할 수 있다.

06 감정평가원칙을 설명한 것으로 틀린 것은?

① 인근지역은 감정평가의 대상이 된 부동산이 속한 지역으로서 부동산의 이용이 동질적이고 가치형성요인 중 지역요인을 공유하는 지역을 말한다.

② 감정평가는 원칙적으로 기준시점에서의 대상 물건의 이용상황 및 공법상 제한을 받는 상태를 기준으로 한다. 다만 불법적이거나 일시적인 이용은 제외한다.

③ 법령에 규정이 있는 경우, 의뢰인이 요청하는 경우에는 기준시점의 가치형성요인 등을 실제와 다르게 가정하거나 특수한 경우로 한정하는 **조건을 붙여 감정평가할 수 있다**.

④ 하나의 대상 물건이라도 가치를 달리하는 부분은 이를 구분하여 감정평가할 수 있다.

⑤ 일체로 이용되고 있는 대상물건의 일부분에 대하여 감정평가하여야 할 특수한 목적이나 합리적인 이유가 있는 경우에는 일괄하여 감정평가할 수 있다.

정답해설

⑤ 부분평가에 대한 설명이다.

▶ **개별물건 기준의 예외**

1. **일괄평가** : 둘 이상의 대상 물건이 일체로 거래되거나 상호간에 용도상 불가분의 관계가 있는 경우에는 일괄하여 감정평가할 수 있다.
2. **구분평가** : 하나의 대상 물건이라도 가치를 달리하는 부분은 이를 구분하여 감정평가할 수 있다.
3. **부분평가** : 일체로 이용되고 있는 대상 물건의 일부분에 대하여 감정평가하여야 할 특수한 목적이나 합리적인 이유가 있는 경우에는 그 부분에 대하여 감정평가할 수 있다.

Answer

04 ② 05 ⑤ 06 ⑤

> ▶ 인근지역, 유사지역, 동일수급권
>
> 1. 인근지역이란 감정평가의 대상이 된 부동산이 속한 지역으로서 부동산의 이용이 동질적이고 가치형성요인 중 지역요인을 공유하는 지역을 말한다.
> 2. 유사지역이란 대상 부동산이 속하지 아니하는 지역으로서 인근지역과 유사한 특성을 갖는 지역을 말한다.
> 3. 동일수급권이란 대상 부동산과 대체·경쟁 관계가 성립하고 가치 형성에 서로 영향을 미치는 관계에 있는 다른 부동산이 존재하는 권역을 말하며, 인근지역과 유사지역을 포함한다.

07 「감정평가에 관한 규칙상」 용어의 정의로 틀린 것은? (32회)

① 기준가치란 감정평가의 **기준이 되는 가치**를 말한다.

② 가치형성요인이란 대상물건의 경제적 가치에 영향을 미치는 일반요인, 지역요인 및 개별요인 등을 말한다.

③ **원가법**이란 대상물건의 재조달원가에 감가수정을 하여 대상물건의 가액을 산정하는 감정평가방법을 말한다.

④ 거래사례비교법이란 대상물건과 가치형성요인이 같거나 비슷한 물건의 거래사례와 비교하여 대상물건의 현황에 맞게 사정보정, 시점수정, 가치형성요인 비교 등의 과정을 거쳐 대상물건의 가액을 산정하는 감정평가방법을 말한다.

⑤ **수익분석법**이란 대상물건이 장래 산출할 것으로 기대되는 순수익이나 미래의 현금흐름을 환원하거나 할인하여 대상물건의 가액을 산정하는 감정평가방법을 말한다.

[정답해설]
⑤ 수익분석법이 아니라 수익환원법에 대한 내용이다.

08 「감정평가에 관한 규칙」에 규정되어 있는 감정평가 절차를 순서대로 나열한 것은?

ㄱ 기본적 사항의 확정   ㄴ 자료검토 및 가치형성요인의 분석

ㄷ 감정평가방법의 선정 및 적용   ㄹ 감정평가액의 결정 및 표시

ㅁ 처리계획의 수립   ㅂ 대상물건의 확인

ㅅ 자료의 수집 및 정리

---

① ㄱ – ㅁ – ㄷ – ㅅ – ㄴ – ㅂ – ㄹ

② ㄱ – ㄷ – ㅂ – ㅅ – ㄴ – ㅁ – ㄹ

③ ㄱ – ㄹ – ㅁ – ㅂ – ㄴ – ㄷ – ㄹ

④ ㄱ – ㄹ – ㅅ – ㄴ – ㄷ – ㄹ – ㅁ

⑤ ㄱ – ㅁ – ㅂ – ㅅ – ㄴ – ㄷ – ㄹ

정답해설

⑤ 옳은 순서이다.

> ▶ 감정평가의 절차
>
> 감정평가법인등은 다음 각 호의 순서에 따라 감정평가를 하여야 한다. 다만, 합리적이고 능률적인 감정평가를 위하여 필요할 때에는 순서를 조정할 수 있다.
> 1. 기본적 사항의 확정
> 2. 처리계획 수립
> 3. 대상 물건 확인
> 4. 자료수집 및 정리
> 5. 자료검토 및 가치형성요인의 분석
> 6. 감정평가방법의 선정 및 적용
> 7. 감정평가액의 결정 및 표시

제5절 감정평가방식

01 3방식 6방법

01 감정평가에 관한 규칙상 (   ) 안에 들어갈 내용으로 옳은 것은? (29회)

> • 원가방식 : 원가법 및 적산법 등 (㉠)의 원리에 기초한 감정평가방식
> • 비교방식 : 거래사례비교법, 임대사례비교법 등 시장성의 원리에 기초한 감정평가방식 및 (㉡)
> • (㉢) : 수익환원법 및 수익분석법 등 수익성의 원리에 기초한 감정평가방식

① ㉠ : 비용성 ㉡ : 공시지가비교법 ㉢ : 수익방식
② ㉠ : 비교성 ㉡ : 공시지가비교법 ㉢ : 환원방식
③ ㉠ : 비용성 ㉡ : 공시지가비교법 ㉢ : 환원방식
④ ㉠ : 비용성 ㉡ : 공시지가기준법 ㉢ : 수익방식
⑤ ㉠ : 비교성 ㉡ : 공시지가기준법 ㉢ : 수익방식

정답해설
④ ㉠ 비용성, ㉡ 공시지가기준법, ㉢ 수익방식에 대한 내용이다.

▶ **감정평가방식**
1. 원가방식 : 원가법 및 적산법 등 비용성의 원리에 기초한 감정평가방식
2. 비교방식 : 거래사례비교법, 임대사례비교법 등 시장성의 원리에 기초한 감정평가방식 및 공시지가기준법
3. 수익방식 : 수익환원법 및 수익분석법 등 수익성의 원리에 기초한 감정평가방식

02 다음은 감정평가방법에 관한 설명이다. (   ) 안에 들어갈 내용으로 옳은 것은? (26회)

> • 원가법은 대상 물건의 재조달원가에 (㉠)을 하여 대상 물건의 가액을 산정하는 감정평가방법이다.
> • 거래사례비교법을 적용할 때 (㉡), 시점수정, 가치형성요인 비교 등의 과정을 거친다.
> • 수익환원법에서는 장래 산출할 것으로 기대되는 순수익이나 미래의 현금흐름을 환원하거나 (㉢)하여 가액을 산정한다.

① ㉠ : 감가수정   ㉡ : 사정보정   ㉢ : 할인
② ㉠ : 감가수정   ㉡ : 지역요인비교   ㉢ : 할인
③ ㉠ : 사정보정   ㉡ : 감가수정   ㉢ : 할인
④ ㉠ : 사정보정   ㉡ : 개별요인비교   ㉢ : 공제
⑤ ㉠ : 감가수정   ㉡ : 사정보정   ㉢ : 공제

정답해설

① 옳은 묶음이다.

▶ **가액을 구하는 3가지 방법**

1. **거래사례비교법** : 대상 물건과 가치형성요인이 같거나 비슷한 물건의 거래사례와 비교하여 대상 물건의 현황에 맞게 사정보정, 시점수정, 가치형성요인 비교 등의 과정을 거쳐 대상 물건의 가액을 산정하는 방법이다.
2. **원가법** : 대상 물건의 재조달원가에 감가수정을 하여 대상 물건의 가액을 산정하는 방법을 말한다.
3. **수익환원법** : 대상 물건이 장래 산출할 것으로 기대되는 순수익이나 미래의 현금흐름을 환원하거나 할인하여 대상 물건의 가액을 산정하는 방법을 말한다.

Answer

01 ④   02 ①

03 다음은 임대료 감정평가방법의 종류와 산식이다. (   ) 안에 들어갈 내용으로 옳은 것은? (27회)

> • 적산법 : 적산임료 = 기초가액 × (㉠) + 필요제경비
> • 임대사례비교법 : (㉡) = 임대사례의 임대료 × 사정보정치 × 시점수정치 × 지역요인 비교치 × 개별요인 비교치
> • (㉢) : 수익임료 = 순수익 + 필요제경비

① ㉠ : 기대이율   ㉡ : 비준임료   ㉢ : 수익분석법
② ㉠ : 환원이율   ㉡ : 지불임료   ㉢ : 수익분석법
③ ㉠ : 환원이율   ㉡ : 지불임료   ㉢ : 수익환원법
④ ㉠ : 기대이율   ㉡ : 비준임료   ㉢ : 수익환원법
⑤ ㉠ : 환원이율   ㉡ : 실질임료   ㉢ : 수익환원법

정답해설
① ㉠ : 기대이율, ㉡ : 비준임료, ㉢ : 수익분석법

▶ **임대료를 구하는 3가지 방법**
1. **임대사례비교법** : 대상 물건과 가치형성요인이 같거나 비슷한 물건의 임대사례와 비교하여 대상 물건의 현황에 맞게 사정보정, 시점수정, 가치형성요인 비교 등의 과정을 거쳐 대상 물건의 임대료를 산정하는 방법을 말한다.
2. **적산법** : 대상 물건의 기초가액에 기대이율을 곱하여 산정된 기대수익에 대상 물건을 계속하여 임대하는 데에 필요한 경비를 더하여 대상 물건의 임대료를 산정하는 방법을 말한다.
3. **수익분석법** : 일반 기업 경영에 의하여 산출된 총수익을 분석하여 대상 물건이 일정한 기간에 산출할 것으로 기대되는 순수익에 대상 물건을 계속하여 임대하는 데에 필요한 경비를 더하여 대상 물건의 임대료를 산정하는 방법을 말한다.

04 감정평가법인등이 감정평가에 관한 규칙에 의거하여 공시지가기준법으로 토지를 감정평가하는 경우 필요 항목을 순서대로 나열한 것은? (25회)

> ㉠ 비교표준지 선정   ㉡ 감가수정
> ㉢ 감가상각   ㉣ 사정보정
> ㉤ 시점수정   ㉥ 지역요인 비교
> ㉦ 개별요인 비교   ㉧ 면적요인 비교
> ㉨ 그 밖의 요인보정

① ㉠ - ㉡ - ㉥ - ㉦ - ㉨   ② ㉠ - ㉢ - ㉥ - ㉦ - ㉨
③ ㉠ - ㉣ - ㉤ - ㉥ - ㉨   ④ ㉠ - ㉣ - ㉦ - ㉧ - ㉨
⑤ ㉠ - ㉤ - ㉥ - ㉦ - ㉨

정답해설

⑤ 공시지가기준법의 순서는 다음과 같다. ㉠ 비교표준지 선정 ⇨ ㉤ 시점수정 ⇨ ㉥ 지역요인 비교 ⇨ ㉦ 개별요인 비교 ⇨ ㉨ 그 밖의 요인보정

▶ **공시지가기준법**

1. 토지의 주된 평가방식

2. 공시지가기준법이란 대상 토지와 가치형성요인이 같거나 비슷하여 유사한 이용가치를 지닌다고 인정되는 표준지의 공시지가를 기준으로 대상 토지의 현황에 맞게 시점수정, 지역요인 및 개별요인비교, 그 밖의 요인의 보정을 거쳐 대상 토지의 가액을 산정하는 감정평가 방법이다.

3. 감정평가법인등은 공시지가기준법에 따라 토지를 감정평가할 때에 다음 순서에 따라야 한다.

   1) 비교표준지 선정 : 인근지역에 있는 표준지 중에서 대상토지와 용도지역·이용상황·주변환경 등이 같거나 비슷한 표준지를 선정할 것. 다만, 인근지역에 적절한 표준지가 없는 경우에는 인근지역과 유사한 지역적 특성을 갖는 동일수급권 안의 유사지역에 있는 표준지를 선정할 수 있다.

   2) 시점수정 : 국토교통부장관이 조사·발표하는 비교표준지가 있는 시·군·구의 같은 용도지역 지가변동률을 적용할 것. 다만, 다음 각 목의 경우에는 그러하지 아니하다.

      가. 같은 용도지역의 지가변동률을 적용하는 것이 불가능하거나 적절하지 아니하다고 판단되는 경우에는 공법상 제한이 같거나 비슷한 용도지역의 지가변동률, 이용상황별 지가변동률 또는 해당 시·군·구의 평균지가변동률을 적용할 것

      나. 지가변동률을 적용하는 것이 불가능하거나 적절하지 아니한 경우에는 한국은행이 조사·발표하는 생산자물가지수에 따라 산정된 생산자물가상승률을 적용할 것

   3) 지역요인 비교

   4) 개별요인 비교

   5) 그 밖의 요인 보정 : 대상토지의 인근지역 또는 동일수급권 내 유사지역의 가치형성요인이 유사한 정상적인 거래사례 또는 평가사례 등을 고려할 것

chapter

09

Answer

03 ①   04 ⑤

05 감정평가에 관한 규칙에 규정된 내용으로 틀린 것은? (33회)

① 기준시점이란 대상물건의 감정평가액을 결정하는 기준이 되는 날짜를 말한다.

② 하나의 대상물건이라도 가치를 달리하는 부분은 이를 구분하여 감정평가할 수 있다.

③ 거래사례비교법은 감정평가방식 중 비교방식에 해당되나, 공시지가기준법은 비교방식에 해당되지 않는다.

④ 감정평가법인등은 대상물건별로 정한 감정평가방법(이하 "주된 방법"이라 함)을 적용하여 감정평가하되, 주된 방법을 적용하는 것이 곤란하거나 부적절한 경우에는 다른 감정평가방법을 적용할 수 있다.

⑤ 감정평가법인등은 감정평가서를 감정평가 의뢰인과 이해관계자가 이해할 수 있도록 명확하고 일관성 있게 작성해야 한다.

정답해설

③ 공시지가기준법은 비교방식에 포함된다.

06 감정평가에 관한 규칙상 원가방식에 관한 설명으로 틀린 것은? (평33회)

① 원가법과 적산법은 원가방식에 속한다.

② 적산법에 의한 임대료 평가에서는 대상물건의 재조달원가에 기대이율을 곱하여 산정된 기대수익에 대상물건을 계속하여 임대하는 데에 필요한 경비를 더한다.

③ 원가방식을 적용한 감정평가서에는 부득이한 경우를 제외하고는 재조달원가 산정 및 감가수정 등의 내용이 포함되어야 한다.

④ 입목 평가시 소경목림(小徑木林)인 경우에는 원가법을 적용할 수 있다.

⑤ 선박 평가시 본래 용도의 효용가치가 있으면 선체·기관·의장(艤裝)별로 구분한 후 각각 원가법을 적용해야 한다.

정답해설

② 적산법은 재조달원가가 아니라, 기초가액에 기대이율을 곱하여 산정된 기대수익에 임대하는 데에 필요한 경비를 더한다.

07 감정평가 3방식 및 시산가액 조정에 관한 설명으로 틀린 것은? (30회)

① 감정평가 3방식은 수익성, 비용성, 시장성에 기초하고 있다.

② **시산가액**은 감정평가 3방식에 의하여 도출된 각각의 가액이다.

③ 시산가액 조정은 각 시산가액을 상호 관련시켜 재검토함으로써 시산가액 상호간의 격차를 합리적으로 조정하는 작업이다.

④ 시산가액 조정은 각 시산가액을 **산술평균하는 방법**만 인정된다.

⑤ 감정평가에 관한 규칙에서는 시산가액 조정에 대하여 규정하고 있다.

정답해설

④ 시산가액 조정의 방법으로 산술평균은 원칙적으로 허용되지 않는다.

08 감가수정에 관한 설명으로 옳은 것을 모두 고른 것은? (33회)

> ㉠ 감가수정과 관련된 내용연수는 경제적 내용연수가 아닌 물리적 내용연수를 의미한다.
> ㉡ 대상물건에 대한 재조달원가를 감액할 요인이 있는 경우에는 물리적 감가, 기능적 감가, 경제적 감가 등을 고려한다.
> ㉢ 감가수정방법에는 내용연수법, 관찰감가법, 분해법 등이 있다.
> ㉣ 내용연수법으로는 정액법, 정률법, 상환기금법이 있다.
> ㉤ 정률법은 매년 일정한 감가율을 곱하여 감가액을 구하는 방법으로 매년 감가액이 일정하다.

① ㉠, ㉡
② ㉡, ㉢
③ ㉢, ㉣
④ ㉡, ㉢, ㉣
⑤ ㉢, ㉣, ㉤

정답해설

④ ㉡, ㉢, ㉣이 옳은 지문이다.

오답해설

㉠ 내용연수는 경제적 내용연수를 적용한다.

㉤ 정률법의 경우, 매년 감가액은 점점 감소한다.

Answer

05 ③ 06 ② 07 ④ 08 ④

02 물건별 주된 감정평가

01 감정평가에 관한 규칙상 대상물건별 주된 감정평가방법으로 틀린 것은? (28회)

① 건설기계 − 거래사례비교법
② 저작권 − 수익환원법
③ 건물 − 원가법
④ 임대료 − 임대사례비교법
⑤ 광업재단 − 수익환원법

정답해설
① 건설기계는 원가법이 주된 평가방법이다.

> **▶ 물건별 주된 평가방법**
> 1. **토지** : 표준지공시지가를 기준으로 하는 공시지가기준법
> 2. **건물** : 원가법
> 3. **임대료** : 임대사례비교법
> 4. **산림** : 산지와 입목을 구분하여 평가(입목: 거래사례비교법, 소경목림: 원가법)
> 5. **과수원** : 거래사례비교법
> 6. **자동차** : 거래사례비교법 / 건설기계・선박・항공기 : 원가법
> 7. **영업권 등 권리** : 수익환원법

02 감정평가에 관한 규칙상 대상물건과 주된 감정평가방법의 연결이 틀린 것은? (31회)

① 과수원 − 공시지가기준법
② 광업재단 − 수익환원법
③ 임대료 − 임대사례비교법
④ 자동차 − 거래사례비교법
⑤ 건물 − 원가법

정답해설
① 과수원은 거래사례비교법이 주된 평가방법이다.

03 감정평가에 관한 규칙상 감정평가방법에 관한 설명으로 틀린 것은? (26회)

① 건물의 주된 평가방법은 원가법이다.

② 「집합건물의 소유 및 관리에 관한 법률」에 따른 구분소유권의 대상이 되는 건물부분과 그 대지사용권을 일괄하여 감정평가하는 경우 거래사례비교법을 주된 평가방법으로 적용한다.

③ 임대료를 평가할 때는 적산법을 주된 평가방법으로 적용한다.

④ 영업권, 특허권 등 무형자산은 수익환원법을 주된 평가방법으로 적용한다.

⑤ 자동차의 주된 평가방법과 선박 및 항공기의 주된 평가방법은 다르다.

[정답해설]

③ 임대료를 평가하는 주된 방법은 임대사례비교법이다.

04 감정평가에 관한 규칙상 대상물건별 주된 감정평가방법으로 틀린 것은? (평32회)

① 선박 - 거래사례비교법

② 건설기계 - 원가법

③ 자동차 - 거래사례비교법

④ 항공기 - 원가법

⑤ 동산 - 거래사례비교법

[정답해설]

① 선박 - 원가법

03 거래사례비교법과 공시지가기준법

01 다음 자료를 활용하여 공시지가기준법으로 평가한 대상 토지의 가액(원/㎡)은? (30회)

> - 소재지 등: A시 B구 C동 100, 일반상업지역, 상업용
> - 기준시점: 2019.10.26.
> - 표준지공시지가(A시 B구 C동, 2019.01.01. 기준)
>
> | 기 호 | 소재지 | 용도지역 | 이용상황 | 공시지가(원/㎡) |
> |---|---|---|---|---|
> | 1 | C동 90 | 일반공업지역 | 상업용 | 1,000,000 |
> | 2 | C동 110 | 일반상업지역 | 상업용 | 2,000,000 |
>
> - 지가변동률(A시 B구, 2019.01.01.~2019.10.26.)
>   - 공업지역: 4% 상승
>   - 상업지역: 5% 상승
> - 지역요인: 표준지와 대상토지는 인근지역에 위치하여 지역요인은 동일함
> - 개별요인: 대상토지는 표준지 기호 1, 2에 비해 각각 가로조건에서 10% 우세하고, 다른 조건은 동일함(상승식으로 계산할 것)
> - 그 밖의 요인으로 보정할 사항 없음

① 1,144,000
② 1,155,000
③ 2,100,000
④ 2,288,000
⑤ 2,310,000

[정답해설]

⑤ 대상 토지의 가액은 2,310,000원/㎡이다.
   1. 표준지공시지가는 일반상업지역의 상업용 부동산 기호2를 선택하여 비교하여야 한다.
   2. 2,000,000원/㎡ × 1.05(상업지역) × 1.1 = 2,310,000원/㎡

02 다음 자료를 활용하여 공시지가기준법으로 산정한 대상토지의 가액(원/m²)은? (32회)

> • 대상토지 : A시 B구 C동 320번지, 일반상업지역
> • 기준시점 : 2021.10.30.
> • 비교표준지 : A시 B구 C동 300번지, 일반상업지역, 2021.01.01. 기준 공시지가 10,000,000원/m²
> • 지가변동률(A시 B구, 2021.01.01.~2021.10.30.) : 상업지역 5% 상승
> • 지역요인 : 대상토지와 비교표준지의 지역요인은 동일함
> • 개별요인 : 대상토지는 비교표준지에 비해 가로조건 10% 우세, 환경조건 20% 열세하고, 다른 조건은 동일함(상승식으로 계산할 것)
> • 그 밖의 요인 보정치 : 1.50

① 9,240,000

② 11,340,000

③ 13,860,000

④ 17,010,000

⑤ 20,790,000

정답해설

③ 토지의 가액은 13,860,000원/m²이다.

10,000,000원/m² × 1.05(시) × 1.1(가로) × 0.8(환경) × 1.5(기타) = 13,860,000원/m²

Answer

01 ⑤   02 ③

03 다음 자료를 활용하여 거래사례비교법으로 산정한 대상토지의 비준가액은? (31회)

- 평가대상토지 : X시 Y동 210번지, 대, 110m², 일반상업지역
- 기준시점 : 2020. 9. 1.
- 거래사례
  - 소재지 : X시 Y동 250번지
  - 지목 및 면적 : 대, 120m²
  - 용도지역 : 일반상업지역
  - 거래가격 : 2억 4천만원
  - 거래시점 : 2020. 2. 1.
  - 거래사례는 정상적인 매매임
- 지가변동률(2020. 2. 1. ~ 9. 1.) : X시 상업지역 5% 상승
- 지역요인 : 대상토지는 거래사례의 인근지역에 위치함
- 개별요인 : 대상토지는 거래사례에 비해 3% 우세함
- 상승식으로 계산할 것

---

① 226,600,000원
② 237,930,000원
③ 259,560,000원
④ 283,156,000원
⑤ 285,516,000원

정답해설
② 토지의 비준가액은 237,930,000원이다.
   1. 2,000,000원/m² × 1.05(시) × 1.03(개) = 2,163,000원/m²
   2. 비준가액 : 2,163,000원/m² × 110m² = 237,930,000원

04 다음 자료를 활용하여 거래사례비교법으로 산정한 대상토지의 시산가액은? (중35회)

> - 대상토지
>   - 소재지 : A시 B구 C동 150번지
>   - 용도지역 : 제3종일반주거지역
>   - 이용상황, 지목, 면적 : 상업용, 대, 100m²
> - 기준시점 : 2024.10.26.
> - 거래사례
>   - 소재지 : A시 B구 C동 120번지
>   - 용도지역 : 제3종일반주거지역
>   - 이용상황, 지목, 면적 : 상업용, 대, 200m²
>   - 거래가액 : 625,000,000원(가격구성비율은 토지 80%, 건물 20%임)
>   - 사정 개입이 없는 정상적인 거래사례임
>   - 거래시점 : 2024.05.01.
> - 지가변동률(A시 B구, 2024.05.01.~2024.10.26.) : 주거지역 4% 상승, 상업지역 5% 상승
> - 지역요인 : 대상토지와 거래사례 토지는 인근지역에 위치함
> - 개별요인 : 대상토지는 거래사례 토지에 비해 10% 우세함
> - 상승식으로 계산

① 234,000,000원

② 286,000,000원

③ 288,750,000원

④ 572,000,000원

⑤ 577,500,000원

정답해설

② 토지의 비준가액은 286,000,000원이다.
1. 토지의 거래가액 : (625,000,000원 × 0.8) ÷ 200m² = 2,500,000원/m²
2. 비준가액 : 2,500,000원/m² × 1.04 × 1.1 × 100m² = 286,000,000원

Answer

03 ② 04 ②

04 원가법

01 원가법에 의한 대상물건 기준시점의 감가누계액은? (평28회)

- 준공시점 : 2012. 3. 2.
- 기준시점 : 2017. 3. 2.
- 기준시점 재조달원가 : 500,000,000원
- 경제적 내용연수 : 50년
- 감가수정은 정액법에 의함
- 내용연수 만료시 잔존가치율은 10%

① 35,000,000원   ② 40,000,000원
③ 45,000,000원   ④ 50,000,000원
⑤ 55,000,000원

정답해설

③ 감가누계액은 45,000,000원이다.

$$\frac{500,000,000(\text{재}) - 10\%(\text{잔})}{50년} \times 5년(\text{경과}) = 500,000,000원 \times 0.9 \div 50 \times 5 = 45,000,000원$$

02 원가법에 의한 대상물건의 적산가액은? (29회)

- 신축에 의한 사용승인시점 : 2016. 9. 20.
- 기준시점 : 2018. 9. 20.
- 사용승인시점의 신축공사비 : 3억원(신축공사비는 적정함)
- 공사비 상승률 : 매년 전년대비 5%씩 상승
- 경제적 내용연수 : 50년
- 감가수정방법 : 정액법
- 내용연수 만료시 잔존가치 없음

① 288,200,000원   ② 302,400,000원
③ 315,000,000원   ④ 317,520,000원
⑤ 330,750,000원

정답해설

④ 적산가액은 317,520,000원이다.
  1. 재조달원가 : 300,000,000 × 1.05^2 = 330,750,000원
  2. 감가수정액 : 330,750,000 ÷ 50년 × 2년 = 13,230,000원
  3. 적산가액 : 330,750,000원 − 13,230,000원 = 317,520,000원

03 원가법으로 산정한 대상물건의 적산가액은? (31회)

- 사용승인일의 신축공사비 : 6천만원(신축공사비는 적정함)
- 사용승인일 : 2018. 9. 1.
- 기준시점 : 2020. 9. 1.
- 건축비지수
  - 2018. 9. 1. = 100
  - 2020. 9. 1. = 110
- 경제적 내용연수 : 40년
- 감가수정방법 : 정액법
- 내용연수 만료시 잔가율 : 10%

① 57,300,000원
② 59,300,000원
③ 62,700,000원
④ 63,030,000원
⑤ 72,600,000원

정답해설

④ 적산가액은 63,030,000원이다.
1. 재조달원가 : 60,000,000원 × 1.1 = 66,000,000원
2. 감가수정액 : (66,000,000 × 0.9) ÷ 40년 × 2년 = 2,970,000원
3. 적산가액 : 66,000,000원 − 2,970,000원 = 63,030,000원

chapter

09

Answer

01 ③   02 ④   03 ④

05 수익환원법

01 다음 자료를 활용하여 직접환원법으로 평가한 대상 부동산의 수익가액은? (30회)

- 가능총소득 : 8,000만원
- 공실손실상당액 및 대손충당금 : 가능총소득의 10%
- 수선유지비 : 400만원
- 화재보험료 : 100만원
- 재산세 : 200만원
- 영업소득세 : 300만원
- 부채서비스액 : 500만원
- 환원율 : 10%

① 5억 7천만원　　　　　　　② 6억원
③ 6억 5천만원　　　　　　　④ 6억 7천만원
⑤ 6억 8천만원

정답해설

③ 수익가격은 6억 5천만원이다.

1. 순영업소득 산정
   ㉠ 가능총소득 : 8,000만원
   ㉡ 유효총소득 : 8,000만원 − 800만원(공실손실상당액 및 대손충당금) = 7,200만원
   ㉢ 영업경비 : 700만원(수선유지비 + 화재보험료 + 재산세)
   ㉣ 순영업소득 : 6,500만원
2. 환원이율 : 10%
3. 수익가액 : $\dfrac{6,500만원}{0.1}$ = 65,000만원

02 다음 자료를 활용하여 직접환원법으로 산정한 대상 부동산의 수익가액은? (32회)

- 가능총수익(PGI) : 70,000,000원
- 공실상당액 및 대손충당금 : 가능총소득 5%
- 영업경비(OE) : 유효총소득(EGI)의 40%
- 환원율 : 10%

① 245,000,000원 ② 266,000,000원
③ 385,000,000원 ④ 399,000,000원
⑤ 420,000,000원

[정답해설]

④ 수익가액은 399,000,000원이다.
  1. 순수익 : 70,000,000 × 0.95 × 0.6 = 39,900,000원
  2. 환원율 : 10%
  3. 수익가액 : 39,900,000/0.1 = 399,000,000원

03 수익방식의 직접환원법에 의한 대상 부동산의 시산가액은? (평28회)

- 가능총수익 : 연 2천만원
- 공실 및 대손 : 가능총수익의 10%
- 임대경비비율 : 유효총수익의 30%
- 가격구성비 : 토지, 건물 각각 50%
- 토지환원율 : 연 5%, 건물환원율 : 연 7%

① 190,000,000원 ② 200,000,000원
③ 210,000,000원 ④ 220,000,000원
⑤ 230,000,000원

[정답해설]

③ 부동산의 시산가액은 210,000,000원이다.
  1. 직접환원법 : 순수익(NOI)/환원이율(R) = 수익가액
  2. 순수익(NOI) : 2천만원 × (1 − 0.1) × (1 − 0.3) = 12,600,000원
  3. 환원이율(R) : 0.5 × 0.05 + 0.5 × 0.07 = 6.0%
  4. 대상 부동산의 시산가액 : 12,600,000원/0.06 = 210,000,000원

Answer		
01 ③	02 ④	03 ③

chapter

09

04 다음 자료에서 수익방식에 의한 대상부동산의 시산가액 산정시 적용된 환원율은? (단, 연간 기준이며, 주어진 조건에 한함) (중35회)

> • 가능총수익(PGI) : 50,000,000원
> • 공실손실상당액 및 대손충당금 : 가능총수익(PGI)의 10%
> • 운영경비(OE) : 가능총수익(PGI)의 20%
> • 환원방법 : 직접환원법
> • 수익방식에 의한 대상부동산의 시산가액 : 500,000,000원

① 7.0%   ② 7.2%

③ 8.0%   ④ 8.1%

⑤ 9.0%

정답해설

① 환원율은 7.0%이다.
  1. 순수익 : 50,000,000원 − 5,000,000원(공실) − 10,000,000원(운영경비) = 35,000,000원
  2. 부동산 가격 : 500,000,000원
  3. 환원율 : 35,000,000원/500,000,000원 = 7%

제6절 부동산 가격공시제도

01 부동산 가격공시에 관한 법령상 공시가격에 관한 설명으로 틀린 것은? (26회)

① 표준지공시지가의 **공시기준일**은 원칙적으로 매년 1월 1일이다.

② 토지를 평가하는 **공시지가기준법**은 표준지공시지가를 기준으로 한다.

③ 개별공시지가를 결정하기 위해 **토지가격비준표**가 활용된다.

④ **표준주택**은 단독주택과 공동주택 중에서 각각 대표성 있는 주택을 선정한다.

⑤ 표준지공시지가와 표준주택가격 모두 이의신청 절차가 있다.

> 정답해설
> ④ 표준주택은 국토교통부장관이 표준주택가격을 공시하기 위해서 단독주택 중에서 선정한 주택이다.

02 부동산 가격공시제도에 대한 설명으로 틀린 것은?

① 표준지로 선정된 토지에 대하여는 **개별공시지가를 결정·공시하지 아니할 수 있다.**

② 표준주택으로 선정된 단독주택, 국세 또는 지방세 부과대상이 아닌 단독주택에 대하여는 **개별주택가격을 결정·공시하지 아니할 수 있다.**

③ 시장·군수 또는 구청장이 개별공시지가를 결정·공시하는 경우에는 **표준지의 공시지가를 기준**으로 **토지가격비준표를 사용**하여 지가를 산정하여야 한다.

④ 시장·군수 또는 구청장이 개별주택가격을 산정하는 경우에는 **주택가격비준표**를 활용한다.

⑤ 국토교통부장관은 **공시기준일 이후에 분할·합병**이 발생한 토지에 대하여는 대통령령이 정하는 날을 기준으로 하여 개별공시지가를 결정·공시하여야 한다.

> 정답해설
> ⑤ 개별공시지가는 시장·군수 또는 구청장이 결정·공시하여야 한다.

> Answer
> 04 ① / 01 ④ 02 ⑤

chapter
09

03 부동산 가격공시에 관한 법령에 규정된 내용으로 옳은 것은? (27회)

① 개별공시지가에 대하여 이의가 있는 자는 개별공시지가의 결정·공시일부터 60일 이내에 이의를 신청할 수 있다.

② 국토교통부장관은 표준지의 가격을 산정한 때에는 그 타당성에 대하여 행정안전부장관의 검증을 받아야 한다.

③ 국토교통부장관은 일단의 공동주택 중에서 선정한 표준주택에 대하여 매년 공시기준일 현재의 적정가격을 조사·평가한다.

④ 시장·군수·구청장은 공시기준일 이후에 토지의 분할·합병이 발생한 경우에는 7월 1일을 기준으로 하여 개별주택가격을 결정·공시하여야 한다.

⑤ 동 법령에 따라 공시한 **공동주택가격**은 주택시장의 가격정보를 제공하고, 국가·지방자치단체 등의 기관이 과세 등의 업무와 관련하여 주택의 가격을 산정하는 경우에 그 **기준으로 활용될 수 있다.**

정답해설

⑤ 옳은 지문이다.

오답해설

① 개별공시지가에 대하여 이의가 있는 자는 개별공시지가의 결정·공시일부터 30일 이내에 이의를 신청할 수 있다.

② 국토교통부장관은 표준지공시지가를 조사·평가하고, 중앙부동산가격공시위원회의 심의를 거쳐 이를 공시하여야 한다.

③ 공동주택은 표준주택과 개별주택으로 구분하지 않는다. 따라서 국토교통부장관은 공동주택에 대하여 매년 공시기준일 현재의 적정가격을 조사·산정한다.

④ 시장·군수 또는 구청장은 공시기준일 이후에 분할·합병 등이 발생한 토지에 대하여는 대통령령으로 정하는 날을 기준으로 하여 개별공시지가를 결정·공시하여야 한다. 여기서 "대통령령으로 정하는 날"이란 다음 각 호의 구분에 따른 날을 말한다.

> 1. 1월 1일부터 6월 30일까지의 사이에 제1항 각 호의 사유가 발생한 토지: 그해 7월 1일
> 2. 7월 1일부터 12월 31일까지의 사이에 제1항 각 호의 사유가 발생한 토지: 다음 해 1월 1일

04 부동산 가격공시에 관한 법률에 규정된 내용으로 틀린 것은? (30회)

① 표준지공시지가에 이의가 있는 자는 그 공시일부터 30일 이내에 서면으로 국토교통부장관에게 이의를 신청할 수 있다.

② **표준지공시지가**는 국가·지방자치단체 등이 그 업무와 관련하여 지가를 산정하거나 감정평가법인등이 개별적으로 토지를 감정평가하는 경우에 **기준이 된다.**

③ **표준지로 선정된 토지**에 대하여 개별공시지가를 결정·공시하여야 한다.

④ 시장·군수 또는 구청장은 **공시기준일 이후에 분할·합병** 등이 발생한 토지에 대하여는 대통령령으로 정하는 날을 기준으로 하여 개별공시지가를 결정·공시하여야 한다.

⑤ 개별공시지가에 이의가 있는 자는 그 결정·공시일부터 30일 이내에 서면으로 시장·군수 또는 구청장에게 이의를 신청할 수 있다.

정답해설

③ 표준지로 선정된 토지는 개별공시지가를 별도로 결정·공시하지 않는다.

05 부동산 가격공시에 관한 설명으로 틀린 것은? (28회)

① 표준지의 도로상황은 표준지공시지가의 공시사항에 포함될 항목이다.

② 표준지공시지가에 대한 이의신청의 내용이 타당하다고 인정될 때에는 해당 표준지공시지가를 조정하여 다시 공시하여야 한다.

③ 시장·군수 또는 구청장(자치구의 구청장을 말함)은 표준지로 선정된 토지에 대해서는 개별공시지가를 결정·공시하지 아니할 수 있다.

④ **표준주택**을 선정할 때에는 일반적으로 유사하다고 인정되는 일단의 단독주택 및 공동주택에서 해당 일단의 주택을 대표할 수 있는 주택을 선정하여야 한다.

⑤ 시장·군수 또는 구청장(자치구의 구청장을 말함)이 개별주택가격을 결정·공시하는 경우에는 해당 주택과 유사한 이용가치를 지닌다고 인정되는 **표준주택가격을 기준**으로 **주택가격비준표를 사용**하여 가격을 산정하되, 해당 주택의 가격과 표준주택가격이 균형을 유지하도록 하여야 한다.

정답해설

④ 표준주택은 단독주택 중에서 선정된 주택이다.

Answer

03 ⑤   04 ③   05 ④

06 부동산 가격공시에 관한 법률상 표준지공시지가의 효력으로 옳은 것을 모두 고른 것은? (31회)

> ㉠ 토지시장에 지가정보를 제공
> ㉡ 일반적인 토지거래의 지표
> ㉢ 국가·지방자치단체 등이 과세 등의 업무와 관련하여 주택의 가격을 산정하는 경우에 기준
> ㉣ 감정평가법인등이 지가변동률을 산정하는 경우에 기준

① ㉠, ㉡   ② ㉠, ㉣
③ ㉡, ㉢   ④ ㉠, ㉢, ㉣
⑤ ㉠, ㉡, ㉢, ㉣

[정답해설]
① 옳은 지문은 ㉠, ㉡이다.

[오답해설]
㉢ 과세 등의 업무와 관련하여 주택의 가격을 산정하는 경우에 기준이 되는 것은 개별주택가격이다.
㉣ 표준지공시지가는 감정평가법인등이 토지를 평가하는 경우에 기준이 된다.

07 부동산 가격공시에 관한 법률에 규정된 내용으로 틀린 것은? (32회)

① 국토교통부장관은 표준주택가격을 조사·산정하고자 할 때에는 한국부동산원에 의뢰한다.
② 표준주택가격은 국가·지방자치단체 등이 그 업무와 관련하여 개별주택가격을 산정하는 경우에 그 **기준이 된다.**
③ 표준주택으로 선정된 단독주택, 그 밖에 대통령령으로 정하는 단독주택에 대하여는 개별주택가격을 **결정·공시하지 아니할 수 있다.**
④ **개별주택가격** 및 **공동주택가격**은 주택시장의 가격정보를 제공하고, 국가·지방자치단체 등이 과세 등의 업무와 관련하여 주택의 가격을 산정하는 경우에 그 **기준으로 활용될 수 있다.**
⑤ 개별주택가격 및 공동주택가격에 이의가 있는 자는 그 결정·공시일부터 30일 이내에 서면(전자문서를 포함한다)으로 시장·군수 또는 구청장에게 이의를 신청할 수 있다.

[정답해설]
⑤ 공동주택가격에 이의가 있는 자는 국토교통부장관에게 이의를 신청해야 한다.

08 부동산 가격공시에 관한 법령에 규정된 내용으로 옳은 것은? (33회)

① 국토교통부장관이 표준지공시지가를 조사 · 평가할 때에는 반드시 둘 이상의 감정평가법인등에게 의뢰하여야 한다.

② 표준지공시지가의 공시에는 표준지의 지번, 표준지의 단위면적당 가격, 표준지의 면적 및 형상, 표준지 및 주변토지의 이용상황, 그 밖에 대통령령으로 정하는 사항이 포함되어야 한다.

③ 국토교통부장관은 표준주택에 대하여 매년 공시기준일 현재 적정가격을 조사 · 산정하고, 시 · 군 · 구부동산가격공시위원회의 심의를 거쳐 이를 공시하여야 한다.

④ 국토교통부장관은 표준주택가격을 조사 · 산정하고자 할 때에는 감정평가법인등 또는 한국부동산원에 의뢰한다.

⑤ 표준공동주택가격은 개별공동주택가격을 산정하는 경우에 그 기준이 된다.

> **정답해설**

② 옳은 지문이다.

> **오답해설**

① '반드시'라는 문구가 빠져야 한다. 국토교통부장관이 표준지공시지가를 조사 · 평가할 때에는 둘 이상의 감정평가법인등에게 이를 의뢰하여야 한다. 다만, 지가 변동이 작은 경우 등 대통령령으로 정하는 기준에 해당하는 표준지에 대해서는 하나의 감정평가법인등에 의뢰할 수 있다.

③ 국토교통부장관은 표준주택에 대하여 매년 공시기준일 현재 적정가격을 조사 · 산정하고, 중앙부동산가격공시위원회의 심의를 거쳐 이를 공시하여야 한다.

④ 국토교통부장관은 표준주택가격을 조사 · 산정하고자 할 때에는 한국부동산원에 의뢰한다.

⑤ 표준주택가격은 개별주택가격을 산정하는 경우에 그 기준이 된다.

chapter
09

> **Answer**
>
> 06 ①   07 ⑤   08 ②

기출모의고사

최근 2년 동안 시행된 공인중개사 시험과 감정평가사 시험의 기출문제입니다.
이미 논점은 확인했으니, 정답을 빠르게 찾는 연습을 하시어요.

― 국승옥 강사 ―

01 감정평가에 관한 규칙에 규정된 내용으로 틀린 것은? (중35회)

① 기준시점은 대상물건의 가격조사를 완료한 날짜로 한다. 다만, 기준시점을 미리 정하였을 때에는 그 날짜로 하여야 한다.

② 감정평가법인등은 법령에 다른 규정이 있는 경우에는 기준시점의 가치형성요인 등을 실제와 다르게 가정하거나 특수한 경우로 한정하는 조건을 붙여 감정평가할 수 있다.

③ 둘 이상의 대상물건이 일체로 거래되거나 대상물건 상호간에 용도상 불가분의 관계가 있는 경우에는 일괄하여 감정평가할 수 있다.

④ 하나의 대상물건이라도 가치를 달리하는 부분은 이를 구분하여 감정평가할 수 있다.

⑤ 일체로 이용되고 있는 대상물건의 일부분에 대하여 감정평가하여야 할 특수한 목적이나 합리적인 이유가 있는 경우에는 그 부분에 대하여 감정평가할 수 있다.

02 원가법에서의 재조달원가에 관한 설명으로 틀린 것은? (중35회)

① 재조달원가란 대상물건을 기준시점에 재생산하거나 재취득하는 데 필요한 적정원가의 총액을 말한다.

② 총량조사법, 구성단위법, 비용지수법은 재조달원가의 산정방법에 해당한다.

③ 재조달원가는 대상물건을 일반적인 방법으로 생산하거나 취득하는 데 드는 비용으로 하되, 제세공과금은 제외한다.

④ 재조달원가를 구성하는 표준적 건설비에는 수급인의 적정이윤이 포함된다.

⑤ 재조달원가를 구할 때 직접법과 간접법을 병용할 수 있다.

03 감정평가에 관한 규칙상 대상물건별로 정한 감정평가방법(주된 감정평가방법)에 관한 설명으로 옳은 것을 모두 고른 것은? (중35회)

> ㉠ 건물의 주된 감정평가방법은 원가법이다.
> ㉡ 「집합건물의 소유 및 관리에 관한 법률」에 따른 구분소유권의 대상이 되는 건물 부분과 그 대지사용권을 일괄하여 감정평가하는 경우의 주된 감정평가방법은 거래사례비교법이다.
> ㉢ 자동차와 선박의 주된 감정평가방법은 거래사례비교법이다. 다만, 본래 용도의 효용가치가 없는 물건은 해체처분가액으로 감정평가할 수 있다.
> ㉣ 영업권과 특허권의 주된 감정평가방법은 수익분석법이다.

① ㉠, ㉡   ② ㉡, ㉣
③ ㉠, ㉡, ㉢   ④ ㉠, ㉡, ㉣
⑤ ㉠, ㉢, ㉣

04 감정평가에 관한 규칙에 규정된 내용으로 틀린 것은? (중34회)

① 수익분석법이란 대상물건의 기초가액에 기대이율을 곱하여 산정된 기대수익에 대상물건을 계속하여 임대하는 데에 필요한 경비를 더하여 대상물건의 임대료를 산정하는 감정평가방법을 말한다.

② 가치형성요인이란 대상물건의 경제적 가치에 영향을 미치는 일반요인, 지역요인 및 개별요인 등을 말한다.

③ 감정평가법인등은 법령에 다른 규정이 있는 경우에는 기준시점의 가치형성요인 등을 실제와 다르게 가정하거나 특수한 경우로 한정하는 조건을 붙여 감정평가할 수 있다.

④ 일체로 이용되고 있는 대상물건의 일부분에 대하여 감정평가하여야 할 특수한 목적이나 합리적인 이유가 있는 경우에는 그 부분에 대하여 감정평가할 수 있다.

⑤ 감정평가법인등은 법령에 다른 규정이 있는 경우에는 대상물건의 감정평가액을 시장가치 외의 가치를 기준으로 결정할 수 있다.

chapter

09

05 감정평가에 관한 규칙상 대상물건별로 정한 감정평가방법(주된 방법)이 수익환원법인 대상물 건은 모두 몇 개인가? (중34회)

• 상표권	• 임대료	• 저작권
• 특허권	• 과수원	• 기업가치
• 광업재단	• 실용신안권	

① 2개   ② 3개   ③ 4개

④ 5개   ⑤ 6개

06 감정평가에 관한 규칙의 내용으로 틀린 것은? (평34회)

① 시장가치란 감정평가의 대상이 되는 토지 등이 통상적인 시장에서 충분한 기간 동안 거래를 위하여 공개된 후 그 대상물건의 내용에 정통한 당사자 사이에 신중하고 자발적인 거래가 있을 경우 성립될 가능성이 가장 높다고 인정되는 대상물건의 가액을 말한다.

② 일체로 이용되고 있는 대상물건의 일부분에 대하여 감정평가하여야 할 특수한 목적이나 합리적인 이유가 있는 경우에는 그 부분에 대하여 감정평가할 수 있다.

③ 감정평가는 대상물건마다 개별로 하여야 하되, 가치를 달리하는 부분은 이를 구분하여 감정평가할 수 있다.

④ 감정평가법인등은 과수원을 감정평가할 때에 공시지가기준법을 적용해야 한다.

⑤ 감정평가는 기준시점에서의 대상물건의 이용상황(불법적이거나 일시적인 이용은 제외한다) 및 공법상 제한을 받는 상태를 기준으로 한다.

07 부동산 가격공시에 관한 법령상 부동산 가격공시제도에 관한 내용으로 틀린 것은? (중35회)

① 표준주택으로 선정된 단독주택, 국세 또는 지방세 부과대상이 아닌 단독주택에 대하여는 개별주택가격을 결정·공시하지 아니할 수 있다.

② 표준주택가격은 국가·지방자치단체 등이 그 업무와 관련하여 개별주택가격을 산정하는 경우에 그 기준이 된다.

③ 개별주택가격 및 공동주택가격은 주택시장의 가격정보를 제공하고, 국가·지방자치단체 등이 과세 등의 업무와 관련하여 주택의 가격을 산정하는 경우에 그 기준으로 활용될 수 있다.

④ 개별주택가격에 이의가 있는 자는 그 결정·공시일부터 30일 이내에 서면(전자문서를 포함한다)으로 시장·군수 또는 구청장에게 이의를 신청할 수 있다.

⑤ 시장·군수 또는 구청장은 공시기준일 이후에 토지의 분할·합병이나 건축물의 신축 등이 발생한 경우에는 대통령령으로 정하는 날을 기준으로 하여 공동주택가격을 결정·공시하여야 한다.

08 부동산 가격공시에 관한 법령에 규정된 내용으로 틀린 것은? (중34회)

① 표준지공시지가는 토지시장에 지가정보를 제공하고 일반적인 토지거래의 지표가 되며, 국가·지방자치단체 등이 그 업무와 관련하여 지가를 산정하거나 감정평가법인등이 개별적으로 토지를 감정평가하는 경우에 기준이 된다.

② 국토교통부장관이 표준지공시지가를 조사·산정할 때에는 「한국부동산원법」에 따른 한국부동산원에게 이를 의뢰하여야 한다.

③ 표준지공시지가에 이의가 있는 자는 그 공시일부터 30일 이내에 서면(전자문서를 포함한다)으로 국토교통부장관에게 이의를 신청할 수 있다.

④ 시장·군수 또는 구청장이 개별공시지가를 결정·공시하는 경우에는 해당 토지와 유사한 이용가치를 지닌다고 인정되는 하나 또는 둘 이상의 표준지의 공시지가를 기준으로 토지가격비준표를 사용하여 지가를 산정하되, 해당 토지의 가격과 표준지공시지가가 균형을 유지하도록 하여야 한다.

⑤ 표준지로 선정된 토지에 대하여는 개별공시지가를 결정·공시하지 아니할 수 있다. 이 경우 표준지로 선정된 토지에 대하여는 해당 토지의 표준지공시지가를 개별공시지가로 본다.

01 정답해설
① 기준시점은 대상물건의 가격조사를 완료한 날짜로 한다. 다만, 기준시점을 미리 정하였을 때에는 그 날짜에 가격조사가 가능한 경우에만 기준시점으로 할 수 있다.

02 정답해설
③ 재조달원가는 대상물건을 일반적인 방법으로 생산하거나 취득하는 데 드는 비용으로 하되, 제세공과금이 포함된다.

03 정답해설
① 옳은 지문은 ㉠, ㉡이다.

오답해설
㉢ 자동차의 주된 방법은 거래사례비교법이고, 선박의 주된 방법은 원가법이다.
㉣ 영업권과 특허권의 주된 방법은 수익환원법이다.

04 정답해설
① 적산법에 대한 설명이다.

05 정답해설
⑤ 6개(상표권, 저작권, 특허권, 기업가치, 광업재단, 실용신안권)

06 정답해설
④ 과수원을 감정평가할 때에 거래사례비교법을 적용해야 한다.

07 정답해설
⑤ 공동주택가격은 국토교통부장관이 결정·공시하여야 한다.

08 정답해설
② 국토교통부장관이 표준지공시지가를 조사·평가할 때에는 둘 이상의 감정평가법인등에게 이를 의뢰하여야 한다. 다만, 지가 변동이 작은 경우 등 대통령령으로 정하는 기준에 해당하는 표준지에 대해서는 하나의 감정평가법인등에 의뢰할 수 있다.

제36회 공인중개사 시험대비 **전면개정판**

2025 박문각 공인중개사
국승옥 기출문제 **1차** 부동산학개론

초판인쇄 | 2025. 1. 5.   **초판발행** | 2025. 1. 10.   **편저** | 국승옥 편저

발행인 | 박 용   **발행처** | (주)박문각출판   **등록** | 2015년 4월 29일 제2019-000137호

주소 | 06654 서울시 서초구 효령로 283 서경빌딩 4층   **팩스** | (02)584-2927

전화 | 교재 주문 (02)6466-7202, 동영상문의 (02)6466-7201

저자와의
협의하에
인지생략

정가 26,000원
ISBN 979-11-7262-486-6